总第83集

U0829332

行政执法与行政审判

中华人民共和国最高人民法院
行政审判庭 编

中国法制出版社
CHINA LEGAL PUBLISHING HOUSE

编辑说明

按照《最高人民法院关于在全国法院开展优秀业务成果评选活动暂行办法》的要求，最高人民法院自2013年部署开展全国法院行政审判优秀成果评选活动（以下称“双选活动”）。截至2020年，已经成功开展了八届“双选活动”，评选出大量的优秀成果，并取得良好的效果。

“双选活动”的奖项设为优秀裁判文书和优秀调研成果，其中，优秀调研成果分为案例类成果和报告类成果，并分别设置一、二、三等奖次。评选范围为全国基层、中级、高级三级法院当年度的裁判文书、典型案例以及课题报告、调研报告和学术论文等。为了确保评选结果公信力强、获奖成果价值性高，双选活动设置了较为严格的评选条件和程序。优秀裁判文书评选条件要求裁判文书认定事实清楚，适用法律准确，分析说理透彻，行文严谨规范，语言简洁流畅，裁判的法律效果和社会效果好。优秀案例类成果评选条件要求法律评析紧扣争议焦点，逻辑清楚，分析严密，说理透彻，具有普遍指导意义和司法应用价值。优秀报告类成果评选条件要求选择题材对行政审判实践具有重要价值，语言流畅，资料详实，数据准确，论理深刻，具有一定的创新性和指导性。优秀论文类成果要求具有较强的问题意识，论证严密，逻辑性强，有较强的指导意义，符合学术规范。评选程序分为各高院初评报送、十家评委高院交叉互评、最高人民法院终评等阶段，严格、有序、逐级、分步骤进行。

为了充分发挥榜样的示范效应，提升全国法院行政审判裁判文书制作水平和调研能力，提高行政审判人员解决疑难复杂问题的能力，我们决定在《行政执法与行政审判》（第八届全国行政审判优秀业务成果专辑）上刊发获得一等奖的优秀成果。希望通过该优秀成果的展示，使读者能够从中获得有益的经验，并提出宝贵的意见和建议。相信该专辑的出版，一定能为我国的司法改革大业添砖加瓦，助推法治中国建设。

目 录

【优秀调研成果－报告类】一等奖

集体土地征收与补偿现状的司法实证分析*

王少琨　率楠楠　李　健

【内容摘要】 随着城市化进程的加快，集体土地征收补偿工作已经成为许多地区的一项常态化工作，是多主体、多阶段和多个行政行为环环相扣的复合程序，事关被征地民众的切身重大利益，任何一个环节出现问题都容易激化矛盾，引发群体性事件，影响法治政府和诚信政府形象，降低执法公信力，也在一定程度上间接影响营商环境建设。近年来，涉及集体土地征收与补偿的行政案件频发，此类案件审理周期长、化解难度大、社会关注度高，审判工作具有较高的政治性、法律性、政策性和专业性。通过梳理相关案件发现，行政机关在执法主体、依法履职、执法流程、确定补偿标准、协议履行等方面，存在着诸多需要完善的问题。本文以样本地区近三年涉集体土地征收补偿行政案件为依据，概括了集体土地征收补偿工作的基本现状，着重分析了当前工作中存在的突出问题，并通过具体案例详细阐述了各类问题的表现形式。在此基础上，深度挖掘产生问题的根本原因，为下一步完善立法、深化集体土地管理制度改革以及行政机关改进工作方式提出对策和建议。

【关键词】 集体土地　征收补偿　土地管理法　司法审查

* 课题组主持人：上海市高级人民法院行政庭庭长侯丹华；课题组执笔人：上海市高级人民法院行政庭审判员陈振宇、上海市静安区人民法院行政庭审判员葛翔。

集体土地征收和补偿，涉及本地区经济可持续发展的基本保障，关乎城乡居民的基本民生利益，对地区的经济发展与和谐稳定都有重大影响。2019年，全国人大常委会对《中华人民共和国土地管理法》作出第三次修改，如何完成新法实施后的制度过渡，如何依法平衡期间所涉各方利益，妥善化解因集体土地征收和补偿产生的行政争议，是当前各级政府面临和亟须解决的重大问题。为此，笔者对2017年至2019年D市集体土地征收补偿类①行政诉讼案件进行了梳理，分析了行政机关开展集体土地征收补偿工作现状及存在的问题，并提出对策和建议。

一、集体土地征收补偿工作的基本现状

（一）涉集体土地案件收案情况

围绕集体土地征收补偿问题的行政争议涉及征收补偿工作的各个环节，主要包括土地征收、房屋征收、公示公告、补偿方案、补偿协议、补偿决定、强制实施行为、安置回迁等。此外，还可能衍生拆除违章建筑、土地批复、颁发土地使用权属证书、房屋登记、政府信息公开等。2017年至2019年，全市法院共受理一审涉集体土地征收补偿案件993件，占全市法院一审行政诉讼案件的19.77%。其中，2017年251件，占比17.17%；2018年301件，占比17.80%；2019年441件，占比23.58%，收案数量及占比均呈逐年上升趋势。

从涉案行政行为来看，首先是履行征收补偿职责案件，共435件，占全部涉集体土地案件的43.81%。其次是补偿协议案件，共198件，占比19.94%。最后是确认强拆违法并赔偿案件，共149件，占比15.01%。由此可见，在征收补偿工作中，大多数被征收人不反对政府的征地，引起争议导致行政诉讼的主要原因是认为政府的补偿安置与其要求保护补偿安置合法权益的实际需要之间存在一定差距。

（二）涉集体土地案件结案方式

三年来，全市法院审结并发生法律效力的涉集体土地案件共712件，其

---

① 这里所列的征收补偿类案件包括征收决定、补偿决定、履行征补职责等直接涉及征补行为的案件，也包括拆除违章建筑、土地批复、颁发土地使用权属证书、房屋登记、政府信息公开等围绕征补行为衍生的案件。

中驳回起诉或不予立案216件，驳回诉讼请求124件，共计340件，当事人撤诉或者按撤诉处理164件，判决确认行政机关违法、履行职责、履行行政协议等败诉案件208件，行政机关总体败诉率为29.21%，实体败诉率为62.65%①。

1. 行政机关败诉率呈上升趋势

2017年，全市法院审结并发生法律效力的涉集体土地案件为101件，行政机关败诉17件，行政机关总体败诉率为16.83%，实体败诉率为47.22%。2018年，生效303件，行政机关败诉105件，总体败诉率为34.65%，实体败诉率为66.04%。2019年，生效308件，行政机关败诉86件，总体败诉率为27.92%，实体败诉率为67.19%。三年来，行政机关败诉率整体呈上升趋势，且实体败诉率较高，一方面体现了行政审判不断强化对行政行为司法监督的力度和深度，另一方面也说明了行政机关在开展集体土地征收补偿工作中尚存在不足。

2. 调撤率整体较高

为实现实质性化解行政争议的司法功能，人民法院在坚持合法性审查的前提下，一直高度重视协调化解工作，积极促使涉案征收部门自我纠正或完善被诉行政行为，依法实现原告的合理诉求，力争以各方和解、原告自愿申请撤诉的方式结案。在以往的协调工作中发现，行政机关在行政程序中单方改变被诉行政行为，能够解决纠纷的空间很大，同时在这个阶段原告仍有一定的心理预期，部分原告会坚持诉讼，直到人民法院作出裁判。在诉讼程序中，经法院在释法明理的基础上对纠纷进行协调，原告在合理诉求得到一定程度满足后撤诉的比率相对较高。这表明，有相当部分的征收补偿案件可以在争议初发阶段在行政程序中化解，这样既可避免激化矛盾，又可节省有限的司法资源。此外，经法院调解成功撤诉的情况说明司法公信力在当事人心目中仍然具有较高地位，当事人相信法律、相信人民法院的居中裁判权威。三年来，全市法院审结的发生法律效力的涉集体土地案件中，撤诉164件，占比23.03%，这说明行政机关在诉前程序中协调解决问题的理念和处理能

① 总体败诉率是指败诉案件数与发生法律效力案件数之比。实体败诉率是指败诉案件数与实体判决案件数之比，该数据将不予立案、不予受理和驳回起诉及撤诉或者按撤诉处理案件等人民法院未作合法性实体审查案件数扣除，能够客观体现行政执法质量。

力均有待提升。

3. 裁定驳回起诉和不予立案的案件占比较大

自2015年实施立案登记制以来，行政诉讼案件数量大幅增长，由于当事人对行政诉讼的起诉条件把握不准，经常出现不符合起诉条件的情形，在立案阶段，法院将作出不予立案的裁定，在审理过程中发现不符合起诉条件，将裁定驳回起诉。三年来，在生效的涉集体土地案件中，以裁定驳回起诉或不予立案方式结案的216件，占比30.34%，且数量逐年增加，这种情况一方面说明了当事人对于起诉的主体和行政行为的可诉性把握不准、人民群众对司法过度期待；另一方面也说明了涉及集体土地征收补偿的诉讼案件中，近三成在程序空转，难以实质性解决争议。

二、集体土地征收补偿工作存在的突出问题

（一）执法主体不规范

从已发生的案件看，执法主体不规范是集体土地征收工作的突出问题之一。根据《土地管理法》和《土地管理法实施条例》的有关规定，组织实施集体土地上征收补偿工作的应为县级以上人民政府及其土地管理部门。但在实践中，个别地区政府行政职权意识不强，由土地管理部门以外的其他行政机关或者临时成立的隶属于其他行政机关的机构进行征收补偿工作的情况并不罕见。较为普遍的做法是由街道办事处或者乡镇级人民政府，乃至于村民委员会按照上级要求作为主体参与征收补偿工作，甚至作为一方当事人与被征收人签订补偿协议，实际履行了法定的县级以上人民政府土地管理部门的行政职责，超越了《土地管理法》和《土地管理法实施条例》关于征收补偿法定职权的规定。由于街道办事处、乡镇级人民政府、村民委员会或者其他行政机关没有法定授权，应诉时存在着如何确定责任主体的问题。在司法实践中，人民法院会将非法定主体实施的征收补偿行为认定为受县级以上人民政府的委托，而上述主体在征收补偿工作中因法律意识不足、急于达到征收目的而忽视法定程序等原因往往存在着不合法不合规的问题，这些问题如果由县级以上人民政府实施可能就会避免，视为委托最终导致相应的法律责任只能由县级以上人民政府承担，客观上导致县级以上人民政府败诉案件数量大幅增加。

此外，在诉强制行为类案件中，在通过行政诉讼或协调解决行政争议时，由于执法主体不规范，经常出现各主体推诿责任等现象，不但不利于争议的实质性化解，也极大损害了行政机关的诚信形象和执法权威。例如，在崔某诉行政机关强制拆除行为一案中，因铁路项目建设需要，崔某所有的建筑物被拆除，城市管理行政执法局、街道办事处、建设单位根据工作分工在现场工作，但彼此均不认可强拆责任，人民法院最终在公安分局出具证明系城市管理行政执法局实施了强制拆除行为的情况下才认定了责任主体。

（二）执法程序不规范

1. 征地具体执法程序违法

个别征收部门在征地过程中未履行正当程序，如法定“两登记一公告”程序不合法、听证程序违法、伪造村民会议纪要和签字等，没有充分保障被征地人的正当程序权利，这使得被征地人的知情权、参与权得不到应有的保障，其寻求救济的意见、合法权益的实现有时处于一种“被代表”的状态。比如，在尹某因征地补偿事宜提起的多起诉讼案件中，行政机关均主张尹某签字认可了安置补偿协议，但实际上，该协议中尹某的签名并非其本人书写，而是当地村委会的工作人员书写，行政机关又无其他证据证明该工作人员是受尹某的委托。虽然当事人已实际领取了补偿款，但被征收人合法权益“被代表”的情况也饱受当事人质疑，成为其宣泄不满情绪的焦点。

此外，征收过程中政府信息不能做到充分公开，透明度亟须增强。在征收的各种程序中，公告程序不到位的问题仍然存在。例如，在一些涉及征地补偿的信息公开案件中，因为具体的补偿数额不公开、不透明，相应的信息无法向公众公开，导致行政机关败诉风险增大，也使当事人对行政机关征地补偿工作权威失去信任，增加了产生钉子户的可能性。

2. 强制交出土地的决定程序违法

有的征地项目程序不合法、补偿不到位，被征地人抵触情绪强烈，征收部门或启动强制拆除程序，或简单申请法院强制执行，极易激化矛盾。《土地管理法实施条例》第四十五条规定：“违反土地管理法律、法规规定，阻挠国家建设征收土地的，由县级以上人民政府土地行政主管部门责令交出土地；拒不交出土地的，申请人民法院强制执行。”从《物权法》第四十二条规定的精神看，对土地、房屋的征收应当适用不同的行政程序。《土地管理法》

对土地征收规定了相应程序，而对土地上房屋征收则没有规定可操作的行政征收程序。在没有就补偿安置达成协议或作出补偿安置裁决前，就依据《土地管理法实施条例》第四十五条的规定，作出强制交出土地的决定，然后实施强制执行，极易引发冲突，甚至酿成群体性事件。此外，个别行政机关存在违反《土地管理法实施条例》第四十五条规定，越权采取强制执行措施的违法情况，也值得关注。比如，在刘某等人起诉行政机关补偿决定系列案件中，行政机关在集体土地征收时虽然责令刘某等人交出土地，但是并未申请法院强制执行，而是径行组织人员强制拆除了其所有的房屋及附属设施。

（三）涉及补偿环节的问题突出

1. 补偿安置标准不合理

集体土地征收补偿领域安置补偿标准偏低，不能满足失地农民的基本生活需要的情况在个别地区客观存在。国土资源部为贯彻落实《国务院关于深化改革严格土地管理的决定》，在其制定的《关于完善征地补偿安置制度的指导意见》中，确立了保证被征地农民原有生活水平不降低的原则。实践中，尤其是在因边征边干、资金不足等原因导致征收补偿工作推进缓慢的情况下，实际开始补偿时适用的征地补偿标准可能是数年前确定的，已经不符合补偿时的经济发展现实，客观上导致政府以低于补偿时的市场实际价格对被征地农民进行安置补偿，或者补偿标准无法保障失地农民正常的生活水平。比如，在刘某等人补偿决定系列案件中，按照当年的补偿政策和方案，对失地农民后续的正常生活欠缺考虑，导致包括刘某等人在内的部分失地农民认为是政府利用公权力剥夺了其应得的合法土地权益而激烈对抗和常年上访。

有的地方政府综合考量征地后失地农民的生活状况，将补偿款分成若干部分，除为失地农民缴纳社会保险、农村合作医疗保险或养老保险外，还可能以集体的名义集中进行投资或经营。但有些投资或经营项目未经失地农民同意，对风险缺少评估和防范，导致存在潜在的争议风险。

从司法实践看，现在不同地区自行确定本地区的征收补偿安置标准，所确定的标准虽然可能是当地较高水平，但缺乏法律依据。因为各地存在不同的补偿标准，导致相近的不同行政区划之间补偿标准差距较大。此外，有时因公开的补偿标准偏低而没有可执行性，实际操作时在大幅提高既定标准的基础上，征收部门具体执行的补偿标准还可视被征收人配合情况酌情浮动，从而导致同一征收区域客观上存在不同的乃至于差距很大的补偿标准。这种补偿标准的结构设定在一定程度上可能引发权力寻租，也诱导被征收人因“先走的吃亏、能闹的多拿”而拒不配合征收工作，形成了“不配合拆迁能取得更大的利益、为取得更大的利益而不配合拆迁”的恶性循环。执行尺度不一致亦引发其他被征收人的强烈不满，进而产生攀比心理，使原本可以平稳安置的被征收人改变初衷向人民法院提起诉讼，历经一审、二审、再审乃至于缠诉缠访，导致地方政府按时推进征地进程、及时落地招商引资项目发展经济的初衷难以实现，严重损害了政府对外招商引资的公信力。

2. 补偿方案不符合法律规定

根据《土地管理法实施条例》第二十六条之规定，土地补偿费归农村集体经济组织所有；地上附着物及青苗补偿费归地上附着物及青苗的所有者所有。实践中，个别地方政府依托行政管理架构，在发放地上附着物及青苗补偿费时，将款项拨付给当地街道办事处或者村委会，未依法发放给权利主体，或者将土地补偿费直接分配给农村村民个人。个别地方政府以城镇户籍和农村户籍作为划分标准，对是否属于农村集体经济组织成员未予审查，或者依据当地“土政策”审查农村集体经济组织成员资格。例如，在刘某等人诉行政机关履行补偿职责一案中，行政机关在制定《征地征海补偿安置暂行办法》时，以户籍为标准支付土地补偿费，而《土地管理法实施条例》明确规定土地补偿费归农村集体经济组织所有，也就是归农村集体经济组织全体成员所有。农村户籍人员不等同于农村集体经济组织成员，前述补偿办法确定的标准与行政法律法规不符，引发了农村集体经济组织成员的不满。

3. 补偿程序启动不及时

从相关法律规定上看，集体土地征地补偿和国有土地上房屋征收补偿在实施程序上是完全不同的。因此，行政机关在组织实施征收补偿行为时，应根据土地性质的不同，依照相应法律规定进行，在集体土地征地程序中不能同时进行国有土地上房屋征收补偿程序。实践中，个别县区级政府在省政府作出土地批复征收农村集体土地为国有土地后，没有及时依法履行集体土地征地补偿程序，导致原集体土地的使用权人或者相关权益人在原有土地征为国有后提出补偿要求。比如，在某公司诉行政机关履行补偿职责一案中，该公司承租使用的集体土地已经被征为国有，但集体土地征地补偿程序并未启动，且所在地块历经多年已由偏远地区变为中心商业区，该公司提起行政诉讼要求补偿时，各方当事人对按照集体土地还是国有土地征收补偿产生了分歧，进而对补偿项目和标准争执不下难以达成一致。此外，个别县区级政府虽然履行了征收补偿程序，但整个补偿工作依据的是国有土地上房屋征收补偿程序。比如，在王某诉行政机关房屋征收补偿决定一案中，王某所有的案涉房屋属于集体土地上的农村房屋，本应按照集体土地征地补偿程序对其进行征收补偿，但行政机关在省政府作出土地批复将包括案涉房屋所在土地在内的地块国有后，没有及时依法履行补偿职责，而是在数年之后，按照国有土地上房屋征收补偿程序组织实施了征收补偿工作。虽然国有土地上房屋征收补偿标准高于集体土地征地补偿标准，但由于补偿项目有很大不同，受到当事人特别是当地村委会的强烈质疑。

4. 补偿安置协议履行不到位

如约履行协议是行政机关负责任的表现，也是诚信政府的基本要求。但实践中，个别行政机关因领导更迭、资金不足等原因迟延履行与被征收人签订的安置补偿协议，不仅严重损害了被征收人的合法权益，还对依法行政的诚信政府形象造成了极大的影响。比如，在王某等人诉行政机关迟延履行房屋拆迁安置补偿协议并赔偿系列案件中，行政机关在与被征收人签订安置补偿协议后，逾期交付安置房屋，引发了当事人的强烈不满。

（四）未依法履行法定职责

1. 超越法定职权承诺

个别行政机关在与被征收人签订补偿安置协议时，急于达到拆迁目的，为了完成工作考核任务，没有考虑法律规定和权力范围承诺了其无权处置的内容。比如，在某公司诉行政机关履行行政协议一案中，街道办事处对于在集体土地上建设项目补偿时，在安置补偿协议中约定：区政府保证测绘图标注地块置换给某公司，保证置换的土地为国有土地出让使用权，用途为商业用地，费用由政府负责。区政府保证在一年内办理完毕全部土地出让规划、施工等全部手续，在手续办理过程中，公司可以开工建设，如有政府相关部门以土地、规划或开发建设手续不全而提出异议、处罚等，由区政府负责协调解决。该承诺涉及国有土地出让主体、出让金缴纳、规划审批、建筑施工等多方面的法律规定，甚至是强制性规定。再如，某公司诉行政机关不履行行政承诺一案，街道办事处书面承诺，“在回迁楼建设中，某公司参与回迁楼建设面积不低于3万平方米”，该承诺实质是将需要经过政府采购和招投标程序的回迁楼建设项目直接交予某公司。上述超越法定职权的承诺，实际上根本无法实现，导致当事人多年缠诉缠访。

2. 征地补偿安置事实证据欠缺

普查被征收的房屋、土地、附属设施及相关财产状况，是做好补偿安置工作的事实基础。个别地区在进行征地补偿财产普查时，未能依法履行职责，具体工作人员不按规定确定财产数量，在被征收人不予认可的情况下，其普查结果难以被人民法院予以认定，有的普查结果与事实严重不符，明显违背常理。此外，有些被征收人对于评估工作有合理质疑，提出如评估程序不合法、评估机构资质有待查清、评估结论明显不合理等，个别行政机关也无法提交有效证据证明其合法性。比如，在王某诉行政机关行政补偿决定一案中，行政机关的普查表上载明王某有2年生果树45棵，但王某未在该普查表上签字确认，针对王某在诉讼中对果树数量提出的异议，行政机关陷入被动局面，无法提供其他证据证明该普查表的内容与事实相符，其行政补偿决定的合法性受到质疑。又如，在一些征地补偿案件中，行政机关委托的评估机构并未出具评估报告，仅出具分户评估明细表，由于缺少当事人签字认可等其他证据佐证，该评估明细表的合法性值得商榷，进而导致评估结论很难得到人民法院支持。

3. 执法目的不当

从审理的相关案件看，个别行政机关对于某些违法建设行为日常怠于管理，在土地和房屋征收前，为规避作出征收补偿行为突击整顿，以违反城乡规划法或查处违法建设为由进行处理。在未听取被征收人的意见，未单独履行告知程序，特别是告知其陈述、申辩及复议和诉讼的权利等情况下，个别行政机关径行认定为违法建筑并作出处理，引发了当事人的强烈不满，也违反了政府作出征收决定前应当组织有关部门依法对未登记的建筑进行调查、认定和处理的规定。对于历史形成的违法建设，未能尊重历史，根据违法建筑不同的成因、违法性质和程度采取不同的处理措施。从目前全市法院受理的相关诉讼案件看，征收补偿行为和整顿市容市貌或查处违法建设的行为相互交织的情形较为突出，行政机关选择的执法时机让当事人对执法目的产生强烈质疑，合理怀疑其执法行为的合法性和正当性。比如，在徐某诉行政机关规划行政强制并赔偿一案中，案涉违法建设行为早在1985年就已经开始实施，在案涉土地确定为征地范围内的情况下，行政执法机关于2012年对其进行查处并实施了强制拆除行为，徐某认为行政机关是为了规避作出征收补偿行为而坚持要求按照房屋征收补偿标准对其被强制拆除的违法建设的房屋和设施予以赔偿。

三、司法审查领域存在的困境

（一）实体性审查与程序性审查的困境

人民法院审理行政案件是对行政行为的合法性进行审查，既包含程序性审查又包含实体性审查。在集体土地征收补偿案件中，对实体的审查需要深入何种程度一直面临困境。此类问题在征收补偿标准的实体审查中尤为突出，由于不同地区自行确定本地区的征收补偿安置标准，不同行政区划之间补偿标准差距较大，而人民法院对补偿方案确定的补偿标准实质性审查非常局限。与国有土地上房屋能以市场评估价为基准不同，农村集体土地除青苗费用可以通过市场价格评估确定外，土地补偿费、安置补助费、宅基地上房屋等其他补偿标准均无法通过市场价格确定。至于补偿所参照的地方性法规或规范性文件，尤其是市、县级人民政府及其土地行政主管部门制定的规范性文件，虽然法律赋予了人民法院依法审查规章以下规范性文件的权力，可以通过对作出补偿决定的法定程序、适用的法律、补偿标准是否符合法律、法规、规章以及省级人民政府相关规定等来推定该补偿标准是否合理，但对于补偿标准而言，很难认定其存在违反上位法的情形。因此，在司法实践中，人民法院很少能够通过否定各地制定的规章以下规范性文件的方式来确认补偿标准违法。

同时，此类案件的程序性审查也面临着程序空转导致无法实际解决争议的困境。个别地区的相关部门基于各种考量对于应当作出的补偿决定，以各种理由不作出实质性的结论，推诿塞责导致补偿争议长期得不到解决，当事人一直得不到实质性救济。基于当事人的履责诉请，有些人民法院有时也存在确定给付数额不当而需承担风险的顾虑，趋利避害选择作出履责判决。但个别时候人民法院判决责令行政机关作出补偿决定往往形同虚设，对行政机关反复作出的不补偿决定束手无策，不能起到有效的监督作用。此外，人民法院为了实质解决争议，直接依据诉讼中查明的事实径行作出具体数额的给付判决，难免陷入代替行政机关作出行政行为、限制行政自由裁量权的境地，客观上可能助长行政机关“法院怎么判、我们怎么办”的懒政作风，也有违司法谦抑原则。

（二）公权力与私权利的博弈困境

行政诉讼乃公法上之诉讼，是主观诉讼和客观诉讼相结合的诉讼模式，权益救济和司法监督共存于行政诉讼中。因此，行政案件的审理过程也是公权力与私权利交织平衡的过程，这一点在原告主体资格的认定上表现得尤其明显。根据《最高人民法院关于审理涉及农村集体土地行政案件若干问题的规定》第一条：“农村集体土地的权利人或者利害关系人（以下简称土地权利人）认为行政机关作出的涉及农村集体土地的行政行为侵犯其合法权益，提起诉讼的，属于人民法院行政诉讼的受案范围。”在司法实践中，行政法官对于“权利人”之权利的内涵和外延、“利害关系人”的范围存在诸多困惑。集体土地的征收补偿涉及多重权利和不同主体，就对集体土地享有的权利而言，除了集体土地所有权，还包括集体经济组织成员宅基地使用权、土地承包经营权、实际经营者经营权、地上附着物及青苗所有权、集体建设用地使用权等。就“利害关系”而言，因租赁、买卖、赠予、婚姻、继承等行为的权利受益人，是否属于“利害关系人”有时也会引起困惑。

在司法实践中通常认为，上述“利害关系”应限于公法上的利害关系，而不宜包含反射性利益或其他私法上的利害关系，只有公法领域的权利或合法权益受到行政行为影响、存在受到损害的可能性的当事人，才与行政行为具有法律上的利害关系，才有资格提起行政诉讼。关于是否存在公法上的利害关系，根据保护规范理论及最高人民法院的司法判例，一般以行政机关作出行政行为时所依据的行政实体法和所适用的行政实体法律规范体系，是否要求行政机关考虑、尊重和保护相关权益作为判断的重要标准。因此，人民法院会按照请求人民法院保障的权利类别来确定提起征收补偿诉讼的原告是否适格，上述利害关系人是否真的有“利害关系”已经演变为公权与私权的博弈，随着司法审查对公权力监督的范围、对私权利保护的范围不断扩大，很难有统一的界定标准。

（三）征收补偿行为的复杂性造成诉讼的选择困境

集体土地征收补偿工作环节众多，涉及不同行政机关，如何确定被诉主体、如何选择被诉行为，不仅困扰着被征收人，对行政法官而言，也面临着审查困境。集体土地征收补偿总体上可划分为征地前报批阶段和批准后实施阶段。其中，报批阶段包含选址、勘测、公示、听证、风险评估等，实施阶段又包含发布公告、补偿登记、补偿发放等。各地根据当地的实际情况，通常会因地制宜作出一套征收补偿流程，实施的主体很多也都是由地方政府授权给土地部门或其他行政机关，可诉与不可诉行政行为如何区分，起诉时机是否成熟、审理后阶段行政行为时是否需要审查先前行政行为，前行为是否已被后行为吸收、法律规定与实务操作之间的差异如何处理等问题较为复杂。

在司法实践中，虽然大部分被征收人是因补偿标准无法达到预期而提起诉讼，但并不是所有人都只起诉补偿行为本身，有的起诉征地批复、有的起诉征地公告、有的起诉信息公开、还有的对选址、勘验环节提出异议，有些相对人直接对多个行政行为同时提起多个诉讼，而有些行政行为并不具有可诉性，或者前行为被衔接的后行为所吸收，有些行政行为对当事人的权利义务并不产生实质影响，因此这些诉讼不仅给双方当事人造成诉累，更会造成司法资源的浪费。在确定被告主体资格时，法律规定与实务操作之间存在着差异，如近年来很多城市设立了经济功能区，从行政法律规定看，由经济功能区管委会及其下属机构作出征收、补偿决定，主体不适格。根据国务院法制办公室复函和《辽宁省行政复议规定》的规定，国务院或者省政府批准成立的经济功能区管委会可以作为执法主体，但市、县设立的经济功能区管委会不能作为执法主体，应以该市、县政府作为执法主体，这类市、县设置的经济功能区管委会并不罕见。随着机构改革的深入落实，行政职权及行政主体将会越来越明确。但在现阶段调整过程中，调整后的功能区管委会的职权不清及权力责任承继不明，导致执法主体不明和法律地位难以确定的情况客观存在，已成为当前困扰当事人、行政机关及司法机关确定行政诉讼适格被告的难点。

四、集体土地征收补偿矛盾多发的根源追溯

（一）社会背景——集体土地重构是城市化进程的必由之路

城市化进程在本质上是经济社会结构变革的过程，它不仅仅是农业人口不断转化为非农业人口，还包括了城市用地不断向郊区扩展，城市社会、经

济、技术变革进入乡村的过程，最终让全体国民享受到现代城市的成果。改革开放以来，我国的城市化进程进入了稳定快速发展时期，各级政府多年来一直不断探索在城镇化进程中，合法合理的征收土地，保护失地农民合法权益。被征收人对于征收土地处于被动角色，所以当事人最在乎的就是补偿问题，怎么补、补多少，这是被征收人最关心的问题，也是最容易产生矛盾的问题。失去了赖以生存的土地，如果补偿无法满足生存需要或者他们期待的利益，自然就会产生争议。而当期待利益明显高出理性标准，诉讼程序已然无法满足其要求时，无休止的信访就成了有些人的最终选择。有的信访人因为房屋土地的补偿问题信访长达十余年，信访已经成为他们生活的全部，付出了高额的时间和经济成本，同时其主张的补偿金额逐年增加，完全超出了理性的范畴。因为在这些信访人看来，政府应该补偿的已经不仅仅是几间房屋、几亩土地，还包含他们十几年的人生。

（二）制度背景——“土地财政”下的利益平衡

在现行集体土地征收补偿制度中，各级政府在土地的征收、补偿、出让等一系列程序中一直上演“独角戏”，政府统一储备土地、统一征收、收购和回收土地、统一供地，用地单位只需坐等政府通过行政手段把集体土地征收后，再出售给他们。那么政府在这个过程中既是征收者、又是所有者，在征收时行使行政职权，在出让时通过市场手段，这一“低买高卖”的过程客观上造就了“土地财政”。土地改革的核心矛盾在于征地改革，而征地制度存在积弊难以破除的原因很大程度上在于地方政府对“土地财政”的依赖。尤其是在欠发达城市和没有产业支撑的新兴地区，“土地财政”已经成为政府收入的主要来源。而在土地收益的分配过程中，在土地用途转变增值的收益分配中，各类相关利益分配不一致，被征收人认为失地农民被动地改变了已有的生活状态，而未来因没有土地的保障而失去安全感，所以在补偿阶段必须得到包括未来生存成本在内的合理补偿利益。如果忽视失地农民的长远利益，缺乏对其社会保障的远期考虑，导致失地农民领到补偿费后，又因社会保障问题频繁向政府施压、信访。在“土地财政”仍在一定时期内占据重要位置的情况下，如何平衡各方利益，切实保障失地农民的合法权益，是政府完善征地补偿制度亟待解决的问题。

（三）法治背景——立法的原则性与司法的局限性

在《宪法》及《物权法》中均规定，为了公共利益的需要，可以依照法律规定征收土地，这也是集体土地征收的法律基础，何为“公共利益”就成为土地征收是否合法的重要判断标准。对于公共利益的探讨和争论一直没有停止，公共利益泛化也一直为社会所诟病。2019 年 8 月，全国人大常委会对《土地管理法》作出修改，第四十五条对公共利益列举了6 种具体情形，这也成为此次修法的一大亮点，旨在提高地方政府的征地门槛。其中第 5 种情形，即“在土地利用总体规划确定的城镇建设用地范围内，经省级以上人民政府批准由县级以上地方人民政府组织实施的成片开发建设需要用地的”，被认为是为地方政府扩大公共利益预留了一定的空间。

立法不可能面面俱到，司法监督在这一方面能起到的弥补作用也非常薄弱。近年来，随着依法治国脚步的加快，民众的法制意识逐渐提高，各类诉讼案件呈井喷式增长，这也在一定程度上反映出民众对于司法的期待，也从另一方面看出社会大众没有认识到司法的局限性。尤其是在土地征收补偿类行政案件中，程序性审查在裁判中已经明显超过了实体性审查，反映出司法审查在实质性解决土地征收补偿争议中只是起到补充作用，具有不可突破的局限性。

（四）执法背景——过于追求效率带来的程序乱象

为在短时间内完成征地工作，个别征收部门片面追求行政效率，在一定程度上违反征地必经的法律程序，由此导致程序违法或者以违法成本换工作成绩等，成为并不反对政府征地的大多数被征地人宣泄不满情绪和诉讼争议的焦点，如前文中所提到的越权承诺、代表签字、径行强拆等问题，在此不再赘述。为了提高征地效率，一些地方探索建立了预公告、预征收、预签安置补偿协议制度，既充分尊重了被征地农户的意见，又提前减少了可能的分歧，还加快了安置补偿速度，这也是兼顾公平和效率的有效举措，但这种预公告、预征收、预签约的行为效力如何认定，如果政府将这些行为授权给非土地管理部门特别是村委会等自治组织实施，那么这些行为是否具有行政法意义上的可诉性，仍需要在改革的过程中逐步明确和完善。

在片面追求效率的情况下，执法的透明度也会出现问题。由于程序的不透明，一方面被征地群众对执法过程存疑，对公平性存疑；另一方面征收部门也无法在第一时间了解被征收人的意见，导致将这类行政争议在行政程序中特别是在初发阶段化解的目标落空。为了增加执法透明度，提高基层政务公开水平，2019 年 6 月，自然资源部发布了《农村集体土地征收基层政务公开标准指引》，进一步细化了公开事项、内容、流程、时限、方式等，从而保证被征地群众高效便捷获取征地信息，维护人民群众的知情权、参与权和监督权。下一步如何做好新旧政策的衔接、如何抓好贯彻落实和督促指导是保障政务真正有效公开的关键。

五、对策和建议

（一）尽快制定或完善相关法律和政策规定

在《土地管理法》修改以后，配套的司法解释及实施细则也将相继出台。目前，集体土地征收补偿的法律依据大多分散在不同的法律法规当中，且原则性的规定较多，可操作性不强。建议制定统一的集体土地及地上房屋的征收补偿规定，对土地使用权、房屋所有权及相关利益分开补偿，使征收工作有法可依。规定严格的征收程序和救济程序，明确征收程序包括财产评估程序、补偿标准公示程序、听证程序、强制执行程序等，救济程序包括行政裁决程序和仲裁程序等。规范经济功能区管委会执法活动，切实解决多数经济功能区管委会不具有同级政府管理权限又普遍在行使政府管理职责的越权执法的现象，应尽快制定相关规定，明确各地经济功能区管委会管理权限及主体资格，规范权力运行。

（二）有效推进农村集体经营性建设用地入市制度落实

新修改的《土地管理法》删除了“任何单位和个人进行建设，需要使用土地的，必须依法申请使用国有土地”的规定，破除了集体经营性建设用地入市的法律障碍。集体经营性建设用地直接入市能够减少行政征收行为，从而有效减少因征收产生的纠纷和争议。为了鼓励和支持农村集体经济组织及成员盘活利用农村闲置土地，促进城乡融合发展，各地政府要出台相应的配套政策，确保农村集体经营性建设用地入市制度有效、规范落实。一是明确“经营性建设用地”以及经营性建设用地“符合规划”的界定主体，避免采取激进做法，导致无序供应。二是完善集体土地入市流程，建立健全集体土地“定价”机制，保障城乡土地平等入市，公平竞争。三是明确集体土地入市后的利益分配。减少了征收环节以后，这种利益分配更加具有自主性和市场特点，要建立有效的制约机制，特别是规范对相对人的权益保护，避免导致另一种形式的对相对人的不公。四是在符合国土空间规划、用途管制和依法取得、确权登记的前提下，允许农民集体妥善处理产权和补偿关系后，依法收回农民自愿退出的闲置宅基地、废弃的集体公益性建设用地使用权，按照国土空间规划确定的经营性用途入市。

（三）明确政府征收工作中的职能定位

政府作为公共利益的管理者，应当明确自身定位，加强对征地补偿工作的领导和管理。相关部门应厘清法定行政管理职责范围，杜绝越权行为的发生。在国务院或者省政府作出征地批复后，依法及时履行征收补偿职责，杜绝不作为、慢作为。要依法确定征收实施主体，避免出现由街道办事处或者其他非土地管理行政机关作为实施主体的情形，减少以县级以上人民政府为被告的败诉风险。要加强对房地产开发公司、评估公司、拆迁公司的监督管理，对在拆迁中的违规行为应当依法及时予以处理、制裁。相关部门工作人员必须严格依法办事，改进工作作风，增强服务意识，确保公正廉洁。

（四）切实保障当事人的知情权

在征收工作的前期，要全面公开各项征收补偿的法律政策规定，积极做好政策宣传、思想发动和舆论引导工作。在征迁过程的各个阶段需要公布和公告情况，要依照《政府信息公开条例》的规定，及时公布相关信息，充分保障被征收人的知情权。相关部门不得以任何理由作为不公开相关信息的借口，真正使征地补偿的整个过程向全社会公开，接受群众的监督，确保征地补偿的公开、公正和公平。

（五）严格依法进行征收补偿工作

要加强责任意识和证据意识，在普查、公告、评估等征收的各个阶段，都应及时收集和固定证据，保证补偿项目和补偿程序明晰。要依法与被征收人签订安置补偿协议，不因动迁时间紧、任务急而轻率行事，确保安置补偿协议合法、有效。依法如约履行安置补偿协议，勇于承担违约责任，树立诚信政府、责任政府的良好形象。严格按照《行政强制法》等相关法律规定实施强制拆除行为，杜绝野蛮拆迁，切实保护被拆除人的合法权益。要重视程序价值，确保行政行为实体合法的同时，必须保障行政行为程序合法，使社会公众特别是行政相对人、利害关系人充分参与到行政程序中，从而增加其对行政行为的认同感，既有利于对行政权力进行有效监督，又有利于提升行政行为的执行效果。

（六）明确具体规则的理解与适用

明确征地过程中对集体土地上房屋的性质界定，尤其是尊重我国农村集体土地管理历史和现状，要实事求是应对现实生活中因用地紧张出现的问题，契合宅基地审批、荒地开垦等管理实际，充分保护集体经济组织及其成员的合法权益。明确对违法建筑进行处理的规则，对违法建筑的处理不能一概而论，需要尊重历史，并结合建筑物的建成时间、当时的法律法规规定及当地执行法律法规的情况，不能仅以未登记或未经批准为由将被征收人建成数十年的房屋认定为违法建筑，进而不予补偿。在土地管理法及实施细则修改后，要制定具体工作规则，理解和适用新法规定，将原有的成型有效的做法规范化、明确化、制度化。

（七）从源头上化解群体性征收补偿争议

征收补偿案件涉及某一特定区域的特定群体的切身利益，呈现出极为明显的群体性。征收补偿案件的一方主体是地方政府，它既是国有土地所有权的代表，又是征迁的决策者与实施者，也是被征收（收回）土地的利用者，还是争端的协调者和裁决者，基于公共利益的需要，征迁往往涉及一个特定群体的切身利益。在此背景下当事人为争取和维护自身利益，往往容易形成一个利益共同体，采取“抱团维权”的方式，从而极易酿成群体性行政纠纷。基层政府在运用行政权力推进城市化进程的同时，要更重视普通百姓的民生需求和由此带来的稳定风险。要建立健全土地征收各方主体的对话和谈判机制，畅通土地征收争议的行政救济渠道，防止矛盾激化。在推进各项重点工程时，要把工作重心放在开工前的政策宣传动员和土地征收安置补偿费的足额及时到位上，从源头上预防和减少争议。要充分发挥政府的政治优势和组织优势，坚持做过细的群众思想工作，慎向人民法院申请强制执行，特别是在足额公平补偿没有到位时，不能采取强制措施。杜绝将人民法院列为政府征收补偿工作组成员及要求司法机关参与当地具体征收补偿工作的情况，切实遵守《保护司法人员依法履行法定职责规定》《最高人民法院关于加强和改进行政审判工作的意见》及《最高人民法院关于切实践行司法为民大力加强公正司法不断提高司法公信力的若干意见》等规定，树立和维护司法权威。

（八）加强行政和司法良性互动

强化行政审判与政府工作规范化良性互动，充分利用双方搭建的互动机制，互相配合、互相支持，共同做好化解集体土地征收补偿及城市建设进程中的行政争议工作。对于因此引发的行政纠纷，依法进行审查和复核，对于违法或不合理的行政行为及时主动纠错，实现行政行为自愈，化解官民矛盾，达到事半功倍的效果。各级政府部门应进一步增强主动化解和配合人民法院化解工作的主动性和积极性，发扬“枫桥经验”，坚决把非诉解决机制挺在前面，积极推广建立行政纠纷调解机制，实质性化解争议。尤其是涉及营商环境建设时，要从大局出发，积极推进以契约方式达到行政管理目的，广泛实现以行政协议等柔性形式化解集体土地征收补偿纠纷。在依法进行补偿后，对于集体土地征收过程中拒不交出土地的行为，依托“裁执分离”模式，充分发挥人民法院司法监督和行政机关行政资源优势，实现行政管理效率目的，共同促进和谐社会的构建和发展。

（作者单位：辽宁省大连市中级人民法院）

论行政协议效力的双重审查判定

黄吉明

【内容摘要】 近年来，行政协议诉讼案件数量快速增多，类型纷繁复杂，标的金额巨大，妥善审理行政协议案件，已经成为人民法院行政审判的重大课题。由于行政协议行政性与合意性的双重属性，由于公法规则与私法规则的并存融合，也由于行政协议中依法行政与契约自由协调统一，对行政协议效力有必要选择双重审查模式，即统筹协调运用行政性审查与合意性审查两种方式。在行政协议效力审查实践中，有的裁判者缺乏双重审查理念，不明晰两种审查之间的关系，缺乏公私利益价值衡量观念，导致不能全面和正确地得出裁判结论。本文旨在研究双重审查理念和路径在行政协议效力审查中如何展开的问题，为行政审判使命向有效利益衡量、实质解决争议转变提供理论支撑和实务指引，最终使行政协议诉讼顺畅高效运行，充分发挥行政审判的职能作用。

【关键词】 行政协议诉讼　行政协议效力判定规制　双重审查

引言

行政协议相关争议可能产生于协议订立、履行、变更、解除等各个环节。在具体案件审查中，基本审查路径是：行政协议识别→效力判定→履约行为审查→变更解除行为审查→实体判决。可以看出，效力判定问题具有至关重要的作用。协议订立过程中的主体、权限、程序以及意思表示等要素，均与行政协议效力判定问题息息相关，同时，协议履行、变更、解除等行为的实施和争议的产生亦以效力判定问题为前提和基础。2019 年 11 月 27 日，最高人民法院发布《关于审理行政协议案件若干问题的规定》（以下简称《行政协议解释》），其中使用了相当的篇幅为效力判定制定规则，为行政协议效力判定的顺利展开提供了规则支持，但由于相关案件的多样性和复杂性，审判实践中仍会遇到许多棘手的问题。为此，行政审判面临着新的使命，要从单纯维护行政相对人合法权益和社会公共秩序，转变到加强利益衡量审判理念、实质解决行政争议上来。[①] 为此，有必要在诉讼中展开行政协议效力的双重审查判定规则，即统筹协调运用行政性审查和合意性审查，行政性审查是运用行政法原则、精神和法律规范的审查，合意性审查是运用民法原则、精神和法律规范的审查。双重审查判定规则更加符合行政审判使命转变的要求，其重在衡量公法利益与私法利益，既着力于确定相关行政行为的合法性，又致力于解决合意性纠纷，对原告的诉求进行更大力度的回应，实质解决争议。本文内容即在于研究行政协议效力判定中两种审查之间的内涵、关系以及逻辑运用规则等问题。

一、行政协议效力双重审查判定的理论基础

（一）行政协议行政性与合意性属性

行政协议具有双重属性，既具有行政性，又具有合意性。《行政协议解释》第1条规定的内容，[②] 包含四个方面的要素，即主体要素（行政机关）、目的要素（行政管理或者公共服务目标）、内容要素（行政法上的权利义务内容）和合意要素（协商订立）。主体、目的和内容要素可用以解释行政协议的行政性属性，合意要素可用来说明行政协议的合意性属性。行政协议双重属性中，行政性是首要的和第一位的。因为，行政协议最本质的特征在于其内容要素，协议主体之间实质上形成的是行政法律关系。有学者在论述行政协议根本判断标准时提出，协议所包含的行政优益权行使的内容和对行政权未来处分的约定，是将行政协议从民事合同中区别出来的最根本标准。[③]

行政协议双重属性是进行行政协议效力双重审查判定的根本原因。行政协议双重属性决定了其对应的审查规则不是单纯的单方行政行为效力的审查，

① 参见黄永维：《跨越公法私法界限，构建行政协议诉讼新格局》，载最高人民法院行政审判庭编：《行政执法与行政审判》总第73集，中国法制出版社2019年版，第1－5页。

② 《行政协议解释》第1条规定："行政机关为了实现行政管理或者公共服务目标，与公民、法人或者其他组织协商订立的具有行政法上权利义务内容的协议，属于行政诉讼法第十二条第一款第十一项规定的行政协议。"

③ 参见余凌云：《行政协议的判断标准——以亚鹏公司案为样本的展开》，载《比较法研究》2019年第3期。

也不是纯粹的民事合同效力的审查。行政协议的行政性，提醒裁判者注意其不同于民事合同，要求按照行政行为效力审查原则对其涉及的职权行为进行审查，以监督行政机关的行政协议行为；行政协议的合意性，提醒裁判者注意其不是传统单方行政行为，要求在一定程度上适用相关民事法律规范审视行政协议效力。

（二）公法规则与私法规则交叉融合

行政协议适用规则的交叉融合要求裁判者树立双重审查理念。行政协议是生长于公法与私法交叉领域的协议形态。有学者指出，国家法律对于行政协议的规制实践，模糊了公法与私法之间的界线，这种规制实践就是生长在两者的交叉边缘，而行政协议正是这一交叉边缘中产生的特殊合同形态。[①]在公法规范与私法规范既定前提下，裁判者对于行政协议效力的审查需要转变审判理念，树立效力判定的双重审查理念，对于行政权力行使行为的效力，应当通过公法规范的层面进行审视和考察，对于协商合意行为的效力，需要通过私法规范层面进行分析与处理。

（三）依法行政与契约自由协调统一

依法行政与契约自由在行政协议中协调统一，是实践的需要和立法的趋势。一方面，由于行政协议管理方式具有强烈的现实需求，且有些国家相关立法已经作了“容许性规定”[②]，故以严格依法行政原则限制行政协议相关行为的做法，是与目前趋势不相适应的。另一方面，对依法行政与契约自由关系的理论再认识，也在推动着两者协调统一。有学者认为，西方国家协调依法行政与契约自由之间关系的途径是：重新解释依法行政理论，认为行政机关可限制相对人自由是因为相对人同意限制权益条款，同时尽量将行政协议纳入依法行政理论控制下，纳入司法审查范围。[③] 在行政协议效力审查中，

---

① 参见余凌云：《论对行政契约的司法审查》，载《浙江学刊》2006年第1期。

② 有些国家和地区规定了除法律禁止或事务性质不许的情况外，行政机关均可与相对人订立行政协议。德国《联邦行政程序法》第54条规定：“行政机关尤其可以与拟作出行政行为的相对人，以签订公法合同代替行政行为的作出。”葡萄牙《行政程序法典》第179条规定：“行政机关在实现其所属的法人的职责时，可订立行政合同，但法律有相反规定或因拟建立的关系的性质而不允许不在此限。”我国台湾地区“行政程序法”第135条规定：“公法上法律关系得以契约设定、变更或消灭之。但依其性质或法规规定不得缔约者，不在此限。”

③ 参见余凌云：《依法行政理念在行政契约中的贯彻》，载《公安大学学报》1998年第1期。

裁判者应当具有的理念是，依法行政原则应在行政协议领域落实，契约自由原则也应蕴含其中，这就需要在同一案件中运用行政性审查与合意性审查全面、正确和有效地解决协议效力争议。

二、行政协议效力双重审查判定的宏观适用逻辑

（一）运用行政性审查与合意性审查的关系进行判定

行政性审查以行政协议中权力行使要素作为主要审查对象，以监督行政机关，实现公共利益为主要目的。其审查内容：一是合法性审查，即以行政法等公法规范为标准，审查协议主体资格、订约职权和程序、行政优益权等；二是适当的合理性审查，如行政裁量的适当性审查；三是价值性审查，包括公私利益衡量和公平正义、公序良俗等价值的考量。合意性审查以行政协议中合意性行为作为主要审查对象，以解决协议纠纷为主要目的，主要是适用相关民事法律规范进行协议效力审查。《行政协议解释》第 11 条实际上初步规定了行政协议的双重审查规则，[①] 但该条规定内容似有不全之处，如公私利益衡量、协议效力审查等未予突显。

从联系的角度看，行政性审查与合意性审查之间是相辅相成的互补关系。在行政协议效力判定中，行政性审查是主要的和本质性的方式，而合意性审查也可能起到填补空缺的作用；在合意性审查中，有时也要考量公法因素，方可得出正确和适当的裁判。例如，公法有职权法定的要求，若接受委托的行政机关超越授权范围与相对人签订行政协议，但没有超越委托机关事务管辖权限，只是超越裁量权限范围，而该协议又已履行完毕，此时委托的行政机关可以对该行政协议予以效力追认，且该追认与公共利益的实现并无妨碍，故应当认可该行政协议的法律效力。在这种情形中，公法的越权无效规则得到了来自私法追认规则的有效补充，此时追认规则成为判定行政协议效力的关键一步，同时，在认可效力追认的合意性审查中，又进行了是否妨碍公共利益实现的行政性审查考量。有学者认为，民事合同的效力待定理论（其中

---

① 《行政协议解释》第 11 条第 1 款规定："人民法院审理行政协议案件，应当对被告订立、履行、变更、解除行政协议的行为是否具有法定职权、是否滥用职权、适用法律法规是否正确、是否遵守法定程序、是否明显不当、是否履行相应法定职责进行合法性审查。"第 2 款规定："原告认为被告未依法或者未按照约定履行行政协议的，人民法院应当针对其诉讼请求，对被告是否具有相应义务或者履行相应义务等进行审查。"

含追认规则）可以为行政协议主体资格缺陷提供充分说理依据。[①]

从区别的角度看，行政性审查具有适用的优先性和审查范围的全面性。在适用顺序上，由于行政协议的行政性是第一位的，把行政性审查放在效力判定的优先适用位置上，可以突显对行政协议中权力行使的制约，保障行政协议行政管理或者公共服务目标的实现。以行政性审查为先，这样就确定了效力审查的基本规则。在审查范围上，行政性审查具有全面性，合意性审查具有回应性。行政性审查并不局限于原告诉求和理由，如行政协议诉讼程序启动后，即使原告提出撤销的诉求，法院经审查并考量公益等因素，可以作出确认违法的判决。对于合意性审查而言，则十分关注原告诉求和理由，若原告主张协议无效或可撤销并提出依据合同法无效或可撤销的理由，法院将审查该协议是否具有合同无效或可撤销的情形。也就是说，合意性审查对原告诉求和理由的审查是予以回应的，且后续裁判将更侧重于与诉求的对应。

（二）运用公法利益与私法利益的理性衡量进行判定

行政协议效力审查是裁判者的司法判断过程，经常需要对各种利益进行权衡并作出适当和理性的选择。效力审查的利益衡量判定，具有实在法的规范基础。《行政诉讼法》第七十四条第一款第一项的规定就直接体现了利益衡量的问题，[②] 国家利益、社会公共利益与私人利益有着不同的位阶和顺位，在撤销判决将损害国家利益、社会公共利益的情况下，仍应保留违法行政行为的效力，但应要求行政行为实施者给予行为受害者补救或者补偿。行政协议效力判定中的利益衡量，无疑是裁判者在自身知识、认识和技术基础上进行的主观判断，需要一系列的步骤、规则予以规范和限制，以防止任性和恣意的决断。在这一系列的步骤与规则中，又都包含着对公共利益和私人利益双重因素的审查、识别、权衡与选择，故而这种审查又具有了双重性。

运用利益衡量所进行的双重审查若要有效展开，需要确定如下步骤、规则：首先，要对行政协议所涉及的公私利益进行双重识别，排除无关的或臆造的利益因素。有时行政机关可能臆造“公共利益”，以作为其推托履行协议的理由。例如，在再审申请人四川省大英县人民政府因大英县某纸业有限

---

① 参见陈无风：《司法审查图景中行政协议主体的适格》，载《中国法学》2018 年第 2 期。

② 《行政诉讼法》第七十四条规定：“行政行为有下列情形之一的，人民法院判决确认违法，但不撤销行政行为：（一）行政行为依法应当撤销，但撤销会给国家利益、社会公共利益造成重大损害的……”

公司诉其不履行行政协议一案（以下简称“某纸业公司案”）中，[①] 行政机关主张若其依约支付高额资产转让价款将损害国家和人民利益，最高人民法院的裁判理由认为，依约付款是其在协议中的承诺，不依约付款才是对国家公信和民众信赖利益的损害，以此驳斥了其为规避履约而臆造的“损害国家和人民利益”主张。其次，确定公共利益与私人利益之间是否存在冲突，进行双重理性权衡，正当作出选择。有时利益之间并没有什么冲突，如行政机关签订行政协议仅是轻微程序违法，此时强调相对人信赖利益，维持协议效力甚至合法性，并不伤及公共利益的实现。最后，裁判者应当对利益衡量过程进行有说服力的双重说理。既要对公共利益的确定说理，也要对私人利益的判断说理；既要对利益权衡过程进行说理，又要对利益的选择确定进行说理。有学者指出，若谁试图在利益平等保护这个一般规则之外对私人利益进行限制，那么他就负有对所涉公共利益具有优先性的原因予以充分论证的责任。[②] 这是对裁判者利益权衡和选择过程予以正当性展现的要求。

（三）运用依法行政与契约自由的协调统一进行判定

裁判者应当适时限制契约自由而积极落实依法行政原则。虽然协议当事人有选择行政协议处理相关事项的自由，有约定协议条款内容的自由，甚至有约定减损相对人权利条款的自由，但这种自由是有限制和边界的，大致的边界就是不得损害公共利益，不得违反法律强制性规定。在依法行政原则的要求下，行政机关应当保持行政行为的合法状态，若行政行为出现不符合公共利益实现的情形，或者出现法定事由，行政机关亦应当撤销该行政行为。行政协议作为一类行政行为，在其法律效力的审查中，也应当贯彻落实依法行政原则。在再审申请人王某、李某诉郑州市金水区人民政府解除协议决定一案中，[③] 最高人民法院认为，行政机关可以选择协商一致与相对人签订行政协议的方式处理具体事务，但基于公共利益或者行政行为违法情形，其可单方变更解除行政协议，因为依法行政原则要求行政机关保持合法行政行为、撤销违法行政行为。

---

① 详见最高人民法院 2017 年 12 月 1 日作出的（2017）最高法行申 195 号行政裁定书。该案也是与《行政协议解释》同时发布的最高人民法院行政协议参考案例中的第 1 个案例。

② 参见王怀章、朱晓燕：《行政裁判中的利益衡量——以个案为基础对〈若干解释〉第 58 条的注释》，载《行政法学研究》2006 年第 1 期。

③ 详见最高人民法院 2018 年 12 月 27 日作出的（2018）最高法行申 9010 号行政裁定书。

裁判者要在贯彻依法行政原则的基础上尊重契约自由精神。在行政协议案件审查中，要肯定行政机关对行政协议这一行政方式的选择自由，行政机关可在法律框架内决定协议条款内容。但行政机关一旦按照自由意志在协议中与相对方约定了给付义务，基于对契约自由的尊重，在不违背重大公共利益或者法定事由的情况下，行政机关应当全面依约履行义务。在某纸业公司案中，最高人民法院认为，县政府为履行环境保护治理行政管理职责，以受让某纸业公司资产的方式签订的《资产转让协议书》“并不违反国家法律、法规和政策的规定，事前经双方当事人协商达成一致，是双方真实意思表示，合法有效，当事人应当按照约定全面履行”，县政府应当依约支付资产转让对价。

三、行政协议效力双重审查判定的微观适用规则

（一）行政协议效力双重审查判定的具体展现

行政协议效力双重审查判定的特征具体体现在审查过程和结果上。行政协议效力双重审查判定结果具有多元性。行政协议与民事合同都须在审查合法性的基础上进行效力判定，两者的区别在于，审查过程和结果对合法性审查与效力判定的凸显程度不同。民事合同的合法性审查被效力判定完全吸收，因而民事合同审查结果在于“有效”“无效”“效力待定”或者“可撤销”。因行政协议的双重属性，行政协议的合法性审查和效力判定在结论中均得以凸显，审查结果如图 1 所示，有“合法有效”“违法有效”“合法无效”“违法无效”或者因违法导致“可撤销”等多元情形。“合法有效”与“违法无效”易于理解，然而，为何会出现“合法无效”与“违法有效”情形呢？有学者指出，“合法”“违法”属于合法性判断范畴，“有效”“无效”属于效力判断范畴，合法性判断以法律规范为单一维度判断标准（合法），是效力判断的一个步骤，而效力判断则是价值判断，其还包括合目的（合理）、合伦理（合情）方面的判断，行政协议因轻微违反程序而违法，但基于效率和无损于公益的考虑，仍可被视为有效，行政协议相关行为合法，但其若不符合正义等价值，或极度不合理，也可以被认定为无效。[①] 因此，行政协议效力

① 这句话的观点可参见两篇文章：一篇是江必新：《行政行为效力判断之基准与规则》，载《法学研究》2009 年第 5 期；另一篇是江必新：《行政协议的司法审查》，载《人民司法（应用）》2016 年第 34 期。

判定的双重审查，既要对行政协议的合法性（合法或者违法）进行审查裁判，又要对行政协议的效力（有效或者无效）进行审查裁判。

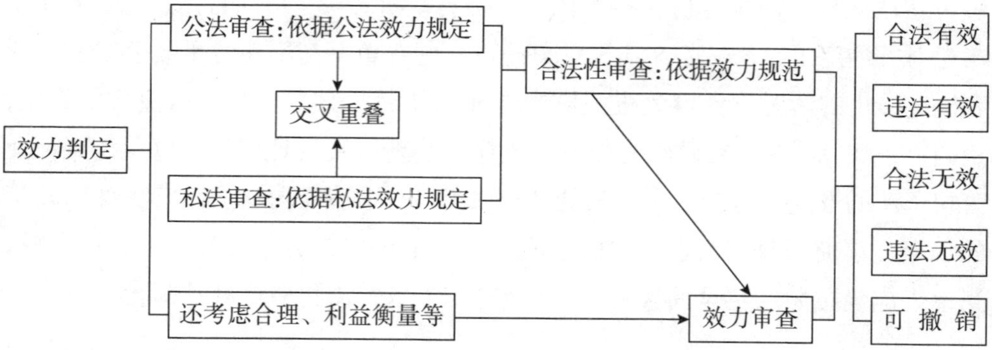

图 1 行政协议效力双重审查判定过程与结果

（二）无效行政协议的双重审查判定

公私法无效规定在行政协议无效判定中应双重适用。从司法实务角度看，我国具有公私法无效规定双重适用的裁判导向。在我国，关于行政协议无效判定的明确法律规范，既涉及《行政诉讼法》第七十五条、《最高人民法院关于适用〈中华人民共和国行政诉讼法〉的解释》（以下简称《行诉解释》）第九十九条的公法无效规定，① 也涉及《合同法》第五十二条的私法无效规定。② 司法实践中，有的裁判者只适用《行政诉讼法》第七十五条或者只适用《合同法》第五十二条进行无效判定，这种单方面审查的观点受到最高人民法院的纠正。在再审申请人喻某诉请确认其与襄阳市人民政府签订的房屋征收补偿安置协议无效一案中，最高人民法院裁判理由认为，行政协议无效判定，既要适用关于无效行政行为的规定，同时也要适用合同无效的规定，对涉案《补偿安置协议》是否无效的审查，一、二审法院只适用《合同法》

① 《行政诉讼法》第七十五条规定："行政行为有实施主体不具有行政主体资格或者没有依据等重大且明显违法情形，原告申请确认行政行为无效的，人民法院判决确认无效。"《行诉解释》第九十九条规定："有下列情形之一的，属于行政诉讼法第七十五条规定的'重大且明显违法'：（一）行政行为实施主体不具有行政主体资格；（二）减损权利或者增加义务的行政行为没有法律规范依据；（三）行政行为的内容客观上不可能实施；（四）其他重大且明显违法的情形。"

② 《合同法》第五十二条规定："有下列情形之一的，合同无效：（一）一方以欺诈、胁迫的手段订立合同，损害国家利益；（二）恶意串通，损害国家、集体或者第三人利益；（三）以合法形式掩盖非法目的；（四）损害社会公共利益；（五）违反法律、行政法规的强制性规定。"

第五十二条规定，没有适用《行政诉讼法》第七十五条规定，忽略了行政协议的行政行为属性，存有不足之处。[①]《行政协议解释》第十二条实际也认可了公私法无效规定的双重适用。[②] 从理论分析角度看，公私法无效规定双重适用符合我国现实情况。因为，在我国，由于行政协议专门立法不完善和研究不充分，确定独立的无效行政协议判定标准的条件尚不完备，而民事合同无效规定已有长期实践，用好现有的公私法无效规定，有利于总结实践经验，节约司法资源。

行政协议无效判定的难点在于厘清公私法无效规定的交叉重叠问题。从公私法无效规定的具体规范内容看，《行政诉讼法》第七十五条已有《行诉解释》第九十九条予以解释，《合同法》第五十二条前四项规定亦可直接用以判定，两者均可较为明确地适用于个案。但是《行政诉讼法》第七十五条规定的"重大且明显违法"与《合同法》第五十二条第（五）项规定的"违反法律、行政法规的强制性规定"，所表示的意思都是"违法"，具有交叉重叠问题，需要运用公私法双重视角予以厘清。理解这一交叉重叠问题，应当明确以下几点：第一，前者比后者具有更大的适用空间。后者重在"以私法公法化"方式限制民事合同契约自由，实质是鼓励合同交易的例外，民事合同无效的情形一般较少，而行政协议含有公共利益因素，在无效判定中有更加严格的要求，更严的要求意味着无效事由更多。第二，在法律规范范围上，前者可以包含后者，即前者所违反之"法"可不限效力位阶。也就是说，行政协议无效判定的法律规范，可以包括规章及其以下规范性文件。因为，若行政协议行为超越行政规范性文件划定的界限，则其也违背了行政管理目标，同时，行政规范性文件也是行政机关自己制定的依法行政要求，以效力层级的高低来判断其能否作为无效判定的依据，理由不充分。在徐某诉山东省安丘市人民政府房屋补偿安置协议案中，[③] 法院认为，涉案《产权调换补偿协议书》关于给徐某两套回迁安置房的约定条款，严重突破了安丘市

---

① 详见最高人民法院 2018 年 3 月 2 日作出的（2018）最高法行申 191 号行政裁定书。

② 《行政协议解释》第十二条第一款规定："行政协议存在行政诉讼法第七十五条规定的重大且明显违法情形的，人民法院应当确认行政协议无效。"第二款规定："人民法院可以适用民事法律规范确认行政协议无效。"

③ 详见山东省潍坊市中级人民法院 2018 年 11 月 20 日作出的（2018）鲁 07 行初 92 号行政判决书。该案也是与《行政协议解释》同时发布的最高人民法院行政协议参考案例中的第 10 个案例。

人民政府制定的安置补偿政策，应当视为该约定内容没有依据，属于无效情形，实际认可了行政机关自己制定的安置补偿文件可用作无效判定依据。第三，后者“强制性规定”的类型要求，提示裁判者应当对所违反之“法”进行审查分析。有学者指出，在行政协议案件中，对于“强制性规定”适用范围的理解，应比民事合同案件更为宽泛些，有些强制性规定的立法目的就是违反必然带来协议无效后果，有些法律条文虽有“不得”“应当”等义务性规定但没有规定违反的法律后果，因此，裁判者需要具体分析法律条文的立法目的，并进行必要的利益衡量。[①] 为此，裁判者不能简单地认为行政协议只要违反行政规范性文件的规定即无效，还应当具体审查分析法律规范，特别是规章以下规范性文件的相关规定是否为了公共利益等目的。有学者担心，个别地方政府可能通过制定层级较低规范性文件的形式否定已经签订的行政协议，以规避自己对该协议的履行。[②] 为此，在个案无效判定中，还是应当注重利益衡量，加强对规范性文件的合法性审查，依法在裁判文书中引用合法有效的规范性文件。

（三）可撤销行政协议的双重审查判定

正如无效行政协议的判定一样，在可撤销行政协议判定中，关于行政行为撤销的规定和关于合同可撤销的规定应作为双重判定标准。应当指出的是，可撤销判定中含有新理念。行政协议的撤销问题，同时受到《行政诉讼法》第七十条和《合同法》第五十四条的规范。从双重审查理念出发，原告提起撤销行政协议之诉，其提出的请求权基础可能是《行政诉讼法》第七十条，可能是《合同法》第五十四条，或者可能是两者，但是，不论原告撤销之诉的理由是哪种情形，裁判者都应当先按照《行政诉讼法》第七十条规定，对行政协议是否违法及违法的程度进行审查，再按照《合同法》第五十四条规定，对原告在行政协议签订中是否违背真实意思进行审查。经此双重审理后，若符合两种法律规定中任意一种规定的情形之一，或者同时符合，都可撤销行政协议。但还有的可能是，被诉行政协议只是轻微程序违法，且不符合《合同法》第五十四条情形，则双重审查理念要求既要认定行政协议违法，

---

① 参见王敬波：《司法认定无效行政协议的标准》，载《中国法学》2019 年第 3 期。

② 参见张敏：《从行政性、合同性双重视角审视行政合同的延展与规范》，载《政法论丛》2018 年第 8 期。

又要认定其具有法律效力，进而既判决确认该行政协议违法，又要驳回原告诉求。从上述分析可以看出，在行政协议撤销的双重审查中，存在着“诉－审－判”并不完全对应的情况。即使原告仅以私法可撤销规定为请求权基础提起撤销之诉，裁判者进行审查时既需主动进行公法合法性审查，又需进行私法意思表示审查，作出的判决则可以有合法性评判和效力评判两项判决。例如，在安吉展鹏金属精密铸造厂诉安吉县人民政府行政协议案中，展鹏厂诉请撤销《企业搬迁补偿协议书》并责令县政府与其签订拆迁补偿协议，二审法院既审查该协议书的合法性，又审查其效力，作出两项判决：一是确认该协议书违法，二是驳回展鹏厂的诉求。①

结论

相对于一般单方行政行为的司法审查，行政协议司法审查具有复杂性。这种复杂性来自行政协议本身的双重属性，也来自公法规则与私法规则的相互并行与交织。在行政协议效力审查中，裁判者应当建立双重审查理念，两种审查之间是相互影响、相辅相成的关系，这种关系要求裁判者既要认识权力行使因素，具有行政性审查的眼光，又要认识合意因素，用合意性审查进行回应。由于公法规则与私法规则的运行并非完全平行，在行政协议效力判定中存在相互交织、交叉重叠的情况，这种情况又要求裁判者对两种审查要有较为深刻的理解，要认识到行政性属性才是该类案件的首要问题，案件审查中的行政性审查具有适用的优先性和审查的全面性，这也是行政协议案件纳入行政诉讼受案范围的价值所在。

（作者单位：福建省高级人民法院）

① 详见浙江省高级人民法院（2018）浙行终13号行政判决书。该案也作为与《行政协议解释》同时发布的最高人民法院参考案例的第8个案例。

中央国家机关行政执法与应诉问题研究*

——以行政审判为视角

北京市第一中级人民法院课题组**

【内容摘要】本报告是对中央国家机关行政执法与应诉相关问题的调研分析报告。报告以辖区27家中央国家机关执法与应诉工作的基本情况等为调查样本，凝练总结涉中央国家机关案件特点，系统分析中央国家机关败诉案件情况，深入剖析反映出的行政执法与应诉问题，针对性提出九项对策建议。在调研基础上，形成《行政机关应诉指南》，为规范行政机关应诉执法提供有效指引。

【关键词】国家机关　依法行政　行政机关应诉　法治政府

党的十九大对深化依法治国实践作出重大部署，提出“建设法治政府，推进依法行政，严格规范公正文明执法”①。十九届四中全会提出，“坚持和完善中国特色社会主义行政体制，构建职责明确、依法行政的政府治理体系。”② 最高人民法院“五五改革纲要”提出“围绕推进法治政府建设，改革完善行政审判工作机制”③ 的改革要求，促进行政执法规范化、法治化成为

---

* 本报告获最高人民法院周强、江必新、李少平、杨万明、贺小荣五位领导签批，被《最高人民法院简报》采发并报中央全面依法治国委员会办公室，被评为北京市法院2019年度行政审判调研成果一等奖、北京市法院2019年度调研成果三等奖。

** 课题负责人：薛峰。课题组成员：赵锋、梁菲、何君慧、杨晓琼、李赟乐、肖克、张婷婷、刘京勇、李静怡、王阳、李茜。主要执笔人：薛峰、杨晓琼、李赟乐、肖克、张婷婷。

① 习近平：《决胜全面建成小康社会　夺取新时代中国特色社会主义伟大胜利——在中国共产党第十九次全国代表大会上的报告》，载《党的十九大报告辅导读本》，人民出版社2017年版，第38页。

② 《中国共产党第十九届中央委员会第四次全体会议公报》，载《人民日报》2019年11月1日01版。

③ 《最高人民法院关于深化人民法院司法体制综合配套改革的意见——人民法院第五个五年改革纲要（2019—2023）》，载《人民法院报》2019年2月28日第002版。

本阶段行政诉讼制度改革的重要内容之一。行政诉讼作为行政关系的“调节器”，是国家治理中尤其是政府治理体系的“免疫系统”。其特有的监督规范行政权力运行的功能可促进政府行政服从良善规则，推进法治政府建设。行政诉讼又是行政权、公民诉权与行政审判权的交汇点，能够直观且深刻的反映出行政机关的执法水平与应诉能力、人民群众对行政与司法工作的新期待及行政审判的专业化水平。

党的十八大以来，法治政府建设取得明显成效，与法治国家、法治社会建设相互促进，行政体制改革有效实施。中央国家机关作为相关领域的全国主管部门，是法治政府建设的排头兵，其政策制定及执法行为的法治化程度会对整个行业产生示范性作用，其行政执法与应诉情况较为典型地反映着全国行政执法与应诉的现状。

北京市第一中级人民法院（以下简称北京一中院）长期以来审理包括自然资源、金融监管、教育医疗、环境保护等领域在内的70%涉中央国家机关行政案件。案件审理过程中，北京一中院及时发现并总结出中央国家机关在行政执法与应诉工作中存在的一些问题。通过调查问卷的形式了解辖区27家中央国家机关执法与应诉工作的基本情况、对应诉工作的意见建议、应诉工作的难点等。通过赴上海市第三中级人民法院、上海金融法院、上海铁路运输法院、上海市静安区人民法院、广州铁路运输中级法院、佛山市顺德区人民法院等法院调研访谈，了解不同地区、不同法院的涉部委案件审判情况，加深调研课题研究相关问题的司法实践基础。在前述基础上，形成本调研报告。

一、中央国家机关诉讼整体情况

党的十八大以来，北京一中院遵循“保护并规范、监督并尊重、三方高效协同、实质化解纠纷”的工作思路，以实质性化解行政争议为出发点，以打造协同、高效国家治理体系为基本目标，充分发挥审判职能，共审结以中央国家机关为被告的案件4989件，取得了良好的政治效果、法律效果和社会效果。通过案件梳理，北京一中院审理的涉中央国家机关案件呈现以下五个特点：

（一）案件数量高位运行，涉及领域广泛，行为类型多样

1. 新法实施后案件数量高位运行。2015年5月新修改的《中华人民共和

国行政诉讼法》（以下简称《行政诉讼法》）施行以来，北京一中院共计受理涉部委行政案件6103件，包括一审案件5496件，二审案件607件。2015年、2016年涨幅均超过50%，2017年有所回落，2018年同比增长32.4%。截至2019年9月20日，受理了1301件。

2. 案涉行政管理领域广泛。北京一中院辖区27家部委涉诉，占辖区部委总数的93%。案件涉及自然资源、金融监管、科技教育、医疗卫生、环境保护、市场监管等多个领域。

3. 案涉行为类型多样、不断拓展。案件涉及行政许可、行政处罚、信息公开、行政复议、履行法定职责的多种常规的行政行为类型，随着立案登记制和受案范围的扩大，涉案行政行为类型向行政指导、行政备案、行政裁决、行政协议、内部行政行为等新类型行为扩展，进入司法审查的行政行为类型不断拓展。

（二）频现示范案件、敏感案件、新类型案件，裁判示范效应不断凸显

北京一中院以涉中央国家机关案件为抓手，强化行政审判能力和依法服务中央驻京领导单位水平建设的同时，注重发挥案件的全国辐射、示范效应，提升政府形象和引导公众依法维权，凸显行政审判的价值与功能，促进法治政府建设。

1. 强化重大典型案件审理。近年来，北京一中院审理了一批社会影响大、示范意义强的“首案”、大要案。如入选“人民法院2015年度十大民事行政案件”的“光大乌龙指”杨某诉证监会行政处罚案；入选“人民法院2015年度十大经济行政典型案例”的周某等人诉证监会行政处罚案；入选“人民法院2017年度十大民事行政案件”的于某诉北京大学撤销博士学位案；入选2019年“推动教育法治进程十大教育行政争议案件”的四件案件，等等。

2. 妥善处理敏感案件，审理了一批与社会治理大局高度关联的敏感案件。

3. 探索行政争议解决新思路，审理了一批探索行政争议实质解决思路的“新类型案件”。如在一起土地行政处罚案件中，坚持诉源治理，通过协调地方政府实质解决当事人争议，最终实现当事人撤诉、争议彻底化解的良好效果。如在一起要求公开自然保护区规划调整案中，创新吸纳社会组织的力量，

形成协调化解合力，妥善化解了该起涉高度敏感舆情纠纷。再如，在一起要求公开铁路建设环评批复信息公开案中，巧借“府院联动”平台，诉讼中引导行政机关主动作为，原告因知情权得到保障而撤诉。

（三）强化司法审查力度，深化司法行政良性互动

1. 严格依法监督行政机关合法合理行政。北京一中院从严格监督行政机关以事实为依据、准确履行法定职责，严格监督行政机关遵守法定程序、保障当事人的程序性权利，严格监督行政机关准确适用法律、统一执法标准，全面监督行政机关合理行政、规范行政裁量行为四个方面有力发挥行政审判对行政执法的规制作用。在 2013 年至 2018 年审结案件中，中央国家机关败诉 409 件，败诉率为 8.36%，实体败诉率为 22.66%。新《行政诉讼法》施行以来（截至 2019 年 9 月 20 日），约有 40% 涉中央国家机关案件进入实体审理，其中被告败诉案件 440 件，行政机关实体败诉率达 20.5%。

2. 加强与行政机关多方位交流互动。一是支持行政机关依法管理市场，营造良好的营商环境，促进社会主义市场经济的健康发展，为行政机关依法监督市场提供了有力的司法支持。二是通过司法建议方式推动全国行政管理制度的规范和完善。新法实施以来，共向 9 家中央国家机关发送书面司法建议 11 份，均得到了受建议机关积极的回函反馈。三是加强法治宣传培训，助力行政机关提高执法水平。北京一中院认真贯彻“谁执法，谁普法”的工作要求，依托“案件研讨、外出宣讲、庭审讲堂”三大平台，开展向中央国家机关“依法行政”培训活动近百次。

（四）部分当事人在个别领域反复诉讼情况突出

近年来，部分当事人非理性利用法律规定和程序设置漏洞，多次提起诉讼，不解决实际问题，造成行政与司法资源浪费，加剧了行政诉讼“程序空转”现象。如 2013 年以来，郑某团队诉工业和信息化部政府信息公开案件近 400 件。2014 年，许某诉银监会、保监会案件分别为 58 件和 65 件，几乎为两会部门全部涉诉案件。再如，2017 年以来，张某等因涉及刑事案件罚没款未依法及时退还，而提起诉财政部、中国人民银行系列案件 270 件。

在辖区部委执法与应诉工作调研座谈会上，多家部委认为法院在保护公民诉权方面的工作做得非常扎实，也希望法院在规范部分当事人滥用诉权行为方面有所创新。

（五）案件以续发型争议为主，且呈现一定程度的信访化倾向

涉中央国家机关行政案件多系因征地拆迁等基础性争议未能解决，当事人通过信息公开、行政复议、投诉举报等途径，将争议上移至部委层面，形成续发型争议，呈现信访化倾向。部分行政案件本身已不具有直接救济实体权利、解决实质争议的效果，当事人提起诉讼的目的也表现为权益保障、情感宣泄、价值观宣示、政策促进，乃至制度改进等多个层次的混合。

在辖区部委执法与应诉工作调研座谈会上，部分部委认为，此类案件形成的行政争议是无法通过诉讼程序实质解决的，浪费了大量的司法与行政资源。

二、中央国家机关败诉案件情况

（一）部委败诉率先升后降

2013－2018 年审结案件中，中央国家机关败诉 409 件，败诉率为 8.36%。其中，以判决方式结案的案件中，败诉率为 22.66%。2013－2015 年，败诉率大幅增长。2016－2018 年，败诉率呈逐年下降趋势（见图 1）。

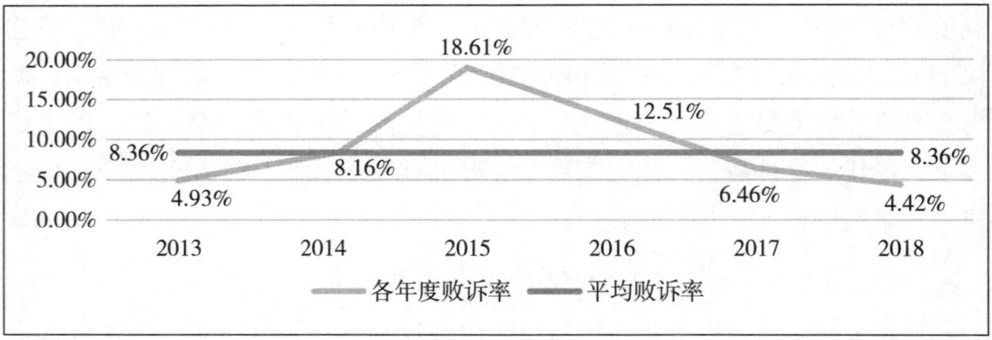

图 1　中央国家机关被诉行政案件的败诉率

（二）败诉涉及的行政管理领域相对集中

国土、住建、发改、金融、工信、财税、市场监管等领域涉案数较多，败诉案件相对集中。教育、环境、海洋、广电、铁路、邮政、国有资产管理等领域被告败诉情形偶有发生。

（三）败诉原因多样，部分案件存在两种或多种情形

在 409 件败诉案件中，存在适用法律错误情形的案件有 107 件，占败诉

案件总数的26.16%。存在认定事实不清情形的有98件，占比23.96%。存在程序违法（包含轻微违法）情形的有96件，占比23.47%。因未履行法定职责败诉的有85件，占比20.78%。因主要证据不足败诉的有74件，占比18.09%。判决被告承担赔偿责任的有4件，占比0.98%（见图2）。

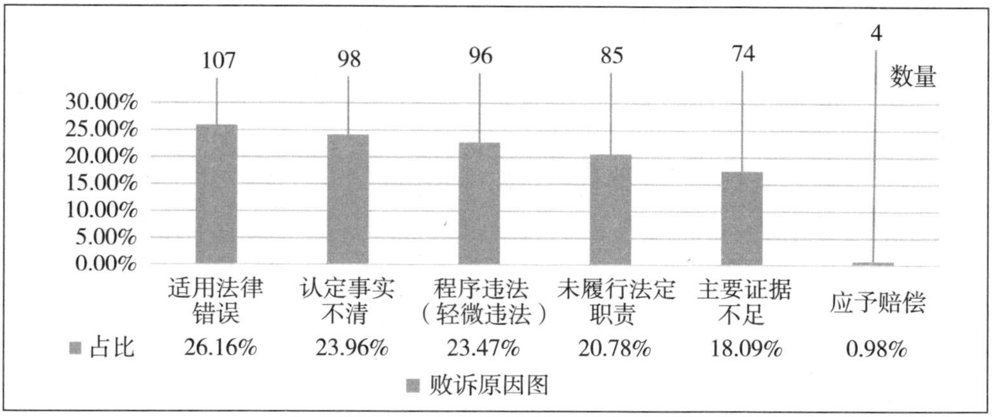

图2 败诉原因、数量及占比

（四）败诉案件类型相对集中

败诉案件主要为政府信息公开、行政复议、履行法定职责三种类型，约占败诉案件总数的92.91%。行政许可、行政处罚、行政赔偿案件占比7.09%（见图3）。

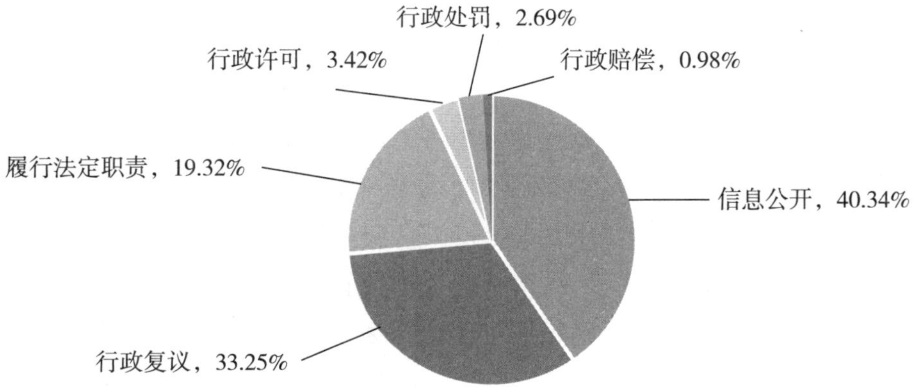

图3 败诉案件类型占比

三、审判中反映出行政执法的问题及原因

从涉中央国家机关行政案件中被告败诉案件的趋势看，中央国家机关依法行政意识和能力明显加强，预防和化解行政争议能力显著提升。但败诉案件仍可反映出一些值得关注的行政执法问题。具体问题如下：

（一）行政行为适用法律错误，执法标准不统一

1. 具体情形包括：

（1）行政行为未援引法律依据。如（2016）京01行初26号刘某诉银监会政府信息公开案中，被告作出的政府信息公开答复仅载明了相关理由，并没有援引具体的法律依据，因此，法院认定被告作出的政府信息公开答复适用法律错误。

（2）对法律规范存在理解偏差。如（2016）京01行初26号徽县某商贸有限责任公司诉国土部行政复议案中，根据《中华人民共和国行政复议法实施条例》第二十八条第（七）项的规定，行政复议申请应当符合以下规定：其他行政复议机关尚未受理同一行政复议申请，人民法院尚未受理同一主体就同一事实提起的行政诉讼。该条规定的尚未受理是指尚未实体审理。该案中，原告之前针对被复议的许可证提起的行政诉讼，法院未进行实体审查，裁定驳回原告的起诉。因此，原告就涉案许可证向被告申请复议时，针对涉案许可证并不存在其他行政复议机关已经受理行政复议申请或法院已受理行政诉讼的情形，被诉复议决定认定原告的行政复议申请不符合该条规定的受理条件，属于适用法律错误。

（3）适用法律错位。即本应适用甲法，却适用了乙法。如（2016）京01行初33号何某诉工信部行政复议案中，原告向北京市信管局提交投诉信，投诉北京某公司存在非法中止向原告提供电信服务等违反《电信条例》第四十一条、第七十五条规定的行为，请求北京市信管局进行查处，而后提起行政复议。被告认为原告的投诉举报属于信访行为，对信访事项处理意见不服应依据《信访条例》请求对信访事项处理意见复查、复核。法院认为，根据《电信条例》的规定，省级电信管理机构具有对电信业务经营者在电信服务中无正当理由拒绝、拖延或者中止对电信用户的电信服务的行为进行查处的法定职责。被告认为原告的投诉举报属于《信访条例》规定的信访行为属于

适用法律错误。

（4）违反行政法基本原则。如（2016）京01行初549号尉某诉国土部行政复议案中，被复议的行政处罚决定书中告知当事人申请复议的期限是3个月，和《中华人民共和国行政复议法》（以下简称《行政复议法》）第九条第一款规定的60日申请复议期限不一致，虽然告知内容错误，但是行政行为的告知产生了信赖利益，申请期限应该以告知为准，被告认为原告超过法定的复议期限，违反了信赖利益保护原则，法院未予支持。

（5）违反法律禁止性规定。如（2014）一中行初字第10521号宁城县某建材有限责任公司诉质检总局行政许可案中，根据《中华人民共和国工业产品生产许可证管理条例》第三十五条、2010版《工业产品生产许可证管理条例实施办法》第九十二条、《工业产品生产许可证证书管理规定》第十三条和第十六条第三款的规定，取得工业产品生产许可证的企业不得出租、出借或者以其他形式转让许可证证书和生产许可证标志。本案中，被告将原告的生产许可证变更给第三人，且改变了许可证的有效期，违反了上述法律规定。被告向第三人核发的被诉生产许可证系以企业名称变更的形式进行的生产许可证转让，违反行政法规、规章的禁止性规定，导致违法。

（6）内部执法标准不一致。行政机关内部业务部门和法制部门对于执法标准的把握不一致，极易引起败诉。如（2017）京01行初1203号北京某科技有限公司诉财政部行政复议案中，将明显低于合理价格作为认定不正当投标行为的一种情形，具有法律依据。但对合理价格的认定标准，具体业务经办部门和法制部门的意见并不一致，出现复议决定撤销了原行政行为，而法院判决撤销复议决定的情形。

2. 原因主要有：

（1）规范性文件与上位法相抵触。规范性文件在行政管理中发挥着重要作用，但由于制定主体繁多、超越法定权限、程序混乱等原因，也导致规范性文件与上位法相抵触的现象，阻碍法治政府建设。规范性文件定期清理制度不完备加剧了这一状况，根据本次调研向中央国家机关发送的调查问卷显示，仍有11.1%的受访部委没有建立或者认为不需要建立规范性文件定期清理制度。

（2）执法人员法律素质有待加强。主要表现在对于修改更新的法律、法规、规章的学习滞后，对具体的法律规范理解不准确，执法人员专业背景多样未能同时具备业务知识和法律知识等。

（3）法制部门作用发挥不充分。业务部门和法制部门思考问题的方式和角度不同，有不一致的意见实属正常。但由于法制部门并不属于核心业务部门，法制部门的意见对于具体执法标准的影响有限，且不具有强制性，成为影响内部执法标准统一的制约因素之一。

（二）行政行为认定事实不清

1. 具体情形包括：

（1）对法定职责范围认定不清。如（2017）京01行初703号李某诉住建部履行法定职责案中，焦点问题为住建部对于注册房地产估价师涉嫌在房屋征收过程中进行虚假评估的违法行为是否具有查处的法定职责。根据《国有土地上房屋征收与补偿条例》第三十四条的规定，房地产价格评估机构或者房地产估价师出具虚假或者有重大差错的评估报告的，由发证机关责令限期改正……《注册房地产估价师管理办法》第八条规定，对申请初始注册的，省、自治区、直辖市人民政府建设（房地产）主管部门应当自受理申请之日起20日内审查完毕，并将申请材料和初审意见报国务院建设主管部门。国务院建设主管部门应当自受理之日起20日内作出决定。故住建部具有查处职责，被告将该事项转上海住建委处理属于未履行法定职责的情形。

（2）申请信息理解错误。行政机关的政府信息公开告知行为是依申请作出的行为，行政机关履行告知义务的前提是正确认识申请人要求公开的信息内容及目的，并针对申请人的申请作出有针对性的告知，不能答非所问。如（2018）京01行初762号陈某诉国家卫生健康委员会政府信息公开案中，原告申请公开的是“卫新食准字（1997）第7号”新资源食品卫生审查批件，而被告向原告公开了经区分处理的卫监发（1997）第32号《关于批准红景天饮料等22个新资源食品试生产和生产的通知》，即原卫生部就其审批的新资源食品向省级卫生行政部门下发的通知。虽然该通知中含有“卫新食准字（1997）第7号”相关字样，但依据《新资源食品卫生管理办法》第五条的规定，对新资源食品作出的卫生审查批件与原卫生部向省级卫生行政部门发出的该通知显然不属于同一信息，且被告亦未说明不予公开卫新食准字（1997）第7号审查批件的理由，被告因答非所问而败诉。

（3）被复议行为确定错误，遗漏复议申请事项。如（2016）京01行初

665号郭某诉国土资源部行政复议案中，原告申请行政复议的行为是公开《请示》的信息公开行为，而非被告理解的作出涉案《请示》的行为，被告将复议针对的行政行为理解为后者属于认定事实不清。再如，（2015）一中行初字第600号解某诉国土部行政复议案中，原告向被告提起行政复议的申请事项为包括信息公开告知书及所公开的附件（国土资函〔2003〕357号和国土资函〔2006〕734号）。被诉复议决定仅针对批复作出，未对信息公开告知书作出回应，遗漏了原告的复议申请事项，属于认定事实不清。

2. 原因主要有：

（1）未尽到审慎的审查义务。行政行为根据错误的事实作出决定，错误的事实包括误认或者忽视事实。由于未尽到“行政上的合理注意义务”导致虽然实施了一定行为，但是遗漏了法律规定的要件事实，进而导致行为认定事实不清。比如上文所举遗漏复议申请事项。再如，（2017）京01行初154号北京某机房设备有限公司诉财政部行政处罚案件中，在被诉处罚决定作出前，原告已将长春海关支付的合同首付款予以退还，即原告已无基于涉案项目取得的违法所得，故被诉处罚决定中关于没收违法所得之决定缺乏事实基础。

（2）考虑不相关因素。行政行为相关因素是指行政主体依法作出行政行为时应当或者可以考虑的与行政行为之间有本质或合理关系的因素。行政机关在作出行政行为时考虑相关因素有助于保持行政决定的高质量及同类决定的一致性，提高相对人对行政行为的可预测性，相反考虑不相关因素或者不考虑相关因素都是滥用行政权的表现。如（2017）京01行初680号北京某锅炉有限公司诉质监总局行政处罚案件中，原告申请B级锅炉换证许可时，提交的锅炉制造许可证扫描件在制造地址字体和有效期两处与原件不符，被告据此处罚原告1年内不得再次申请锅炉制造许可。原告变造行为对其申请本次行政许可延期产生的影响应是被告作出处罚时确定处罚幅度应予考虑的因素，原告变造证件行为本身是否构成违法以及是否使用变造证件从事其他活动，不应作为被告作出本案行政处罚时应予考量的因素。

（3）对法定职责的依据有不同认识。行政机关作出行政行为的法定职责主要来源于法律、法规、规章的明确规定。行政机关行政义务的来源还包括法律原则、行政规定、行政协议、行政承诺与先行行为等。在问卷调查中，全部受访部委都认为法律法规属于职责来源，88.46%的受访部委认为规章也是职权来源，53.85%的受访部委认为规范性文件属于职权来源，76.92%的受访部委认为三定方案属于职权来源，3.85%的受访部委认为中央文件、国务院文件属于职权来源。可见，行政机关对于法定职责来源的认识还不统一，进而造成遗漏法定职责的考量因素，出现行政不作为的情况。

（4）没有充分利用法律规定的补正程序。实践中，行政机关在不能明确把握申请人申请公开信息时，或者基于便民考虑，有时会超出原告申请的范围告知一些不直接相关但有关联性的内容。其实，在不能明确把握申请人申请公开信息时，应首先根据《中华人民共和国政府信息公开条例》（以下简称《政府信息公开条例》第二十一条第（四）项关于申请内容不明确的规定，要求申请人补正，方能进行有针对性告知。《行政复议法》等也同样规定了补正程序，被告没有充分利用法律规定的补正程序，模糊理解、模糊告知、揣测对方意思的做法将承担很大的败诉风险。

（三）程序违法问题突出

1. 具体情形包括：

（1）超过法定期限作出行政行为。具体案件中，存在超过《政府信息公开条例》规定的15个工作日作出告知书，超过《行政复议法》规定的60日规定作出复议决定的情况。

（2）答复形式不符合法律规定的要求形式。如根据《行政复议法》第十七条的规定，行政复议机关在收到行政复议申请后，应该在5日内决定受理，不予受理的应作出不予受理决定。具体案件中，行政机关在收到行政复议申请后，以“行政复议告知书”的形式代替不予受理决定，不符合法定形式。再如，以口头答复形式代替法律规定的书面形式。根据《中华人民共和国行政许可法》第三十二条第二款之规定，行政机关受理或者不予受理行政许可申请，应当出具加盖本行政机关专用印章和注明日期的书面凭证。具体案件中，行政机关对于申请人的行政许可申请进行口头告知，并未采取法定的书面告知的形式，构成程序违法。

（3）程序步骤颠倒。如（2015）一中行初字第1603号孙某诉水利部行政批复及行政复议案中，《开发建设项目水土保持方案编报审批管理规定》第九条第二款之规定，有审批权的水行政主管部门受理申请后，应当依据有关法律、法规和技术规范组织审查，或者委托有关机构进行技术评审。被告在相对人提出水土保持方案审批申请之前，即已先行委托监测中心对水土保持方案进行技术评审，违反法律规定的程序顺序，属于程序违法。

（4）遗漏应当参加程序的利害关系人。如（2015）一中行初字第232号北京某经贸有限责任公司诉财政部政府采购投诉处理决定案中，被告作出政府采购投诉处理决定前，未通知与投诉事项有关的供应商参加投诉处理程序，亦未向其送达被诉处理决定，违反了《政府采购供应商投诉处理办法》的明确规定，构成遗漏利害关系，也有违正当程序原则，构成程序违法。

（5）剥夺相对人陈述申辩权。如（2015）一中行初字第236号张某、李某诉中国证券监督管理委员会行政处罚案中，被告在作出最终行政处罚决定中认定的事实和依据与行政处罚事先告知书中的事实和依据明显不同，客观上损害了被处罚人的陈述、申辩权，导致处罚决定程序违法。

（6）未及时告知程序进展。具体案件中，行政机关将延期答复告知书与最终的信息公开告知书一并送达申请人，导致政府信息公开条例保障申请人程序知情权的立法目的完全落空，显然与正当程序原则不相符合。

（7）文书未送达或超出合理期限送达。具体案件中，被告收到原告的政府信息公开申请后，认为应当补正申请。被告虽向原告寄出了涉案补正通知书，但该邮件被退回。其后，被告未通过原告预留的手机号码联系原告，亦未采取其他合理方式继续送达，被告等同于未向原告作出任何答复行为。送达是行政行为生效的前提，一般情况下，行政行为作出后应即时送达。实践中，考虑到收发邮件等因素，可能造成作出时间与送达时间的时差，但应保持在合理期限内。北京法院对合理期限的认定标准为行政行为作出后7日之内，在很多案件中，被告作出行政决定7日后方启动送达程序，构成程序轻微违法。

（8）用章错误。具体案件中，被告作为政府信息公开义务主体，在针对原告的政府信息公开申请作出处理时，应以该部名义对原告作出政府信息公开答复，但其以下属事业单位的名义作出答复函，并加盖下属事业单位的印章缺乏法律依据，属于程序违法。

2. 原因主要有：

（1）重实体、轻程序的观念仍然存在。随着依法治国实践的深入推进，以往重视案件实体处理结果、轻视案件处理程序的观念大为改观。但是此种观念并未消除，问卷调查显示，部分受访部委认为过分重视程序会影响执法效率，仍然强调规范执法程序的消极影响。

（2）执法人员缺乏正当程序理念。正当程序原则包括公开、参与、回避等子原则，正当程序原则作为法定程序原则的重要补充，在法律未规定及规定不明确的情况下，起到规范行政程序，保护当事人程序性合法权益的重要作用。在具体执法工作中，执法人员的正当程序理念仍有待增强。如调研问卷显示，15.38%的受访部委认为，在法律未规定的情况下，作出对相对人不利决定，不会听取其意见。

（3）程序规定与执法现状不匹配。如食药许可时限的规定与实际操作中所需要的时间不相符合，导致大量的药品审批超出法律规定的时限要求。再如，政府采购投诉处理程序规定的30日时限与实践中政府采购投诉案件的复杂性不相适应，导致为数不少的政府采购投诉处理决定超过上述规定的时限，进而被法院确认程序违法。

（4）内部管理制度不适应执法需求。行政效率是行政机关追求的基本价值，然而部分行政机关内部制度设置的不合理严重影响了行政执法效率。如收文转送制度不健全致程序迟延。

（四）执法队伍力量不足，亟待充实

对于行政机关执法队伍中存在的影响执法行为合法性及行政效率的因素，课题组主要是采取向行政机关调查的方式获得的相关结论。调查问卷显示，受访部委认为执法队伍存在的主要问题及原因包括：法律培训不多，致使执法水平受限；中央执法机关层面执法证问题未解决；执法队伍供给不足，队伍不稳定（流失严重）；执法队伍中法律背景人员占比较低；执法人员能力水平与工作要求不匹配；规范执法意识不强；执法装备保障不到位；执法人员职责不清晰。

另外，在辖区部委执法与应诉工作调研座谈会上，也有部委提出，法制部门在机关中处于边缘地位，法制工作很难出业绩，却易出风险，因此导致了法制队伍人员流失。

（五）争议解决机制不健全，诉讼呈信访化趋势

省级以下行政机关的争议解决机制尚不健全，导致基础性行政争议通过复议、信息公开、投诉举报等形式上移至中央国家机关层面，产生大量的续发型行政争议。涉中央国家机关行政案件的当事人多持搜集证据、施加压力、宣泄情绪等诉讼目的，相关诉讼呈信访化趋势，甚至出现滥诉情况，占用大

量的司法、行政资源。

各部委对于实质解决此类争议的标准认识不一致。多数部委认为，基础性行政争议经过层层累积，能够实质解决的争议基本都已经在地方层面解决了，涉中央国家机关行政争议的实质性解决比较困难。有些部委认为，诉讼程序很难解决此类争议，要想实质解决，应该充分利用诉讼外的因素和力量。甚至有部委认为，法院对于此类案件不予受理才能够达到实质解决的目标。有的部委认为，行政争议应该在法律框架内解决，提实质解决行政争议，意味着除了依法办事之外，还有另外一种价值体系，在该价值体系中，行政审判不能实质解决问题，却会直接导致“依闹分配”，与法治理念是背离的。

产生上述问题的原因包括：行政争议定位不准确；多元化解、基层化解争议不到位；解决行政争议的做法单一，没有针对不同种类的行政争议区分不同的解决机制；行政复议制度的纠纷化解功能未能充分发挥；行政复议制度与行政诉讼制度定位和衔接的理解不准确；仅关注法律层面的规定，未能准确定位实质争议，通过多种渠道有效化解争议；对于法定职责的理解存在误区，将投诉举报案件作为信访处理；案多人少、工作压力大、欠缺主动履行法定职责意识等主观因素。

四、审判中反映出行政应诉工作的问题及原因

（一）未按法律规定及时应诉答辩

1. 具体情形包括：

（1）部分行政机关拒收法院寄送的应诉通知书。根据《行政诉讼法》第六十七条的规定，人民法院会在立案之日起 5 日内，将应诉通知书、起诉状副本等应诉材料发送被告，被告收到后次日开始起算 15 日答辩期。实践中，由于机构改革两地办公、变更办公地点、邻近法定节假日等原因，存在行政机关拒收应诉材料的情况。

（2）超期提交答辩状及证据。根据《行政诉讼法》第六十七条的规定，被告在收到起诉状副本之日起 15 日内提交作出行政行为的证据、依据及答辩状。实践中，被告超期提交答辩状、证据和不提交答辩状的情况时有发生。

（3）提交答辩状的质量较差。被告提交答辩状既是法律规定的必备动作，也是法官了解双方诉辩意见，整理案件争议焦点的重要途径。实践中，

很多答辩状仅复述被诉行政决定的内容，缺乏对原告诉讼理由的回应，或者仅回应原告诉讼理由，缺乏对于行政行为全部事实和法律依据的答辩，影响答辩状作用的发挥。

2. 原因主要有：

（1）未充分理解应诉工作的重要性。行政机关在法定期限内提交答辩状和证据是行政诉讼法的明确规定，也是维护政府形象、尊重司法权威的重要表现。

根据《最高人民法院关于行政诉讼证据若干问题的规定》，逾期提交证据视为被诉行为没有相应的证据，因此，超期提交证据可能面临败诉的风险。实践中，行政机关对于应诉工作重要性认识程度不一，对于应诉程序的了解程度参差不齐。调查问卷显示，参与问卷调查的 27 家中央国家机关中，有 66.67% 的受访部委表示对应诉工作非常了解，但仍有 29.63% 的受访部委表示一般了解，3.7% 的受访部委表示不太了解。

（2）机构改革导致两地办公或办公地点变化。法院寄送应诉材料一般会根据行政机关对外公示的办公地点邮寄。由于机构改革的影响，行政机关存在异地办公或者变化办公地地点的情况，但是未及时告知法院，导致未收到应诉材料。

（3）收文转送制度不完善，未设立专门应诉材料收转部门和制度。调查问卷显示，74.08% 的受访部委设有专门的应诉材料收转部门及相应制度，22.22% 的受访部委没有相关设置，3.7% 的受访部委表示正在筹建中。可见仍有四分之一的受访部委未设立相关部门和制度，可能导致应诉材料不能及时转交应诉部门，影响答辩效率。

（4）其他内部制度影响答辩效率。调查问卷中，受访部委认为影响答辩进程的因素主要包括，文件流转，占比 33.33%；领导签批，占比 40.74%；答辩状准备，占比 11.11%；收集证据，占比 29.63%。可见，上述环节中的相关制度不健全可能导致答辩超期。

（二）提交证据不全面、不及时

1. 具体情形包括：

（1）超期举证。超过《行政诉讼法》第六十七条规定的 15 日举证期限提交证据。调查问卷显示，51.85% 的受访部委认为，法律规定的举证期限过短，导致了超期举证。

（2）提交证据不完整。行政诉讼坚持全面审查原则，被告应该提交作出行政行为的全部证据和依据，不能仅局限于原告的争议事项。调查问卷显示，14.81%的受访部委认为本单位在证据提交上存在的问题主要有证据提交不完整。如（2018）京01行初347号崔某诉国家机关事务管理局信息公开案中，原告针对信息公开告知书提起诉讼，诉讼请求为撤销被诉告知书，但理由部分仅针对被诉告知书的第二部分提出了异议。被告仅针对被诉告知书的第二部分进行答辩和提交证据，直接导致第一部分因没有证据而有被撤销的风险。

（3）遗漏程序性证据。如（2016）京01行初455号叶某等七人诉国土部行政复议案中，由于被告在答辩期间未向本院提交证据证明其负责法制工作的机构收到行政复议申请的时间，而被告作出复议受理通知书及复议答辩通知书的时间，不能作为确定其法制工作机构实际收到行政复议申请时间的依据。又如，（2016）京01行初665号郭某、刘某诉国土部行政复议案中，在案证据不足以证明被告国土部在法定时限内将延期作出行政复议决定的通知告知了原告郭某、刘某，故被诉决定构成程序轻微违法。

（4）未提交涉密证据或定密证据。调查问卷显示，59.26%的受访部委认为本单位在证据提交上存在的问题涉及涉密证据或内部材料提交。如（2016）京01行初1079、1080号周某诉国土部行政复议决定案中，被告作为复议机关以涉案信息涉及国家秘密，属于不予公开范围为由，确认原告知书违法，但在诉讼中被告既未向本院提交涉案信息，也未提交其他任何证据佐证涉案信息涉及国家秘密。因此，在案证据尚不足以证明涉案信息涉及国家秘密，被告在本案中未能尽到证明责任，其作出的被诉复议决定明显构成主要证据不足。

（5）未出庭质证致使证据不能作为定案依据。如（2015）一中行初字第2016号李某诉国土部政府信息公开案中，被告在法定期限内提交了作出被诉告知书的证据及法律依据，但是被告无正当理由未到庭参加诉讼，导致证据无法质证，被告提供的证据不能作为定案的依据。

（6）提交证据材料不符合法律规定的形式要求。例如，提交录音证据的，未附文字记录，因证据形式不符合法律规定，导致法院不予接纳该份录音证据。

2. 原因主要有：

（1）内部公文流转程序不畅。内部程序设置的问题影响了举证的效率。

在辖区部委执法与应诉工作调研座谈会上，多家部委提出，由于内部的签批流程复杂，导致答辩状和委托手续提交效率受到影响。

（2）证据搜集保存制度不完善。缺乏完善的证据保存制度致使应诉工作人员搜集证据的效率受到影响。本次调查问卷中，40.74%的受访部委表示，相关资料保存制度不完善导致无法收集证据，进而影响举证。

（3）怠于举证。部分案件表明，应诉工作人员主观上对于举证的重视程度较低，也是超期举证、提交证据不全面、举证缺乏针对性等情形的原因之一。

（三）负责人出庭应诉制度未得到全面落实

北京一中院审理的以中央国家机关为被告的案件中，负责人出庭应诉为零。《行政诉讼法》关于负责人出庭的制度设计没有得到全面落实。调查问卷显示，仅18.51%的受访部委认为负责人出庭是必要的；40.74%的受访部委认为负责人出庭没有必要；44.44%的受访部委认为出庭应视情况而定。对于出庭案件的标准持不同观点，有的认为案件的社会影响、案件重大复杂程度、行政机关的级别、人民法院是否出具建议出庭函应作为负责人出庭案件的选择标准。有的认为对中央机关不宜做硬性要求，要求负责人案案出庭的现实可行性不大，反而成为当事人对行政机关不满的理由，应由中央机关视情况自行决定是否由负责人出庭。

导致负责人出庭制度未能有效落实的原因包括：负责人出庭应诉的相关法律规定具有宣誓性，并未规定法律后果及具体的操作程序；部委对负责人出庭制度重视不够；未能充分理解负责人出庭应诉的积极作用；行政首长公务繁忙；典型案件选择局限性及行政案件原告的特殊性，对负责人出庭的庭审效果尚有疑虑；在行政首长出庭情况下，各方面准备工作复杂、难度大，出庭应诉能力有待加强。

（四）出庭过程中存在的问题及原因

根据司法实践中的情况及调查问卷中各受访单位的反馈，出庭过程中存在的问题主要表现为：应诉力量供给不足，法制部门亟待充实，人员不足；出庭代理人法律知识或业务知识欠缺；出庭代理人对庭审程序比较陌生，听不懂法官的问题，致使回答法庭询问缺乏针对性；出庭人员身份不符合法律规定，主要表现为代理手续不齐全或不符合法律规定；授权委托书的签字和用章不统一、不规范，主要表现为委托书或由法定代表人签字，或盖有非红色人名章，或只盖有机关公章；庭审迟到及庭审随意现象时有发生。

导致上述问题的原因包括：案件量激增导致应诉力量供给与需求失衡；复议双被告制度致使代理人全国应诉，加剧了法制队伍供给和需求的矛盾，课题组在上海法院调研时，也得到了同样的反馈，异地应诉导致部委代理人“不是在法庭上，就是在来法庭的路上”；法制与业务部门配合有待加强，出庭人员尚不能同时具备专业领域知识及法律知识；干部定期轮岗导致应诉人员不固定，经验不足；大部分负责应诉的人员均为非法律专业，增大了应诉工作的难度；庭前准备不足，调查问卷显示，11.11%的受访部委认为庭前准备不充分，造成庭审不流畅；出庭应诉能力欠缺系统培训，对庭审程序缺乏必要了解，导致答非所问，影响庭审效果；未收到传票或代理人自身原因致使不予出庭或出庭迟到，调查问卷显示两原因各占11.11%。

（五）败诉案件梳理不及时、不充分

及时梳理本部门的应诉案件，对于全面把握案件情况，明确相关案件的执法标准非常重要。尤其是败诉案件的梳理，可以发现执法与应诉中的问题，有的放矢，避免类似情况再次发生。然而不完善、不及时的案件梳理机制仍然是行政机关屡次重复败诉的主要原因。调查问卷显示，受访部委均认为行政案件的裁判结果有助于规范行政行为，且59.27%的受访部委已经建立涉诉案件总结反馈机制。然而，仍有14.81%的受访部委没有建立上述机制，22.22%的正在筹备中，另有3.7%的受访部委没有考虑过建立相关制度。

（六）与法院的沟通机制不畅通

实践中我们也发现，由于与行政机关未建立相应的沟通机制，导致法院已经成熟的审判标准不能及时传达到行政机关，法院也不能及时了解行政机关的执法现状及相关案件的执法惯例和标准。如政府信息公开案件中，北京法院此前早已通过内部纪要方式确定，被诉答复中未引用法律依据的应当撤销，而部分行政机关并未引起重视，导致败诉。

五、对策建议

针对上述问题，为有效解决行政争议，规范行政行为，推进法治政府建设，北京一中院提出以下对策建议：

（一）增强宪法意识，树立以人民为中心思维

部委应带头尊崇宪法权威，增强宪法意识，弘扬宪法精神，保障宪法实施，树立以人民为中心思维，将宪法的原则和精神贯彻于执法的全过程。为此，行政机关及执法人员应具备两种观念：一是人本观念，即尊重和保障人权、维护公民基本权利，在制定重要政策时广泛征求意见，在对外执法中严格规范行为；二是规则观念，按照宪法和法律规定的原则和程序处理问题，做到公平、公正、公开，经得起公众的质疑和批评。

（二）明确执法标准、程序，统一法律适用

及时梳理规范性文件，清理与上位法冲突的内容；针对系统内突出的法律问题强化研究和培训，统一执法标准；建立败诉案件分析通报机制，及时将败诉原因通报系统内各级机关，避免类似情况反复出现；由司法部牵头对各部委在执法中出现的程序问题集中梳理分析，对共性问题，适时出台统一的规范性意见，促进执法程序规范化。

（三）健全内部会商机制，实现内部执法标准统一

提高法制部门在机关中的地位，增加其话语权。健全完善内部会商机制，在重大问题决策、类型案件研讨、执法标准制定、执法程序设定等环节，法制部门应参与并提出法律意见，且法律意见必须遵守。

（四）完善证据收集及保存制度，完备举证行为

完善档案管理制度，减少档案查询不准确、程序迟延等操作性疏漏；完善收文转送制度，减少内部流转步骤，提高举证时效性；完善证据收集及保存制度，方便查找复制案件证据，提高举证的全面性和准确性；提交证据应该附有符合《证据规则》规定的证据清单，明确列明证据名称、编号、证明目的等事项。

（五）完善行政争议解决机制，多元化解争议

完善争议源头化解机制，将争议化于微末、解于基层，避免因矛盾积累导致争议扩大化；深入研究行政争议的产生原因、类型，构建有针对性的多元化的争议解决机制，系统解决争议；充分发挥行政复议解决争议的优势，发挥复议程序争议解决的主渠道功能，分流涉诉案件。

（六）落实行政机关负责人出庭应诉制度

《行政诉讼法》第三条第三款规定，被诉行政机关负责人应当出庭应诉。部委机关应严格、全面、规范落实法律规定，通过负责人出庭应诉，示范传导行政管理理念和执法标准，生动开展法治教育，推动依法行政更上新台阶；加强与法院的沟通，选取典型案件；北京市制定依法行政考核指标，对负责人出庭设置任务性指标（减分项）及评价性指标（加分项），取得了良好的效果，建议借鉴该模式，通过考核制度推动部委负责人出庭应诉制度落地。

（七）建立以公职律师为主体的专业化复议应诉队伍

推进政府公职律师制度建设，准确定位公职律师职责，充分发挥其在复议应诉工作中的作用，培养一支以公职律师为主体的专业化法制队伍；适时增强法制部门的力量，缓解供给与需求的矛盾；强化出庭应诉培训，增强应诉能力；将应诉工作纳入考核范围，督促提升应诉态度。

（八）完善应诉材料，规范应诉行为

优化行政应诉内部审批制度，提高应诉效率；及时提交规范的授权委托材料，授权委托书的签字和用章应符合法律规定、符合国家标准，规范统一；提交完整的答辩状，应该对于被诉行为的认定事实、适用法律及程序进行详细答辩，不能仅照抄被诉行为，另外应该针对原告起诉状的重点理由进行回应，提高答辩状的针对性；完善代理人责任制，规范举证及出庭应诉行为；加强应诉工作人员出庭应诉能力的培训，通过旁听案件庭审、内部研讨等多种方式加强对庭审流程的了解。

（九）健全府院联动机制，司法行政良性互动

通过联席会议、信息通报、授课培训、旁听案件等多途径、经常性地与法院进行沟通和交流，了解法院审理过程及裁判标准。同时让法院了解行政机关内部程序、实践中行政惯例的形成原因及背景。双方形成合力，促进行政争议的实质性解决，保障公民的合法权益。

附件：

1.《行政机关应诉指南》

2.《调查问卷梳理报告》

附件 1

行政机关应诉指南

一、接收起诉状及应诉材料

《行政诉讼法》第六十七条规定，人民法院应当在立案之日起5日内，将起诉状副本发送被告。被告应当在收到起诉状副本之日起15日内向人民法院提交作出行政行为的证据和所依据的规范性文件，并提出答辩状。程序的起点是从接到法院寄送的应诉通知书及原告的起诉材料开始。法院的应诉通知书中会载明案号、原告的姓名以及被诉的行为。一般情况下，还会列明被告需要提供答辩状和证据材料的份数。在该环节需要注意的是行政机关应确定好应诉部门，与法院做好衔接。而这也是容易出现问题的所在。

问题一：答辩期从何时开始起算？

《行政诉讼法》规定的答辩期是从被告收到应诉材料开始起算，即行政机关收到的次日即开始起算15天，且为自然日。行政机关内部流转的环节并不排除在外。在机构改革或行政机关两点或多点办公的情况下，较容易出现问题。例如，原卫生部与国家计划生育委员会合并为国家卫生和健康委员会后，两地办公。法院向其登记的住所地邮寄应诉材料，但负责应诉工作的部门在另一办公区，内部流转完成后，答辩期所剩无几，造成答辩超期。而《最高人民法院关于行政诉讼证据若干问题的规定》第一条第二款规定，逾期提供的，视为被诉行政行为没有相应的证据。一般来讲，人民法院均是按照行政机关组织机构代码证上确定的地址向被告寄送应诉材料，如果被告地址有变更的，应主动向法院进行说明。

问题二：拒绝签收法院应诉材料的法律效果是什么？

《行政诉讼法》实施初期，有部分国家部委为避免成为被告，拒绝接受法院的应诉材料，随着行政诉讼的发展，目前已鲜有这一现象。然而因为机构改革两地办公或临近法定节假日等情形，有部分行政机关仍然存在拒收应诉材料的情形。根据《最高人民法院关于法院以专递方式邮寄送达民事诉讼文书的若干规定》第十一条明确规定，受送达人拒绝签收，导致诉讼文书未能被受送达人实际签收的，文书退回之日视为送达之日。所以人民法院按照行政机关的住所地邮寄送达应诉材料，行政机关无论以什么原因拒绝签收，文书退回之日即开始计算答辩期。

问题三：举证期限是否可以延长？

《最高人民法院关于适用〈中华人民共和国行政诉讼法〉的解释》第三十四条规定，根据《行政诉讼法》第三十六条第一款的规定，被告申请延期提供证据的，应当在收到起诉状副本之日起15日内以书面方式向人民法院提出。人民法院准许延期提供的，被告应当在正当事由消除后15日内提供证据。逾期提供的，视为被诉行政行为没有相应的证据。故如行政机关有正当理由的话，可以申请延期提供证据。但首先需要注意的是，不能以此为由拒收应诉通知书。其次如果被告提出管辖权异议，亦应当在法律规定的期限内进行答辩。

二、答辩及提交证据材料

问题四：答辩状是否需要提交？

《行政诉讼法》第六十七条规定，被告不提出答辩状的，不影响人民法院审理。但建议行政机关在庭前提交书面答辩状。从诉讼对等考虑，原告起诉已经亮明自己的理由、观点，被告可以有针对性地准备，而被告的观点在庭前无法告知原告，合议庭也无法了解被告的主张以及相应的事实。从庭审效果考虑，提交答辩状便于法庭确定争议焦点。

问题五：答辩的针对性及全面性如何体现？

答辩和提交证据时，应当提供作出行政行为的全部事实依据及法律依据，重点可以针对原告起诉的理由。《行政诉讼法》第六条规定，人民法院审理行政案件，对行政行为是否合法进行审查。故对于被诉行政行为，人民法院需要从事实、程序、法律适用等方面进行全面审查，而并非仅针对原告的起诉理由。原告在递交起诉状时，确定了被诉行政行为后，法院的审查范围就已经确定，跟原告的起诉理由并没有直接必然的联系。例如，（2018）京01行初347号崔某诉国家机关事务管理局一案中，原告针对信息公开告知书提起诉讼，诉讼请求为撤销被诉告知书，但理由部分仅针对被诉告知书的第二部分提出了异议。被告仅针对被诉告知书的第二部分进行答辩和提交证据，直接导致第一部分因没有证据而面临被撤销的风险。

问题六：证据材料应由哪些材料组成？

《行政诉讼法》第三十四条规定，被告对作出的行政行为负有举证责任，应当提供作出该行政行为的证据和所依据的规范性文件。故行政机关提供的证据材料中，应当包含作出被诉行为的事实证据、程序证据及法律依据。

但司法实践中仍然存在，在诉讼中，在复议机关作共同被告的案件中，原机关提交了证明信息公开答复结论正确的全部证据，但两被告均未提交信息公开答复程序以及复议程序的证据。故在提交证据中要尤其注意提交程序节点的相关证据，如邮寄凭证及查询结果、内部转文交接单、听证通知书等。

问题七：如何判断是否属于复议双被告案件？

《最高人民法院关于适用〈中华人民共和国行政诉讼法〉的解释》第二十二条对于“复议机关改变原行政行为”有明确的规定，这种改变只包括结果的改变。需要指出的是，复议机关确认原行政行为违法的，原则上属于改变原行政行为，但是复议机关以违反法定程序为由，确认原行政行为违法的不属于改变原行政行为的情形。

《最高人民法院关于适用〈中华人民共和国行政诉讼法〉的解释》第一百三十三条规定，《行政诉讼法》第二十六条第二款规定的“复议机关决定维持原行政行为”，包括复议机关驳回复议申请或者复议请求的情形，但以复议申请不符合受理条件为由驳回的除外。故复议机关用《行政复议法实施条例》第四十八条第一款第（一）项驳回的，应视为“复议机关决定维持原行政行为”的情形。

问题八：复议双被告案件中如何举证？

《行政诉讼法》第七十九条规定，复议机关与作出原行政行为的行政机关为共同被告的案件，人民法院应当对复议决定和原行政行为一并作出裁判。故对于原行为的举证，原机关、复议机关均可进行举证。原行为机关和复议机关收到应诉通知后可以进行沟通，避免因原行政机关举证超期，复议机关仅对复议程序合法性举证，存在原行为因超期举证败诉同时导致复议决定一并被撤销的诉讼风险。而复议机关需要对复议行为程序的合法性，以及复议决定中改变原行政行为所认定的主要事实、证据和所适用的规范依据部分承担举证责任。

问题九：证据材料和答辩状需要准备多少份？

在正常的情况下，应当按照对方当事人的人数加上向人民法院提交的一份来确定提交证据材料份数。证据材料应当制作证据材料清单。对于复议双被告的案件，无论是原机关还是复议机关，均需要提供相应数量证据。如果案件有第三人，需要按照第三人的人数增加证据材料和答辩状的份数。需要特别说明的是，如果原告或第三人一方人数众多的，被告在跟人民法院沟通后，可以根据诉讼代表人的人数提交相应份数的证据材料。

问题十：涉密的证据如何提交？

《最高人民法院关于行政诉讼证据若干问题的规定》第十八条规定，证据涉及国家秘密、商业秘密或者个人隐私的，提供人应当作出明确标注，并向法庭说明，法庭予以审查确认。这里需要注意的是涉密证据提交时应注意做好标记，与其他证据相区分。建议可以在证据目录作出特别标注，单独提交，防止泄密。如果提交的证据中涉及国家秘密。对于国家秘密部分，不能提交国家秘密本身时，应当提交定密的证据或其他佐证。例如，保密机构出具的证明、定密材料。

例如，周某向原国土资源部申请信息公开，要求公开经国务院批准的信息。该部答复，因国务院批准用地的签批件涉及国家秘密，属于不予公开范围。周某不服诉至法院。诉讼中，被告因没有提交有关涉国家秘密的证据而导致败诉。

涉及商业秘密、个人隐私证据亦应当予以提交，法院需要对是否构成商业秘密、个人隐私进行审查。例如，（2017）京01行初450号邱某诉工信部案中，当事人申请公开对中国网通、中国联通两家电信企业经营小灵通业务的《经营许可证》审批卷宗。被告作出答复，认为原告申请的信息涉及商业秘密，不予公开。本院经对被告提供的证据进行审查，认为被告提供的部分证据不属于商业秘密，故撤销了被诉答复。

问题十一：授权委托书是否需要法定代表人签字？

作为被告的行政机关的委托手续既可以随答辩状一并提交亦可以开庭时提交。目前《行政诉讼法》对授权委托书是否需要法定代表人签字的问题没有明确规定。但《行政诉讼法》第三条规定，被诉行政机关负责人应当出庭应诉，不能出庭的，应当委托行政机关相应的工作人员出庭。《民事诉讼法》第四十八条第二款规定，法人由其法定代表人进行诉讼。其他组织由其主要负责人进行诉讼。故从上述法律规定来看，授权委托书上除单位印章外，应当有法定代表人签字。

问题十二：单位印章和法定代表人印章如何才规范？

在原国家质量监督检验检疫总局、国家标准化委员会发布的《党政机关公文格式》中规定，印章用红色，即被告单位的签章应该为红色。同时，该文件规定，签名章一般用红色。所以从规范的角度讲，法定代表人的签章亦应该为红色。

问题十三：答辩时发现原告的起诉状列明的诉讼请求不清楚，如何处理？

《行政诉讼法》第四十九条第（三）项规定，提起诉讼应当有具体的诉讼请求和事实理由。按照行政诉讼法的该条规定，原告的诉讼请求应该是明确的且是针对唯一确定的一个行政行为，当然复议双被告的情形除外。一般来讲，人民法院在收到起诉状后，会针对起诉状进行审核，如果出现原告诉讼请求不明确的情形，会向原告进行释明，要求原告进行修改后，再向被告发送应诉通知。但如果被告收到原告的起诉状后，仍发现有诉讼请求不明确的情形，包括原告的诉讼请求和两个以上行政行为，原告的诉讼请求不能明确指向确定的行政行为，原告之前提出多次履责申请尚不能明确针对哪次履责申请提起诉讼［如（2018）京01行初1494号电子商务协会诉工信部案］等情况时，要及时跟人民法院取得联系，等明确诉讼请求后再进行答辩。

需要注意的是，有两种特殊情况，一是原告的诉讼请求中有行政赔偿的请求，在此情况下，建议行政机关可以一并予以答辩；二是经复议维持的案件，当事人未针对复议行为一并提起诉讼，要及时向人民法院告知，方便人民法院追加被告。

问题十四：被告是否可以针对原告的起诉条件、受案范围等问题进行答辩？

《最高人民法院关于适用〈中华人民共和国行政诉讼法〉的解释》第一条、第六十九条等对原告的起诉条件、行政诉讼案件的受案范围等作出了相应的规定。被告在答辩期间，如果发现有前述司法解释规定的情形，亦可以针对前述情况进行答辩，尤其是被告更了解相关情况的起诉期限，是否已针对该行为提起行政复议，尚在复议期限内等情形。需要注意的是，建议在这种情况下，亦应当对实体问题进行举证和答辩，避免因为自己的判断错误，而耽误答辩期限。

三、开庭前的准备

提交了答辩状和证据材料之后，就进入开庭前的准备阶段。在这个阶段，作为被告的行政机关可以确定出庭应诉人员、准备案卷材料，按照法院发送传票要求的时间、地点到法院参加诉讼活动。

问题十五：法定代表人是否需要出庭应诉？

《行政诉讼法》第三条规定，被诉行政机关负责人应当出庭应诉。不能出庭的，应当委托行政机关相应的工作人员出庭。

行政机关负责人出庭应诉是新行政诉讼法创立的一种制度。负责人出庭应诉，可以使人民群众告官能见到官，同时也有利于行政机关负责人对本机关执法、应诉等工作进行全面了解。我们亦提倡在条件许可的情况下，推动行政机关负责人出庭应诉。如果不能出庭应诉，应当提交书面的负责人不能出庭应诉的说明。

《最高人民法院关于适用〈中华人民共和国行政诉讼法〉的解释》第一百二十九条规定，涉及重大公共利益、社会高度关注或者可能引发群体性事件等案件以及人民法院书面建议行政机关负责人出庭的案件，被诉行政机关负责人应当出庭。

问题十六：《行政诉讼法》对出庭应诉人员的身份有哪些要求？

《行政诉讼法》第三条规定，行政机关负责人不能出庭的，应当委托行政机关相应的工作人员出庭。故根据该条的要求，仅委托律师出庭，是不符合法律规定的，而行政机关工作人员可以是被诉行政机关自身法制机构或具体业务部门的工作人员。在区县政府、省市政府应诉时，具体办事机构或承办部门的工作人员视为行政机关相应的工作人员。下级行政机关依据法律或委托办理应当由上级行政机关对外承担法律责任的事项，下级机关的工作人员为相应的工作人员。这里需要注意的是复议机关不能委托原行政行为作出机关的工作人员一并出庭应诉。

问题十七：行政执法人员是否需要到庭？

对于法定代表人不能出庭的情形，行政机关可以委托相应的工作人员出庭，相应的工作人员可以是行政执法人员，也可以不是行政执法人员。但根据《最高人民法院关于适用〈中华人民共和国行政诉讼法〉的解释》第四十一条和第四十四条的规定，人民法院认为必要，或者原告或第三人要求并经人民法院准许的，行政执法人员则需要到庭。需要说明的是，首先，到庭的行政执法人员可以不作为诉讼代理人；其次，如果行政机关认为必要，如涉及专业技术问题（如证券行政案件），也可以向人民法院提出申请。

问题十八：接收到传票后应注意哪些事项？

接收到法院的传票，意味着法院已经确定了开庭审理的时间和地点，故出庭人员应当在指定的时间、地点到法院出庭应诉。这里需要注意的是，未在指定时间出庭的法律后果是：原告主张的事实，在无相反证据推翻的情况下，法院可以直接予以确认。而行政机关提交的证据在未经提前质证的情况下，则不能作为证据使用。如（2017）京01行初88号陆某诉原国土资源部案，因被告未出庭而导致败诉。对于应诉案件较多的行政机关，还要注意一个当事人有多起案件的情况，不同办案人员负责的案件不同，避免“出错庭”的情况发生。

问题十九：开庭前需要做哪些准备工作？

在出庭之前，要充分熟悉案件材料，主要包括如下几个方面：1. 全面了解案件的事实经过。各个时间节点、申请内容、请求、处理的过程、结论等。尤其是对于被诉行为的作出、送达等开庭中必然审查到的程序性事项，可以开庭前准备好，并做好相关邮件的查询工作，这样可以提高庭审效率。2. 熟悉相应的法律规范依据，包括实践中适用的政策、规定等。3. 了解对方当事人的诉讼理由以及争议的问题，有针对性地做好准备。

四、庭审

庭审是对之前准备工作的检验，也是案件审理中最为重要的一个环节。对于不同类型的案件，法院有不同的审理思路。

问题二十：对于履责类或投诉举报类案件法院如何进行审理？

这里所说的履责类案件，既包括完全不作为的传统型履责案件，也包括作为类的实质性履责案件，对于这类案件法院的审理思路主要包括如下几个步骤：1. 被告是否具有职责，这里的职责一般是指法律法规规定的对外履行的职责，一般来讲不包括内部监督职责。同时该职责应属本级行政机关管辖，即不存在越级问题；2. 原告是否提出过申请，申请履责的途径和方式是否适当。法律明确规定提出申请的途径和方式的，应当依照法律规定，法律没有明确规定的，应以适当的途径和方式提出申请；3. 履责的期限是否已经届满；4. 原告与履责事项是否具有利害关系；5. 被告是否履责及处理程序是否合法。

问题二十一：对于原告与举报事项是否具有利害关系法院如何认定？

《最高人民法院关于适用〈中华人民共和国行政诉讼法〉的解释》第十二条第（五）项规定，为维护自身合法权益向行政机关投诉，具有处理投诉职责的行政机关作出或者未作出处理的，属于“与行政行为有利害关系”，可以提起诉讼。

对于自身合法权益的理解，北京市高级人民法院出台的《履行法定职责类行政案件审理规范》中规定：对履责类案件中原告主体资格的审查，大致思路如下：

第一，原告的合法权益是否因行政机关针对其履责申请作出的处理（或不予答复）受到侵害。行政机关对于原告的履行申请作出的处理（或不予答复）是否对原告造成利益侵害。例如，举报人向税务局举报企业的偷税、漏税行为，要求税务局进行处罚。因该举报事项并不涉及举报人的自身利益，因此举报人与税务局作出的处罚或不予处罚决定之间不具有利害关系。

第二，这种利益侵害是否属于特定的行政法律规范所明确保护的合法权益。例如，企业职工因与企业之间存在劳动争议，遂向住建委举报该企业的建筑行业生产资质不合法，要求住建委撤销企业的资质证书。在此情形下，企业职工的权利应当通过劳动争议或民事诉讼途径解决，该权利并非住建委在颁发资质证书过程中所需考量的因素，因此该企业职工与举报事项之间不具有利害关系。

第三，特定的行政法律规范所提供的权利保护是否属于个别性保护，而不是基于行政管理秩序的维护所产生的针对不特定公众所提供的一般性权利保护。如果行政机关的监管行为只是维护公共利益，并进而客观上起到保护不特定的市场参与主体合法权益的功能，对于具体的市场主体而言，则只是获得一种“反射利益”，其诉请履行监管职责则不具有原告主体资格。

行政机关可以从前述角度考虑履责案件的利害关系。

问题二十二：对于履责类案件的行政程序中的级别管辖问题法院如何认定？

本庭的调研课题《涉部委投诉举报类行政案件标准研究》指引的第三条规定，法律、法规或者规章对于被投诉举报行为的级别管辖作出明确规定的，从其规定。规章以下的其他规范性文件对于级别管辖作出的规定不违反上位法的，可以参照适用。法律、法规、规章或者其他规范性文件规定由县级以上人民政府行政主管机关管辖的，可以认定由县级人民政府行政主管机关行使初始管辖权，但上级行政主管机关决定自行管辖的除外。例如，（2017）京01行初703号李某诉住建部案中，焦点问题为被告对于注册房地产估价师涉嫌在房屋征收过程中进行虚假评估的违法行为是否具有查处的法定职责。《国有土地上房屋征收与补偿条例》第三十四条规定，房地产价格评估机构或者房地产估价师出具虚假或者有重大差错的评估报告的，由发证机关责令限期改正，给予警告，对房地产价格评估机构并处 5 万元以上 20 万元以下罚款，对房地产估价师并处 1 万元以上 3 万元以下罚款，并记入信用档案；情节严重的，吊销资质证书、注册证书；造成损失的，依法承担赔偿责任；构成犯罪的，依法追究刑事责任。《注册房地产估价师管理办法》第八条规定，对申请初始注册的，省、自治区、直辖市人民政府建设（房地产）主管部门应当自受理申请之日起 20 日内审查完毕，并将申请材料和初审意见报国务院建设主管部门。国务院建设主管部门应当自受理之日起 20 日内作出决定。故对于原告举报事项被告具有查处职责，在该案件中，被告将该事项转交上海市住建委处理，法院经审理认为，该职责为住建部职责，故判令其对原告举报事项进行履责。

问题二十三：对于政府信息公开案件中涉及商业秘密的情形如何进行审查？

目前我国的法律法规中，对商业秘密给出明确定义的是在反不正当竞争法中，即“本法所称的商业秘密，是指不为公众所知悉、具有商业价值并经权利人采取相应保密措施的技术信息和经营信息”。故在法院审理信息公开案件中对是否属于商业秘密的审查是参照该定义进行认定的。而对于行政机关以属于商业秘密为由不予公开的案件。法院要按照《政府信息公开条例》第三十二条的规定进行审查。具体有如下几个步骤：1. 被告经过初步判断认为涉案信息是否具有属于商业秘密的可能性；2. 被告是否征求了权利人意见，权利人是否同意公开；3. 被告是否对不公开相关信息对公共利益是否造成影响进行了评估，以及对涉案信息是否属于商业秘密进行了最终的认定；4. 涉案的信息是否可以区分处理。而最容易出现问题的也是在第 4 个部分。例如，（2017）京 01 行初 777 号阳某诉原国家食药局案，原告申请被告公开“你局批准的‘美爱斯挺美美乳霜’（国妆特字 G20080222）产品的全部配方成分、保质期、产品名称命名依据、产品质量安全控制要求、产品设计包装、功效成分及其使用依据、生产工艺”。被告以涉及商业秘密为由不予公开，但法院经审查，发现产品的保质期、功效成分、产品设计包装等属于已经公开的信息，不属于商业秘密，而被告并未区分处理。故法院判决撤销被诉的告知书。

问题二十四：法院对行政处罚类案件中的自由裁量权如何审查？

行政处罚因为涉及对行政相对人财产权和人身权的剥夺，故对于该类案件的处理，法院是对行政机关认定的事实、作出的程序和适用法律等作出全面的审查。其中，最重要的是要坚持过罚相当原则。过罚相当作为行政处罚法的基本原则，要求对行政相对人的违法行为进行处罚时，应分别按照其违法情节的轻重，适用不同的处罚。对于未预留裁量范围的情形，除非法律明确禁止，否则仍应根据具体情况作出适当调整。行政机关应综合考虑违法行为的情节轻重、当事人违法故意的主观恶性程度及社会危害性等因素，在裁量行政处罚幅度时做到过罚相适应。例如，（2017）京 01 行初 680 号某公司诉原国家质监局案，被告认为原告提交的申请行政许可延期的材料存在虚假，对原告作出行政处罚。但在作出行政处罚的过程中，并未考虑原告的材料虚假行为对申请行政许可延期的影响这一情节，故法院认定被诉处罚决定认定事实不清，予以撤销。

问题二十五：被复议行政行为未告知诉权诉期的情况，复议期限如何计算？

《行政复议法实施条例》第十七条规定，行政机关作出的具体行政行为对公民、法人或者其他组织的权利、义务可能产生不利影响的，应当告知其申请行政复议的权利、行政复议机关和行政复议申请期限。如果被复议行为未交代申请行政复议的权利、行政复议机关和行政复议申请期限，有违上述规定。在此情况下，应当参照《最高人民法院关于适用〈中华人民共和国行政诉讼法〉的解释》第六十四条第二款的相关规定。

问题二十六：对于行政赔偿类案件，法院如何审查？

对于行政赔偿类案件，法院一般按照如下几个步骤进行审查：1. 行政行为是否已经被确认违法。如果是附带赔偿的，可以在对行政行为起诉时一并提起；如果是单独起诉要求赔偿的，被告则主要证明原告是否向行政机关提出过该主张，如果没提出过，可以作为抗辩理由。2. 原告主张的损失与行为之间是否具有因果关系，这项属于行政机关在答辩时需要着重分析的事项。3. 原告主张的损失是否属于赔偿法规定的赔偿范围，一般来讲，救济渠道支出不属于赔偿范围；行政机关承担行政赔偿责任的范围，应当是受害人因行政机关及其工作人员行使行政职权而直接遭受的人身权与财产权的损害。《国家赔偿法》第四条以及第三十六条对于财产权损害赔偿的范围和计算标准等予以了明确列举。例如，若原告请求赔偿的项目均是因其针对涉案告知书提出诉讼而支付的费用，属于当事人在法律救济程序中支出的费用，不属于国家赔偿法所规定的赔偿范围。4. 原告主张的损失是否有依据。对于行政赔偿，原告的损失部分需要原告进行举证。在原行政行为已经被确认违法的情形下，如行政机关不能举证证明相应的案件事实，人民法院会根据原告的主张，对赔偿数额进行酌定。

问题二十七：人民法院对法定程序的审查包括哪些方面？

一般来讲，对于行政行为程序的审查，包括收到申请、一次性补正告知、履行法定程序、作出延期或中止决定、技术审评转送情况、作出最终的决定以及送达。在这些程序中，补正、中止等涉及相关期限扣除，而收到申请的时间往往涉及行政行为期限起算。如果没有规定单独的受理程序，一般情况下，当行政机关收到申请即视为受理。如果是邮寄送达，当行政机关签收视为送达。以电子邮件、传真方式提出申请的，以进入系统的时间视为行政机关收到申请。而规定了受理程序的应该从其规定，如行政复议案件。在这里尤其需要注意的是，《行政复议法》第十七条规定，除作出不予受理决定或告知其向其他行政复议机关提出的情形外，自行政复议机关负责法制工作的机构收到之日起即为受理。这是一种推定受理的情形。即使行政机关作出受理通知，仍应当从推定受理之日起算。

问题二十八：正当程序原则在司法实践中如何适用？

正当程序原则作为一种法律原则，是指行政机关在作出行政行为时，要遵循正当的法律程序，包括作出对行政相对人不利的行政行为时，要保证当事人陈述申辩的权利，亦要求行政机关要在法定期限届满前作出延期决定等。例如，（2017）京01行终277号于某诉北京大学案中，法院认定北京大学在作出《撤销决定》前，仅由调查小组约谈过一次于某，约谈的内容也仅涉及《运动》一文是否涉嫌抄袭的问题。至于该问题是否足以导致于某的学位被撤销，北京大学并没有进行相应的提示，于某在未意识到其学位可能因此被撤销这一风险的情形下，也难以进行充分的陈述与申辩。因此，北京大学在作出《撤销决定》前由调查小组进行的约谈，不足以认定其已经履行正当程序。法院最终撤销了被诉《撤销决定》。（2018）京01行初256号李某诉国家市场监督管理总局行政复议案，被告于2017年6月1日收到原告的行政复议申请，并于2017年8月1日作出行政复议延期审理通知书，于2017年8月9日向原告邮寄该通知。法院在复议期限届满后，方向原告发送延期审理通知，属于程序违法。

问题二十九：对于行政行为的送达程序法院如何审查？

行政行为的送达，是指行政机关将有关行政决定或需让相对人知晓的事项通过一定方式告知相对人。行政行为的送达与该行为的效力直接相关，行政行为一经送达即发生相应的法律效力，当事人应当按照规定行使权利或履行义务，否则将产生一定的法律后果。送达是行政机关作出行为后的一项重要环节，行政机关需要举证证明已经将法律文书送达给相对人。

如果法律规定了送达的期限的应当从其规定，如《行政处罚法》第四十条规定，行政处罚决定书应当在宣告后当场交付当事人；当事人不在场的，行政机关应当在7日内依照《民事诉讼法》的有关规定，将行政处罚决定书送达当事人。法律没有规定送达时限的，目前法院一般以7个工作日作为合理送达期限。

问题三十：送达方式有哪些?

《民事诉讼法》规定的送达方式包括如下几种：1. 直接送达。在这种情况下需要受送达人在送达回证上签字，如不签字，也可由行政执法人员注明情况。需要注意的是，在此情况下，需要两位工作人员进行送达。2. 邮寄送达。该送达方式也是目前采用最多的送达方式。采取该送达方式的，应当留好邮寄凭证，并做好邮件收寄情况查询。多次邮寄，应当保存好退回的凭证。并且要注意邮政法中对邮寄国家机关公文所作的特别规定。3. 留置送达。该送达方式只能是受送达的当事人或者其同住成年家属拒绝接受，才能采取。如果家中无人或者仅有同住未成年家属在家的，则不能采取这种送达方式。否则，视为违法送达，送达不对当事人发生法律效果。4. 公告送达。除法律规定的情形外，需穷尽其他送达方式后方可采用该送达方式。5. 电子送达。除法律明确规定可以电子送达的情况外，对于最终的决定书（如行政复议决定），建议不要采取电子送达方式。

问题三十一：除案件相关问题外，出庭人员在开庭时还有哪些注意事项?

开庭过程中，作为出庭应诉的工作人员，代表被诉的行政机关，亦是国家公职人员的形象，所以在开庭过程中，要注意如下事项：一是正确对待行政诉讼，充分尊重当事人的诉讼权利，在诉讼中既不能感情用事，也不能敷衍了事。二是注意求实勿虚，避免照本宣科，如庭审中反复宣读被诉行为或答辩状内容是不可取的，要针对法庭提问作出直接明确的回答，切忌歪曲事实、断章取义。三是注意用语文明，行为礼貌。

五、庭后

开庭结束后，对于大部分行政机关而言，认为仅需等待法院的裁判结果即可，其实不然。

问题三十二：开庭结束后，行政机关还需要做哪些工作？

开庭结束后，如果作为被告的行政机关认为开庭时存在未说明的问题或者有相关的依据需要向法庭提交的，可以形成书面的代理意见。除此以外，对于案件涉及背景，以及可能涉及特殊人物、敏感问题、舆情等情况也需要与法院进行沟通。特别是通过开庭，如果发现案件可能会协调化解，也可以主动跟主审法官沟通，实质性地化解行政纠纷，减少双方的诉累，并节约司法资源。同时，对于法庭要求被告庭后补充提交的材料，要及时提交。

六、上诉及履行生效判决

一审裁定作出后，作为被告的行政机关对一审的判决享有上诉的权利。如果双方均未上诉，则涉及履行生效判决的问题。

问题三十三：上诉期如何进行计算？

对于准备上诉的案件，要在法定期限内提交上诉状。对于一审裁定驳回起诉的案件上诉期为 10 天，一审作出判决的案件上诉期为 15 天。需要注意的是，上诉期的起算，是从收到法院判决次日起算，且是向原审法院提交上诉状。

问题三十四：履行生效判决的期限起算点从何时开始？

对于履责类、政府信息公开类、行政复议类等案件，如果行政机关败诉，法院的判决可能会责令行政机关在法定期限内重新作出行政行为或限定一定期限内作出行政行为。而重新作出行政行为期限的起算点不同于其他案件，应该是从法院的判决生效次日起算。如果起诉点计算错误，可能导致再次败诉。例如，（2017）京 01 行初 448 号林某诉国土资源部案中 2016 年 7 月 14 日，北京市高级人民法院作出终审判决，驳回上诉，维持一审判决。判决结果为要求被告针对原告的行政复议申请重新作出复议决定。后被告迟至 2017 年 4 月 1 日方依据本院的执行通知书作出被诉复议决定。被告作出复议决定的期限应当从北京市高级人民法院的终审判决送达日起算，并非从法院的协助执行通知书送达日起算，故法院判决确认被告作出被诉复议决定超期，构成程序轻微瑕疵，确认违法。

问题三十五：如何对待法院的司法建议？

司法建议是人民法院根据案件审理中发现的问题，对有关机关提出建议的一种方式。调查问卷的统计结果显示，96% 的受调查人员均认为对于法院的司法建议，单位均非常重视，积极改正，但亦有4%的受调查人员认为单位对司法建议一般重视，选择参考。现在的司法建议，更多是倾向于从行政管理的角度，为行政机关的工作提出改进工作、提高效率的建议。例如，本庭发送的一中法建（2018）10号司法建议中提到行政机关可以对信息公开文书进行编号，这样可以方便管理，亦为应诉时提交证据提供便利。故对于人民法院发送的司法建议，无论是否认同，均应当回函。

问题三十六：二审应诉与一审应诉存在哪些区别？

行政机关作为被上诉人的二审行政案件中，行政机关应诉工作中需要注意的事项基本与一审案件一致。但在准备的过程中，要重点针对上诉人的上诉理由进行准备。答辩状和证据材料在二审期间提交即可。对于行政机关上诉的案件，行政机关要在上诉的同时，缴纳二审案件受理费及委托手续。

附件二

调查问卷梳理报告

1. 贵单位负责应诉工作的为哪个部门？

A. 法制部门　　B. 业务部门　　C. 法制部门和业务部门

D. 办公厅　　E. 其他部门________（请列明）

涉及问题：应诉工作大部分由法制部门负责，业务部门参与度较低。27家受访部委中，由法制部门负责应诉工作的占70.37%，办公厅负责应诉工作的占11.11%，法制部门与业务部门共同负责应诉工作的占18.52%。

建议：应诉部门了解法律，业务部门了解专业，应诉工作必然涉及两种部门之间的协调沟通、文件流转、领导签批等程序。应根据案件情况，涉及纯法律问题由应诉部门处理，涉及专业问题由业务部门与法制部门会商，并均派员出庭。

2. 贵单位对行政应诉流程是否了解？

A. 非常了解　　B. 了解　　C. 不太了解　　D. 不了解

涉及问题：加强应诉工作的必要性。66.67%的受访部委表示对应诉工作非常了解，29.63%表示一般了解，3.70%表示不太了解。

建议：强化必要性认识，加强培训。

3. 贵单位是否建立了公职律师制度？

A. 是　　B. 否　　C. 正在筹建中

涉及问题：公职律师制度普及率高。参与调查问卷的 27 家部委中，85.19% 的受访部委已经建立公职律师制度，3.70% 的部委未建立该项制度，11.11% 表示正在筹建中。多数部委按照《中共中央办公厅、国务院办公厅关于推行法律顾问制度和公职律师公司律师制度的意见》（中办发〔2016〕30 号）的要求，建立了公职律师制度，并已选任部分公职律师。

建议：充分发挥公职律师在应诉工作中的作用，出庭人员具有公职律师身份。

4. 请简要描述公职律师制度在贵单位的具体实施情况。

涉及问题：公职律师作用发挥情况差异较大。部分部委公职律师在规范性文件合法性审查、信访、信息公开、政府采购、行政处罚、诉讼案件应对、法律问题咨询等方面发挥了重要作用。部分部委还在探索公职律师发挥作用的渠道，仍按原有职责分工工作，并未有效发挥作用。

5. 贵单位认为下列哪种行政纠纷解决方式更直接有效？（可多选）

A. 行政复议　　B. 行政诉讼　　C. 信访　　D. 其他______

涉及问题：纠纷解决方式定位。多数部委认为行政诉讼是更有效的纠纷解决方式。参与调查问卷的 27 家部委中，29.63% 的认为行政复议是更有效的纠纷解决方式，81.48% 认为诉讼是更有效的纠纷解决方式。

建议：复议应该是纠纷解决的主渠道，诉讼是最终救济渠道。应做好复议应诉工作的衔接，有效发挥复议程序在解决行政争议方面的积极作用。

6. 贵单位认为什么是实质解决行政争议？

A. 全部解决问题　　B. 保护实体权利

C. 保护程序权利　　D. 当事人不告了

E. 其他________

涉及问题：实质解决争议的认识不统一。22.22% 的受访部委认为实质解决争议是全部解决问题，59.26% 认为是保护实体权利，14.82% 认为是保护程序权利，3.70% 认为是当事人不告了。有部委认为，中央部委层面一般不解决实体争议。也有部委认为，有效规制滥诉行为也是实质解决争议的一个方面。

建议：明确实质解决争议的标准。所谓行政争议是指行政主体在行使公权力过程中与相对人（公民、法人和其他组织）之间发生的、依据公法可以解决的争议。而行政争议的实质性解决标准，从实质法治主义角度看，包含三个维度的效果实现，即法律共识效果（职业共同体对于判决的合法性形成共识）、纠纷解决效果（案结事了）、社会教化效果（判决弘扬社会主流价值观）的综合实现。

7. 贵单位在行政执法过程中是否会考虑后续诉讼的问题？

A. 不确定　　B. 有时考虑　　C. 一直都考虑　　D. 从未考虑过

涉及问题：诉讼对执法的影响。88.46%的受访部委在执法中会考虑后续诉讼问题，后续诉讼对规范执法的促进作用明显。

8. 请具体描述：如果在行政执法中考虑后续诉讼问题，会对执法工作产生哪些影响？

涉及问题：据受访部委反馈，积极影响包括：让执法过程更注重遵守法定程序和正当程序原则，对执法规范性产生积极影响，更加审慎执法且注重保存证据，执法行为以诉讼确立的标准为依据。消极影响主要表现在畏惧诉讼风向，影响执法效率。

9. 在相关法律法规没有明确规定的情况下，贵单位作出对行政相对人不利的决定时，是否会听取行政相对人的意见？

A. 会　　B. 不会

涉及问题：执法中是否考虑正当程序原则。当被问及法律未规定的情况下，作出对相对人不利决定是否会听取其意见，84.62%的受访部委表示会听取意见，15.38%则表示不会。

建议：法定程序原则与正当程序原则同为程序正义的组成部分，不能仅考虑法定程序，忽视正当程序。尤其是作出对当事人不利的行政决定时，听取当事人程序申辩，保障当事人程序性知情权更是正当程序原则的应有之意。

10. 在行政执法过程中，贵单位判断行政机关是否有相应职权的依据是？（可多选）

A. 法律　　B. 行政法规或地方性法规　　C. 规章

D. 规范性文件　　E. 三定方案　　F. 其他________

涉及问题：对于职权依据理解不统一。全部部委都认为法律法规属于职责来源，88.46%认为规章也是职权来源，53.85%认为规范性文件属于职权来源，76.92%认为三定方案属于职权来源，3.85%认为中央文件、国务院文件属于职权来源。

建议：法律、法规、规章规定的法定职责不言自明，然而公开的规范性文件等规定的明确的职责亦属于职责来源，行政机关通过规范性文件的方式为自己设定的义务应该履行。

11. 目前贵单位在行政执法队伍建设中存在哪些问题？

涉及问题：执法队伍建设。据受访部委反馈，情形主要包括法律培训不多、中央层面执法证问题未解决、执法队伍供给不足、队伍不稳定（流失严重）、执法队伍中法律背景人员占比较低、执法人员能力水平与工作要求不匹配、规范执法意识不强、执法人员对法律理解有误、执法装备保障不到位、职责不清晰。

12. 贵单位认为行政执法过程中行政相对人不正当行使权利的情形有哪些？

涉及问题：执法过程中当事人不正当行使权利。据受访部委反馈，情形主要包括：滥用投诉举报权，甚至以此为业谋取利益，滥用信息公开申请权，滥用复议申请权及诉权，不通过法定程序维权，采取多种手段逃避调查，拒收法律文书，拒签询问笔录。

13. 贵单位认为应诉工作的难点主要在哪个阶段？

A. 庭前答辩阶段　　B. 庭审阶段

C. 庭后答辩阶段　　D. 其他________

涉及问题：应诉工作难点阶段。当被问及应诉工作的难点阶段时，55.56%认为难点在庭前准备阶段，40.74%认为在庭审阶段，3.7%认为在庭后阶段。

14. 贵单位是否有专门的应诉材料的收转部门和相应的制度？

A. 有　　B. 没有　　C. 筹建中　　D. 无人关心

涉及问题：专门应诉材料收转部门和制度。受访部委中，74.08%建立了相应制度，具有专门的应诉材料收转部门；22.22%没有相关设置；3.7%表示正在筹建中。可见仍有四分之一的部委未设立相关部门和制度。

建议：设置应诉长，设立专门应诉材料收转部门和相应制度，有利于明确责任、提高效率。

15. 贵单位认为影响答辩期限的主要原因是：

A. 转交　　B. 审批　　C. 准备答辩状　　D. 收集证据

E. 其他

涉及问题：影响答辩进程的因素。主要包括：文件流转，占比 33. 33%；领导签批，占比 40. 74%；答辩状准备，占比 11. 11%；收集证据，占比 29. 63%。还有部委认为内部各部门沟通不畅也是原因之一。

16. 贵单位认为外聘律师的作用主要体现在哪些方面？（可多选）

A. 行政执法中的风险防控　　B. 准备应诉材料

C. 出庭应诉　　D. 对行政执法人员的培训

E. 其他

涉及问题：外聘律师制度。除证监会外的其他部委均外聘律师。外聘律师发挥作用的领域主要包括：66. 67% 的受访部委外聘律师在行政执法中的风险防控方面发挥作用，62. 96% 的受访部委外聘律师在准备应诉材料方面发挥作用，85. 19% 的受访部委外聘律师在出庭应诉方面发挥作用，44. 44% 的受访部委外聘律师在对行政执法人员的培训方面发挥作用。

建议：外聘律师与公职律师制度相结合。

17. 贵单位认为本单位在证据提交上存在哪些问题？（可多选）

A. 证据提交不完整　　B. 举证期限过短

C. 涉密证据或内部材料如何提交

D. 相关资料保存制度不完善导致无法收集证据

E. 其他

涉及问题：被告举证。存在的主要问题表现为，证据提交不完整，占比 14. 81%；举证期限过短，占比 51. 85%；涉密证据或内部材料提交，占比 59. 26%；相关资料保存制度不完善导致无法收集证据，占比 40. 74%。

18. 贵单位认为提交送达的相关证据时，是否需要查明行政相对人的签收情况？

A. 需要　　B. 不需要　　C. 有时需要　　D. 其他______

涉及问题：证据提交完整性。对于送达证据签收情况是否需要进行时间查询的问题，62. 97% 的受访部委认为需要，22. 22% 的受访部委认为不需要，另有 14. 81% 的认为看情况而定。

建议：注意提交证据的完整性，如查询并提交查询记录。

19. 贵单位认为部分案件存在代理人迟到或者未出庭的原因是：

A. 本单位未出现过此问题　　B. 没有收到法院通知

C. 因内部流转问题代理人未收到通知

D. 代理人自身原因　　　　　　　　E. 其他

涉及问题：代理人迟到或不到庭。77.79%的受访部委认为不存在上述情况，因未收到通知导致上述情况的占比为11.1%，因代理人自身情况导致上述情况的占比为11.11%。

建议：设置电子台账。

20. 贵单位认为行政机关负责人出庭是否必要？

A. 非常必要　　B. 必要　　C. 没有必要　　D. 视情况而定

涉及问题：负责人出庭应诉。仅18.51%的受访部委认为负责人出庭是必要的；40.74%的受访部委认为负责人出庭没有必要；44.44%的受访部委认为出庭应视情况而定，但是对于出庭案件的标准持不同观点：有的认为应考虑案件的社会影响、案件重大复杂程度、行政机关级别、人民法院是否出具建议出庭函；有的认为对中央机关不宜做硬性要求，现实可行性不大，反而成为当事人对行政机关不满的理由，应由中央机关视情况自行决定是否由负责人出庭。

建议：加强对于负责人出庭应诉制度设置的认识，使部门负责人出庭常态化。负责人出庭不仅有利于行政争议的实质性解决，同时也是负责人实地调研的重要机会。案件庭审中反映出的具体问题往往是真实情况的再现，以法庭作为学习调研的场所，可以准确发现人民的实际需求与行政机关法治供给能力不足之间的矛盾。通过部委负责人出庭应诉，示范传导行政管理理念和行政执法标准，生动开展法治教育，推动依法行政更上新台阶。

21. 贵单位出庭人员的主要组成情况是：

A. 均为本单位的工作人员

B. 外聘律师和本单位工作人员

C. 下级单位（或事业单位）工作人员

D. 下级单位（或事业单位）工作人员和外聘律师

E. 其他

涉及问题：出庭人员构成。仅本单位人员出庭的占比为22.22%，外聘律师与本单位工作人员共同出庭的占比为74.07%，下级单位（或事业单位）工作人员和外聘律师共同出庭的占比为7.4%，没有下级单位单独出庭的情况。

建议：代理人中应同时具备懂法律与懂业务的出庭人员，以便查明案件事实、准确适用法律，将外聘律师与公职律师制度相结合。

22. 贵单位人认为庭审过程中存在的最大困难是：

A. 与法官沟通存在问题

B. 原告闹庭或者对出庭人员进行人身攻击

C. 庭前准备不充分，造成庭审不流畅

D. 授权有限，部分问题不能明确回答

E. 其他

涉及问题：庭审中的难点。3.7%的受访部委认为与法官沟通存在问题；62.96%的受访部委认为原告闹庭或者对出庭人员进行人身攻击是庭审中的难点；11.11%的受访部委认为庭前准备不充分，造成庭审不流畅；22.22%的受访部委认为由于授权有限导致不能明确回答法庭提问。

建议：对于行政诉讼功能的认识，有部分宣泄原告情绪的功能，应诉时需做好心理建设，但是对于庭审秩序有法官把控，代理人只需沉着应对即可。授权有限可以及时与法官沟通，庭后尽快提交书面陈述意见。

23. 贵单位出庭人员与负责应诉的工作人员相互沟通中是否存在问题，具体体现在哪些方面？

涉及问题：出庭人员与应诉部门的沟通。大部分部委认为不存在沟通问题。沟通不畅主要表现为，出庭人员与经办人员分离导致对情况缺乏充分了解；出庭人员对庭审中发现问题的反馈不及时、不全面；沟通不充分；复议案件中，复议机构对于原行为涉及的专业问题了解不充分。

建议：根据《国务院办公厅关于加强和改进行政应诉工作的意见》（国办发〔2016〕54号），建议法制部门与业务部门加强沟通，明确职责。有部委采取法制部门提交答辩状并派员出庭应诉，经办部门会签答辩状、准备证据材料并派员旁听庭审的做法值得借鉴。

24. 贵单位认为败诉的风险点主要体现在哪方面？

A. 实体处理问题

B. 行政程序中的问题

C. 应诉工作中的问题导致败诉

D. 其他

涉及问题：败诉的风险点。44.44%的受访部委认为风险主要体现为实体处理问题，66.67%的受访部委认为行政程序中存在问题，行政机关均认为没有应诉工作导致败诉的情况，但是实践中应诉工作导致败诉主要体现在提交证据方面。

25. 贵单位认为行政诉讼案件的裁判结果是否有助于规范行政行为？

A. 非常有帮助　B. 有帮助　C. 基本没帮助　D. 没用

涉及问题：裁判结果的作用。受访部委均认为行政案件的裁判结果有助于规范行政行为。

26. 贵单位是否建立了涉诉案件总结反馈机制？

A. 是　B. 否　C. 筹建中　D. 没考虑过

27. 请具体说明涉诉案件总结反馈机制情况。

涉及问题：涉诉案件总结反馈机制。59.27%的受访部委已经建立上述机制，14.81%的受访部委没有建立上述机制，22.22%的受访部委正在筹备中，另有3.7%的受访部委没有考虑过建立相关制度。

建议：充分认识该机制在提高应诉水平、规范执法行为、防止重复错误、获得领导重视、积极反作用于行政立法等方面的积极作用。建议设立并完善涉诉案件定期汇报制度。加强研究涉诉案件，尤其是败诉案件情况，总结规律，避免重复错误。对于案件中反映出的普遍问题进行重点研究，提出对策，形成报告，指导执法工作。

28. 贵单位通常如何处理司法建议？

A. 非常重视，积极改正　B. 重视，选择参考

C. 完全无视，置之不理　D. 视情况而定

涉及问题：司法建议。各部委均高度重视司法建议并针对司法建议中的问题积极改正。

建议：完善司法建议及时反馈机制。

29. 贵单位对司法与行政良性互动有哪些建议？

涉及问题：司法行政良性互动机制。受访部委建议：个案沟通座谈会、培训、发布典型案例、信息沟通共享机制、日常咨询沟通机制、邀请行政机关旁听庭审、针对疑难复杂法律问题联合调研等方式指导行政执法；法院主要进行合法性审查，对于合理性审查部分应该尊重行政机关的专业判断。

30. 贵单位认为复议双被告制度实施后对本单位的行政复议工作造成了哪些影响？

涉及问题：复议双被告制度的影响。外地出庭导致队伍压力较大、行政成本大；实质审查原行为，复议机关出庭应诉缺乏必要性；诱导当事人将矛

盾上移，引发滥诉。

31. 贵单位认为行政复议案件的审理标准与司法审查标准是否需要保持一致？

A. 需要　　　　B. 不需要

32. 请举例说明行政复议案件的审理标准与司法审查标准存在不一致的情形。

涉及问题：问题31、32涉及复议诉讼衔接问题。80.77%的受访部委认为复议诉讼的审查标准需要保持一致，19.23%的受访部委认为两者不需要保持一致。

33. 贵单位是否建立对规范性文件实施定期清理制度？

A. 是　　　　B. 否　　　　C. 筹建中　　　　D. 没考虑过

涉及问题：规范性文件定期清理制度。88.9%的受访部委建立了相关制度，11.1%的受访部委没有建立或者认为不需要建立相关制度。

建议：涉及法治统一及规范性文件附带性审查，应建立定期清理制度。

34. 贵单位认为是否有必要建立相关行政执法文书电子送达制度？

A. 有必要　　　　B. 没必要　　　　C. 筹建中　　　　D. 没考虑过

涉及问题：行政执法文书电子送达制度。59.26%的受访部委认为有必要建立相关制度，18.52%的受访部委认为没有必要，3.7%的受访部委正在筹建相关制度，18.52%的受访部委没有考过建立相关制度。

建议：关注并重点研究，电子送达的必要性（高效便捷性）；电子送达的依据、效力及范围；送达地址确认书文本；当事人是否预留及同意电子送达。

（作者单位：北京市第一中级人民法院）

违法建设认定与处理存在的问题与建议

——关于2016—2019年广州涉违法建设行政案件的调研报告

广州铁路运输中级法院课题组*

【内容摘要】“老城市”为实现“新活力”，广州市持续加大对违法建设进行查处的力度，涉违建行政案件量逐年增加、行政机关高败诉率以及非诉案件较高的不准执率，表明行政机关在违法建设治理中，从认定到处理均存在诸多问题。

调研组对广铁两级法院的违法建设类行政案件审理情况进行数据统计和梳理，对案件败诉情况及案件主体、区域分布等情况分别进行了比较分析。调研组提出了行政机关在违法建设认定和处理方面存在的诸如职权交叉混乱、法律适用不明确、认定标准不统一，处理尺度不一致、裁执分离落实不到位等几个方面的问题，并对违法建设认定和处理提出有针对性的意见和建议，认为应当明晰各行政机关职权清单、统一行政执法标准和裁判标准、对不同情况违法建设分类进行处理，解决好行刑交叉问题，维护好人民群众的合法权益，先行先试，大胆实施裁执分离，促进城市更新更顺利地进行，同时为违法建设类行政案件的审判工作提出指引，以期能推动地方性城市违法建设治理规则进一步完善。

引言

近年来，随着经济发展、城市化进程加快、房价迅速上涨等影响，受经

* 课题组组长：张应杰，课题组副组长：肖志雄、付洪林，课题组成员：侯建文、陈雪梅、朱琳、丁玮、刘伟，执笔人：朱琳、刘伟。

济利益的驱动，城市及乡村违法建设[①]数量不断激增，行政机关与行政相对人矛盾也在违法建设的处理过程中不断放大。违法建设治理不仅仅是中国的问题，也是世界性的难题。我国的违法建设有其自身的特殊性，包括历史、土地政策、规划等多方面因素。广州曾被评为“中国最具幸福感城市”，城市“颜值”和经济发展成就备受全球瞩目。在光鲜的城市面貌之后，城市“违建”问题也一直困扰着广州，影响着城市活力和人居环境。广州集中了违法建设的大量案例，具有进行违法建设调研的标本意义和样本价值。

近三年来，广州市持续加大力度针对违法建设进行查处，从2017年查处违法建设1088万平方米，2018年查处违法建设3595万平方米，到2019年查处违法建设4800.35万平方米，针对违法建设处理执法力度逐年上升。根据《广东省打好违法建设治理攻坚仗三年目标分解表（2019－2021）》，广州市在2019年已完成4000万平方米违法建设的治理目标，超额完成违法建设治理的任务，其中存在大量针对违法建设有广州特色的解决方案。在此之前，自2009年开始，广州市先后印发了《中共广州市委办公厅、广州市人民政府办公厅关于建立土地执法共同责任制的意见》（穗办〔2009〕1号）、《广州市违法建设查处条例》《广州市城乡规划条例》《广州市城市管理综合执法细则》《广州市在建违法建设快速查处程序工作规程》《中共广州市委办公厅、广州市人民政府办公厅印发〈关于进一步加强违法建设治理工作的意见〉》（穗办〔2019〕36号）等法规规章和规范性文件，有针对性的对于违法建设治理进行规定。尽管违建治理卓有成效，但历史与现实问题相互交织，广州市违法建设存量及增量依然庞大，违法建设问题仍将长期存在。

黑格尔认为“存在即合理”，违法建设问题长期得不到解决也有其必然的原因。广州市行政案件集中到广铁两级法院管辖已四年有余，涉及违法建设的案件数量逐年增长，案件中不断涌现的新问题以及各种不同情况都会导致处理该类型案件越来越棘手。同时，由于违法建设案件中矛盾往往较为激

---

① 对于违法建设（违章建筑）的概念，目前存在行政法上的违章建筑、违法建筑与违法建设三个概念并用的情况。最早在相关法律法规中使用的是“违章建筑”这一概念，出现在1980年4月15日国务院发布的《批准中央气象局关于保护气象台观测环境的通知》中，该通知首次出现对“违章建筑”追究责任的规定。但随着法律法规的不断更新变迁，《国有土地上房屋征收与补偿条例》中使用的是“违法建筑”，《中华人民共和国城乡规划法》将这一概念表述为“违法建设”。因此，大部分学者认为使用“违法建筑”或“违法建设”似乎更能够反映其本质。这里的“违法”既可能违反的是法律法规，又可能违反的是相关部门制定的规章条例。因此，本文中主要使用违法建设这一概念进行表述。

烈，维稳压力较大，对违法建设认定和查处更需谨慎处理。调研组通过对广铁两级法院2016年至2019年违法建设案件的梳理，分析案件中违法建设认定以及处理中存在的主要问题，分析案件中反映出来的基本情况、特点、存在的主要问题和困惑，为平衡社会矛盾冲突，改进市域治理，服务粤港澳大湾区建设、促进广东法治政府和法治化营商环境建设提出对策和建议。

一、样本实践：违法建设行政案件基本情况

从目前违法建设类案件审判实践来看，违法建设的形成主要有以下四个方面原因[①]：未取得规划许可进行建设、超越规划许可进行建设、临时建筑所持有的规划许可证超越期限以及违法用地上的违法建设。

---

① 《广州市违法建设查处条例》第十八条规定："有下列情形之一的，应当认定为无法采取改正措施消除对规划实施影响的违法建设：（一）未取得建设工程规划许可证，且违反控制性详细规划的强制内容、规划条件或者城乡规划技术标准建设的建筑物、构筑物或者超过合理误差的建筑部分；（二）已取得建设工程规划许可证，但不按照建设工程规划许可证许可的内容进行建设，超过合理误差的建筑部分；（三）未经批准进行临时建设，或者临时建筑物、构筑物超过批准期限不拆除的；（四）已批准进行临时建设，但不按照经审定的建设工程设计方案施工，违反规划条件或者城乡规划技术标准，超过合理误差的建筑部分；（五）未取得乡村建设规划许可证或者未按照乡村建设规划许可证进行建设，违反村庄规划强制性内容、城乡规划技术标准，超过合理误差的建筑部分；（六）其他依照国家有关规定应当认定为无法采取改正措施消除对规划实施影响的情形。前款所称合理误差的标准由市人民政府另行制定。"《广州市城乡规划条例》第四十条规定："建筑物的使用应当符合建设工程规划许可证、乡村建设规划许可证或者房地产权证书载明的使用性质、用途，不得擅自改变。确因社会经济发展、产业布局调整、城市区域功能调整而需要改变一定区域内建筑物使用性质的，应当符合控制性详细规划和现行土地政策规定，同时不得影响建筑物安全使用，不得侵害他人合法权益。竣工并经各项验收合格投入使用的建筑物，变更房屋权属登记中房屋用途或者开展经营活动，涉及规划管理许可事项的，应当报经城乡规划主管部门批准。"《中华人民共和国土地管理法》第七十七条规定："未经批准或者采取欺骗手段骗取批准，非法占用土地的，由县级以上人民政府自然资源主管部门责令退还非法占用的土地，对违反土地利用总体规划擅自将农用地改为建设用地的，限期拆除在非法占用的土地上新建的建筑物和其他设施，恢复土地原状，对符合土地利用总体规划的，没收在非法占用的土地上新建的建筑物和其他设施，可以并处罚款；对非法占用土地单位的直接负责的主管人员和其他直接责任人员，依法给予处分；构成犯罪的，依法追究刑事责任。超过批准的数量占用土地，多占的土地以非法占用土地论处。"第七十八条规定："农村村民未经批准或者采取欺骗手段骗取批准，非法占用土地建住宅的，由县级以上人民政府农业农村主管部门责令退还非法占用的土地，限期拆除在非法占用的土地上新建的房屋。超过省、自治区、直辖市规定的标准，多占的土地以非法占用土地论处。"

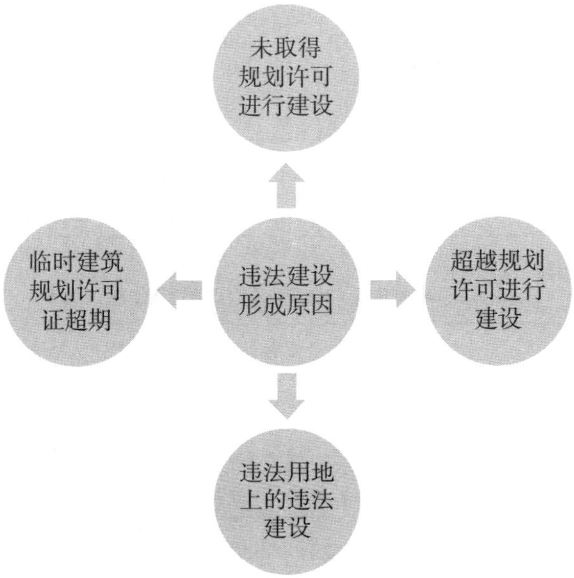

图 1　违法建设的形成原因分类

而对于违法建设进行处理的方式，对于正在建设中的违法建设，处理方式包括责令停止建设、查封施工现场、扣押施工工具、依法拆除等措施；对于已经建设完成的违法建设，处理方式包括罚款、补办手续、没收、依法拆除等。

表 1　违法建设处理方式分类

<table>
<tr><td>正在建设中的违法建设</td><td colspan="4">责令停止建设、查封施工现场、扣押施工工具、依法拆除等措施</td></tr>
<tr><td rowspan="3">已经建设完成的违法建设</td><td>是否影响公共利益</td><td>尚可采取改正措施消除对规划实施的影响的</td><td>无法采取措施、无法拆除</td><td>有拆除必要</td></tr>
<tr><td>是</td><td>限期改正、罚款</td><td>没收，可以并处罚款</td><td>国土部门申请法院强制执行；城管、乡、镇政府依法强制拆除</td></tr>
<tr><td>否</td><td colspan="3">补办规划、确权手续</td></tr>
</table>

（一）违法建设行政案件逐年上升

广州涉违治理行政案件大类可分为行政诉讼案件和行政非诉审查执行案件。

表 2 2016—2019 年涉违建治理类行政诉讼案件①

年度	2016	2017	2018	2019
诉讼案件数量	149	279	168	465
行政机关败诉案件数量	40	100	58	123
败诉案件占比	26.85%	35.84%	34.52%	26.45%

表 3 2016—2019 年涉违建治理类行政非诉案件

年度	2016	2017	2018	2019	合计
非诉审查执行案件数量	1208	2185	2685	3071	9149
不准予执行案件数量	616	1361	1987	847	3964
不准予执行案件占比	50.99%	62.29%	74.00%	27.58%	43.33%

（二）违法建设案件败诉情况分析

在我院 2016 年至 2019 年受理的违法建设一、二审行政案件中，行政机关败诉案件共 321 件，败诉原因主要分为行政机关对违法建设作出行政行为时认定事实不清以及程序违法两方面，涉及认定事实不清的案件为 121 件，涉及程序违法的案件为 225 件，其中有 61 件案件同时涉及认定事实不清与程序违法两种情况。可见，实践中行政机关存在对于违法建设类行政案件程序不够重视的情况。

在职权方面，存在超越行政管理职权作出行政行为。在认定事实方面，主要存在以下情形：对于违法建设规划情况未核实清楚、违法建设已列入征收拆迁范围却仍按照违法建设进行处理、违法建设是否符合“一户一宅”的情形未查清、违法建设是否取得《国有土地使用证》未查清、违法建设是否属于尚可采取改正措施消除影响的建筑应遵循比例原则进行处理。在程序违法方面，主要存在以下情形：未申请法院执行即直接拆除、超期限作出行政行为、违反法律规定夜间进行拆除、未报相关政府批准即进行拆除、未作出强制执行决定、未履行催告义务并告知相对人合法权利、未对违法建设内物品制作清单及采取保存措施。

四年来，违法用地上的违法建设申请非诉执行的违法建设案件中，总数

① 本文中数据除做特殊说明外，案件数据均来自广州铁路运输中级法院司法统计。

为9149件，依法不准予执行案件3964件，违法建设行政非诉案件不准予执行率高达43.33%，相对于非诉执行案件不准予执行率16.16%而言，违法建设类行政非诉案件中，不准予执行率畸高。除了违法建设类案件本身问题较多之外，还在一定程度上存在着基层法院对案件裁判尺度把握较严的问题。究其原因，一是因为违法建设类案件对行政相对人权利影响较大，稍有不慎会给相对人权利造成重大损害；二是由于非诉案件裁判标准难把握，导致一些案件因轻微程序瑕疵而不准予执行。

（三）被诉主体多集中于城管和街镇

对违法建设涉及的行政主体按照职能分类，分别为各级政府及其派出机关、国土资源和规划部门、住房和城乡建设部门、城市管理部门等。因此，违法建设行政案件的被诉机关主要包括各级政府、规划委员会、乡镇政府、城管执法、国土局等，其中大部分案件行政主体为基层镇政府、街道办和城管部门。

表4　涉违建行政诉讼案件被诉主体分布情况

行政主体	省、市、区政府	基层街道乡镇政府	国土规划	住房城建	城市管理	水务	交通
被诉案件	285	288	79	19	440	33	2
占比	24.87%	25.13%	6.89%	1.66%	38.39%	2.88%	0.17%

从统计数据来看，违法建设诉讼案件中各级政府作为被诉部门的共574件，占总数1024件的56.07%。其中，广东省政府被起诉4次，占0.39%；广州市政府被起诉20次，占1.95%；区政府被起诉204次，占19.92%；区政府派出机构（街道办事处）被起诉115次，占11.23%；镇政府被起诉235次，占22.95%。其中，广东省政府及广州市政府主要是作为行政复议机关参与诉讼，被诉次数占比较少，作为违法建设强制执行实施机关的街道办（以区政府名义作出相关决定则是区政府作为被诉行政机关）及镇政府等基层政府是被诉的主要行政机关。

表 5　涉违建行政非诉审理案件申请主体分布情况

行政主体	省、市、区政府	基层街道乡镇政府	国土规划	住房城建	城市管理	环保	水务
非诉案件	11	163	8782	3	179	10	1

在非诉案件中，国土规划部门是申请非诉执行审查最多的行政机关（8782 件），然后是城管部门（179 件）、基层镇政府和街道办（163 件）。根据《中华人民共和国土地管理法》第七十七条的规定，国土规划部门是对非法占用土地的行政职权部门，因此违法建设非诉执行案件国土规划部门为主要行政机关。

（四）违法建设案件区域分布特色鲜明

表 6　违法建设行政诉讼类案件各区分布

各区	越秀	天河	荔湾	海珠	黄埔	白云	花都	从化	增城	番禺	南沙
2016	4	7	24	15	5	23	7	12	9	14	9
2017	19	16	33	16	11	19	6	3	52	53	16
2018	23	4	38	15	9	16	9	11	10	8	19
2019	9	21	61	22	36	109	28	14	21	33	53
合计	55	48	156	68	61	167	50	40	92	108	97

从该部分数据可以看出，违法建设案件分布与各区的发展程度及区域发展进程相关。目前，广州周边区域，特别是番禺、增城、南沙等作为广州市城市范围的新增区域，土地的增值空间大，土地范围也大，导致该部分区域违法建设案件量逐年增长且居高不下。而作为老城区的越秀、荔湾等老城区，违法建设主要集中在旧城改造项目以及公益性扩建项目的执行上，其涉及的主要是旧城区的危房重建、历史违法建设以及公益扩建征收的问题。

另外，作为 4 年来违法建设数量一直居高不下且总数最高的白云区，成为广州几个老城区当中违法建设最为严重的地区。经向行政机关及行政相对人了解，该地区违法建设数量大主要与白云区特殊的情况有关。白云区地处广州北部，作为广州市郊区及城乡接合部地区，80%的区域属于郊区和乡镇。在城镇化建设不断推进的情况下，大量农村土地和房屋因为基础设施建设推进而升值。特别是政府在征地后给予高额补偿使村民以及部分“投资人”盯上了这块利益，各种村民违反土地用途的自建房以及合资、带资建房等形式的违法建设不断涌现，出现了各种为了获得补偿利益加建抢建违法建设的情况，这也导致白云区违法建设案件量逐年递增，并在2019年成为广州市案件量最高的地区。

二、他山之石：国内及境外违法建设治理经验借鉴

（一）北京、上海、浙江的违建治理

1. 北京市治理违法建设模式

首都北京是历史古都，是极具代表性的国际一流城市，也面临违法建设治理难的问题。北京市自20世纪90年代就开始大规模地查处违法建设工作，成效明显。

（1）北京市查处违法建设职责分工。①以违法建设是属于城镇违建还是乡村违建作为划分标准，确定乡镇政府的查处范围；②以是否取得规划许可作为划分标准，确定规划部门与城管执法局的查处范围；③对于乡村农用地上的建设行为，国土部门以及乡镇政府均有查处职责，国土部门依据《中华人民共和国土地管理法》进行查处，乡镇政府依据《中华人民共和国城乡规划法》进行查处；④国土部门作出的退还占用土地或责令拆除决定，应向法院申请强制执行，法院裁定准予执行后，可以由法院负责强制执行，也可以由规划国土部门负责组织实施执行该行政处理决定，或根据案件具体情况明确由非法占地所在区政府负责组织实施执行。[①]

（2）赋予街道办事处对于违法建设查处的职权。2019年3月29日，北京市人大常委会对《北京市城乡规划条例》进行了修订，增加了“街道办事处查处违法建设，可以依照国家和本市有关规定开展综合执法工作，按照有关法律规定相对集中行使行政处罚权”的规定。[②]

---

① 参见《关于拆除违法建设行政案件审理情况的报告》，北京市第一中级人民法院，2019年5月10日。

② 参见《关于拆除违法建设行政案件审理情况的报告》，北京市第一中级人民法院，2019年5月10日。

（3）对于违法建设残值的特殊规定。执法机关作出强制拆除决定的，应当告知违法建设当事人，其主张拆除后的违法建设残值，应当在强制拆除前提出书面声明，并在限定的期限内自行处置；违法建设当事人未事先提出书面声明，或者事先提出书面声明但未在限定的期限内处置完毕的，执法机关可以予以清理。

2. 上海市治理违建优势

上海市对于违法建设的治理认识主要分为三个阶段，第一阶段主要是通过设立“三整顿”领导小组对于占路搭建的行为进行整治，直到1986年“三整顿”办公室被撤销。第二阶段是1989年《中华人民共和国城市规划法》颁布至2000年，在此期间通过成立上海市市政管理委员会及办公室，通过不同部门分别执法的方式对市容市貌进行整治。但是该阶段不同执法部门对于违法建设的认定不同、职权差异导致执法水平参差不齐，不同部门之间的矛盾加剧。第三阶段是2009年至今，2009年《上海市拆除违法建筑若干规定》修订，2011年和2014年，上海市政府相继发布《关于进一步做好拆除违法建筑工作的通知》和《关于进一步加强本市违法建筑治理工作的实施意见》。上海违建治理有三个明显特点：

（1）健全违建治理体系。从2009年《上海市拆除违法建筑若干规定》开始，上海市政府希望通过健全违法建设治理工作体系入手，达到逐步清除违法建设的目的。

（2）联席会议办公室实体化运作。《上海市拆除违法建筑若干规定》① 重视部门之间对于违法建设合作处理的问题，要求市建设交通委、市规划国土资源局、市住房保障房屋管理局、市城管执法局共同组成市拆除违法建设工作联席会议办公室，即上海市拆违办，通过配套人员、有序运作的方式使该部门对于违法建设进行集中领导处理，确定职责分工，并设立了统一举报电话12319。

① 《上海市拆除违法建筑若干规定》（2018年修正）第三条规定：“市和区人民政府统一领导和负责所辖区域内拆除违法建筑工作，建立健全拆除违法建筑工作机制，完善、落实拆除违法建筑责任制，对拆除违法建筑实施部门进行考核。市城乡建设管理部门和区人民政府指定的部门具体负责所辖区域内拆除违法建筑工作的综合协调。市和区规划管理部门、城市管理行政执法部门（以下统称‘拆违实施部门’）按照规划管理、物业管理等方面的法律、法规和市人民政府的规定，分别负责违法建筑的拆除，其具体职责分工，由市人民政府另行规定。街道办事处、镇人民政府应当配合拆违实施部门做好违法建筑的拆除工作。公安、工商等其他有关行政管理部门根据各自职责，协助做好拆除违法建筑的相关工作。”

（3）明确各行政机关的巡查职责。上海还明确了违法建设的巡查制度，要求包括拆违办在内的相关部门承担城市管理巡查职责的机构加强对于违法建设的巡查，同时各街道、镇街也同时承担巡查的职责。

虽然该阶段违法建设治理取得了一定成果，但仍然存在各部门之间职权责任交叉、扯皮推诿导致执法力度不够的问题。同时由于巡查制度落实不到位，导致违法建设的发现仍然主要依靠市民举报，巡查制度未发挥应有的作用。[①]

3. 浙江治理违建的特点

（1）通过地方性法规对违法建设的处理予以规范化和精细化。在对于违法建设的处置方面，浙江省在2013年出台《浙江省违法建筑处置规定》，对违法建设查处的职权主体以及总体性的查处原则进行规定，之后不同市根据本市的具体情况制定了各地不同的规范性文件。杭州市在2014年制定了《杭州市市区违法建筑处置办法》[②]，其中对于违法建设的查处具体模式进行规定，如对于历史违建具体时间节点的明确；依法应当予以拆除的情况以及可以通过消除影响、限期通过补办变更手续等处理方式的规定；区分城镇与乡村违法建设两种情况进行处理；明确可以暂缓拆除的情况；对于被没收违法建设的处置方式等。杭州市该办法对于违法建设的处置规定较为明确，能为行政机关在日常执法中提供可供操作的指引，值得其他地区借鉴。

（2）对于违法用地上的违法建设形成较为成熟的"裁执分离"机制。浙江省在违法用地上的违法建设治理特色在于裁执分离模式。早在2011年浙江省法院就已率先在行政审判工作中开始部署"裁执分离"模式，后来，随着《中华人民共和国行政强制法》《最高人民法院关于办理申请人民法院强制执行国有土地上房屋征收补偿决定案件若干问题的规定》等法律规范相继出台，浙江以此为契机在非诉行政案件中推进人民法院审查作出准予执行裁定后由行政机关组织实施执行的非诉行政案件工作体制。[③]

（3）形成富有成效的府院联动机制。2013年，浙江省各地区根据浙江省

---

① 洪梅：《上海市违法建筑协同治理机制研究——以静安区为例》，上海交通大学2014年硕士学位论文。

② 参见《杭州市市区违法建筑处置办法》第四条、第七条、第八条、第九条、第十条、第十三条、第十五条。

③ 危辉星、黄金富：《非诉行政执行"裁执分离"机制研究——以浙江法院推进"裁执分离"机制的实践为基础》，载《法律适用》2015年第1期。

高院《省行政复议与行政审判联席会议第八次会议纪要》和省政府《关于印发浙江省“三改一拆”行动违法建筑处理实施意见的通知》（浙政办发〔2013〕69号）、《关于切实加强“三改一拆”行动中违法用地建筑拆除和土地利用工作的指导意见》（浙政办发〔2013〕105号）的文件要求，结合当地情况，制定了各地的裁执分离工作方案以及相关规范性文件。[①] 比如，台州市中级人民法院就在相关法律、司法解释及文件精神的要求下，拟定了包括裁执分离若干意见和非诉行政案件审查工作的实施细则在内的具体事实方案，同时在诉讼案件的审理过程中注重与行政机关的联系沟通，探索将土地违法建设领域为主的裁执分离体系应用到其他非诉案件的审查和执行。

（二）我国香港、台湾地区的违建治理方法

1. 我国香港地区。我国香港地区将违法建设称为“违例建筑”，因为对违法建设进行规范的主要是相关条例。香港地区查处违法建设最有特色的是联动协调机制，在屋宇署的牵头下，把相关部门全部纳入，一旦发现违法建设，由屋宇署牵头，各相关部门配合采取行动；同时，行政机关本身不对违法建设者直接进行处罚，而只是行使检控的职责，对违法建设者的行为是否违法做最终判断的是法院，法院负责判决和执行。[②] 一方面，通过联动协调机制能够使多部门配合行动，提高行政效率；另一方面，将法院作为最后的评判者能够使违法建设者心服口服，当然这也与香港地区的法系以及法治环境有着很大的关系。

2. 我国台湾地区。我国台湾地区由于违法建设现象普遍存在，根据其“建筑法”专门制定“违章建筑处理办法”，对违法建设统一制订规范。相对于中国大陆在规划以及国土相关法律中对违法建设进行规定，采用这种专项规范的方式是否有助于形成处理违法建设的体系，促进法律法规之间的协调与整合，是值得我们思考的。[③] 同时，处理违法建设立法通过区分新旧违建、程序和实质违建的方式，决定是否准予缓拆或免拆、罚款或限期补办手续等处理方式，通过对违法建设多种情况区分进行认定，制定明确、具体、统一

---

① 裴蓓：《非诉行政案件“裁执分离”模式研究——以浙江法院实践为例》，载《行政法学研究》2014年第3期。

② 蒋拯：《违法建筑类型化研究》，载《社科纵横》2012年第3期。

③ 参见沈晖：《治理城市违法建筑的法律机制研究》，同济大学出版社2013年版。

的认定标准，有助于行政机关处理以及法院裁判标准的统一。① 同时通过设定拆除违法建设的具体标准以及拆迁补偿制度，确保违法建设处理工作的进行。

（三）域外违建治理方法

1. 新加坡。新加坡主要是由建设局负责对违法建设全方位进行处理，包括违法建设的认定和查处，同时由建设局、消防局等机构进行联合监管。② 一旦发现违法建设，建设局的工作人员可以书面命令暂停违法建设的实施、拆毁违法建设，如果仍未停止建设或者未拆除的，可以在判令拆除的同时处以罚款。同时，由于新加坡城管法规体系较为完备以及处罚较重，违反规划和相关许可进行建设可能会追究刑事责任，在新加坡违法治理成效明显。

2. 德国。德国对于违法建设认定和处理主要通过区分程序违建和实质违建进行处理。根据德国法律规定，如果建筑物只是因为未按规定提出相关许可申请，即不具备程序性的要件，在缴纳罚款等处罚后可以通过补办手续的方式变为合法建设；如果建筑物以未经许可的方式进行建设，且该建筑物根本不可能通过其他方式调整为合法建设，则必须拆除。德国对违法建设进行认定主要是通过行政机关在获得可能存在违法建设的信息后派员前往现场勘察，主要对违法建设属于程序违建还是实质违建进行判断。若属于程序违建通过补办申请方式转为合法建设，若属于实质违建行政机关下达拆除命令，要求对建筑物进行拆除。③ 这种通过对程序违建与实质违建进行区分的处理方式实际在我国也有应用，但我国现存的违法建设大部分均为实质违建。另外，德国也通过运用刑罚对违法建设的行为进行规制。

三、问题探析：违建认定及处理的问题及成因分析

（一）行政机关在认定违法建设中存在的问题

1. 违法建设认定的主体不明确

从目前法律规定来看，有权对违法建设进行处理的行政部门涉及规划、

① 黄锦堂等人：《台北市违章建筑处理法制之研究》期末报告（2001年）。

② 陈春英：《新加坡管控违法建筑的七大举措》，载《上海城市管理职业技术学院学报》2008年第2期。

③ 林明锵：《建筑管理法制基本问题之研究——中德比较法制研究》，载《台大法学论坛》第30卷第2期。

建设、水务、电力、交通、市政工程管理、城市管理、环境保护、文物保护、消防、铁路等数十个行政部门（见表7）。参与处理违法建设的部门之多，在其他违法行为查处中不多见。但这种多部门齐参与的处理模式，导致违法建设认定的主体不明确、界定权分散到不同的行政部门之中，在具体执行的过程中也导致执法行为难以协调到位，造成重复执法或者互相推诿消极执法两种极端情况。在对违法建设进行处理时，最有效的治理方式应该是提前防范、及时介入，尽量在违法建设出现时提早进行制止，有效提高行政效率及防止社会资源的浪费。但由于多部门参与的执法方式，必然导致违法建设查处的效率降低，各个部门分别针对违法建设整治召开会议，各部门之间意见难以协调统一将最终导致对违法建设的查处落不到实处。同时，就目前针对违法建设认定和处理的职权部门划分来看，国土部门主要负责对违法用地及其附着违（构）筑物进行查处，规划部门负责对违法建设进行定性，执法部门负责对违法建设作出处罚并执行。根据《广州市违法建设查处条例》的规定，执法部门认为属于尚可采取改正措施消除对规划实施影响或者重大、复杂、难以定性情形的，应当书面征询规划部门的意见。但在实践中，执法部门将明显属于违法建设的也征询规划部门的意见，在一定程度上降低了查处违法建设的效率，因此，对于明显属于违法建设且不可采取改正措施的情形是否可以将认定权交由执法部门值得商榷。

2. 行政机关之间职权重叠

目前由于相关法律法规及行政机关的设置，导致对于违法建设认定的执行机关在运用行政权力时出现问题，如在现实中常常出现的行政职权的交叉和重合。在对违法建设进行处理的过程中，涉及多个不同部门的参与。违法建设主要是由于不符合整体规划要求，未取得土地的合法使用权以及未办理建设工程相关手续等原因形成的，目前我国对于违法建设的立法体系缺乏协调性，各项法律及部门规章对违法建设认定的规定较为分散，且各行政部门及地方存在差异的情况也较大，导致相关职权部门不够明确而产生冲突。从现行对于违法建设的法律规范来看，违法建设的认定涉及建设、规划、房屋、土地、交通、电力、水务、市政工程乃至文物保护等多个行政机关。比如，在我院处理的违法建设拆除案件中，存在多个行政主体介入违法建设的认定以及处理程序的情况，包括街道河长制办公室、水务局、城市管理局等机关。

根据《中华人民共和国水法》的规定①，对于河道管理范围内的违法建设管理是县级以上人民政府水行政主管部门或者流域管理机构的职权。同时，根据中共中央办公厅、国务院办公厅印发《关于全面推行河长制的意见》以及广州市委办公厅、市政府办公厅印发的《广州市全面推行河长制实施方案》②，规定各级河长对侵占河道的行为有管理的职责。在该案件中，水务局以及街道办均有对违法建设进行处理的职权，这种职权交叉的法律规制造成部分行政机关的职权重合，案件中法律适用复杂，也造成行政相对人对相关行政机关职权依据的困惑。

表 7　涉违建法律法规行政主体及适用范围对照表

法律规范	相关条款	查处部门	适用范围
《中华人民共和国城乡规划法》	第 64、65、68 条	城乡规划主管部门或城管执法部门	城市、乡、村庄
《中华人民共和国土地管理法》	第 73、76、77 条	土地行政管理部门	行政区
《中华人民共和国公路法》	第 81 条	交通主管部门	公路建筑控制区
《中华人民共和国电力法》	第 69 条	政府	电力设施保护区
《中华人民共和国水法》	第 65 条	水行政主管部门	河道管理范围区
《城市市容和环境卫生管理条例》	第 36、37 条	市容环境卫生行政主管部门	城市
《中华人民共和国环境保护法》	第 36 条	环境保护行政主管部门	风景名胜区、自然保护区、其他需要特别保护的区域
《中华人民共和国消防法》	第 40、48 条	公安消防机构	建筑工程

---

① 《中华人民共和国水法》第六十五条第一款规定："在河道管理范围内建设妨碍行洪的建筑物、构筑物，或者从事影响河势稳定、危害河岸堤防安全和其他妨碍河道行洪的活动的，由县级以上人民政府水行政主管部门或者流域管理机构依据职权，责令停止违法行为，限期拆除违法建筑物、构筑物，恢复原状；逾期不拆除、不恢复原状的，强行拆除，所需费用由违法单位或者个人负担，并处一万元以上十万元以下的罚款。"

② 2016 年 11 月 28 日，中共中央办公厅、国务院办公厅印发《关于全面推行河长制的意见》，规定各级河长负责组织领导相应河湖的管理和保护工作。2017 年 3 月 23 日，广州市委办公厅、市政府办公厅印发《广州市全面推行河长制实施方案》，规定建立市、区、镇街、村居四级河长体系。各区、镇街参照市的架构设置相应的河长办公室，镇街级河长主要负责落实责任河湖的整治与管理工作，包括河道管理范围内的违法建设专项整治，恢复河道水域岸线生态功能。

续 表

法律规范	相关条款	查处部门	适用范围
《中华人民共和国铁路法》	第46条	县级以上地方人民政府	铁路弯道内侧、平交道口和人行过道附近
《中华人民共和国防震减灾法》	第44、45条	地震行政主管部门	建设工程
《中华人民共和国防洪法》	第54、56条	水行政部门	河道、湖泊管理范围
《中华人民共和国文物保护法》	第26、66、67条	当地人民政府、文物主管部门、环境保护行政部门	文物保护范围

3. 法律适用冲突交叉

违法建设中的“违法”应指违反相关法律法规的规定，这是判断违法建设的根本性问题，行政机关在法律适用时应保持谦抑谨慎，只有在不符合法律、法规、规章明确规定的情况下才认定为违法，否则基于对公民合法财产的保护应推定建筑物合法。在调研过程中，行政机关反映目前对违法建设的规定除《中华人民共和国城乡规划法》和《中华人民共和国土地管理法》的法律规定外，其他散布在单行法中，立法多且分散，难以形成系统和体系，造成行政机关在适用过程中也存在冲突和交叉。

目前我国法律体系中，对违法建设进行规定的条款多样化，但主要是从规划和土地管理两方面进行规定。主要是违反《中华人民共和国城乡规划法》第六十四条、第六十五条，未取得建设工程规划许可证或者未按照建设工程规划许可证的规定进行建设、在乡及村庄规划区内未依法取得乡村建设规划许可证或者未按照乡村建设规划许可证的规定进行建设；违反《中华人民共和国土地管理法》第七十七条，农村村民未经批准或者采取欺骗手段骗取批准，非法占用土地建住宅。除此以外，还有《中华人民共和国建筑法》《中华人民共和国环境保护法》《中华人民共和国电力法》《中华人民共和国消防法》《中华人民共和国水法》《中华人民共和国铁路法》《中华人民共和国公路法》等一系列法律规定以及其他行政法规、部分规章、地方性法规及规章等①。不同的法律

① 见上表。

法规适用的范围也有所区别。比如，水法中关于违法建设的相关条文仅调整保护河道或者水源地及防洪安全有关的违法建设问题，该部分规定则不涉及土地管理的违法建设。但相应的，其中也涉及法律交叉的问题，如案件中城乡规划、水法、环境保护法的相关规定存在可以同时适用的情况。

4. 违法建设认定标准不统一

从审判实践来看，行政机关在涉及违法建设的认定方面，存在对涉及农民基本生存权的情况调查不清。主要体现在非诉执行案件中，该类案件往往涉及行政相对人基本权利保护的问题，在审理过程中必须综合考量包括居住权在内的各种因素，若处理不当可能导致形成社会不稳定因素。

通过分析，调研组发现该类型案件数量庞大且缺乏统一的处理标准。针对这一问题，调研组对系列案件中部分拆迁地进行实地调查，并对相关部门进行走访，以期实质了解该类型行政非诉执行案件过程中存在的问题。在走访过程中发现存在以下问题：（1）政府承诺村民拆迁安置并确定拆迁安置地区，村民在拆迁安置地区建设房屋后却由于用地指标相关问题未得到落实而导致违法建房。（2）广州周边部门地区存在核拨用地指标紧张问题。在该类型案件中调研组发现存在部分因拆迁安置而违反规划建设房屋问题，经过对镇政府及相关土地规划部门进行了解，其在历年土规修编过程中有对相关安置地提出土规调整，但由于用地指标紧张而导致无法安排用地，且用地报批涉及多个部门，环节繁复、程序复杂，政策文件变化较快，难以切实推进。（3）法院裁定准执后，政府及相关部门根据实际情况推进执行拆除，拆除的原则主要根据违法建设物的性质进行，营业性质（如工厂、厂房、酒店等）进行拆除而公益性质（如路、桥等）及涉及公民生存权性质（如符合“一户一宅”① 等情况）的不进行拆除。但应该指出的是，在目前村民自治模式下，村民社会这种特

① “一户一宅”问题是我国农村中来源已久的问题。1997 年以来，耕地保护形势相当严峻，城市城镇建设用地资源接近枯竭导致城乡接合部土地价格飞涨，宅基地使用权隐性流转导致集体土地资源流失严重并扰乱土地利用总体规划。为此，我国开始实行最严格的土地管理制度。1997 年《关于进一步加强土地管理切实保护耕地的通知》以及 1998 年颁布和 2004 年修订的《中华人民共和国土地管理法》中明确规定，农村居民每户只能拥有一处不超过标准的宅基地。2004 年国土资源部印发的《关于加强农村宅基地管理的意见》除了再次提到“一户一宅”之外，还特别强调要明确宅基地的申请条件，严格宅基地申请流程。直到 2007 年国务院办公厅出台了《关于严格执行有关农村集体建设用地法律和政策的通知》再次强调了“一户一宅”，城镇居民不得到农村购买宅基地和住房，不得利用集体土地搞房地产开发。2008 年国务院《关于促进节约集约用地的通知》着重指出各地要完善人均宅基地标准并严格执行，防止新的“一户多宅”产生。

殊的关系网络导致“一户一宅”政策难以严格得到执行。村集体对农民违法占地建房行为的管控本质上属于社会治理，难以得到管控，案件中出现的“一户一宅”证明泛滥，仅以村集体组织出具的证明进行认定不一定符合村民居住权的真实情况，行政机关在执法的过程中却未对该情况进行了解，造成法院在审判过程中难以确定裁判标准。

同时，在案件审理的过程中，调研组发现行政机关在对违法建设的认定，存在未考虑违法建设产生的原因以及不同违法建设形成的情况区分对待，采取“一刀切”方式处理的问题。例如，国土规划部门申请强制执行根据规划图定性为违法建设的桥梁，但根据规划部门的调查了解及村委会的陈述，该桥梁虽然违反土地规划，但已建成多年且如今已成为村民通行两地的必要设施，拆除该违法建设已无必要，对于这种具有公益性质的违法建设行政机关在认定时应该区别对待；根据法官在案件办理过程中实地调查，国土规划部门所认定违法建设的形成系因为高速公路建设过程中的拆迁安置。由于用地指标紧张等原因，当地政府允许村民在该地块建设拆迁安置房，但并不符合用地规划。此时若仍对该违法建设进行拆除，将对政府的公信力产生影响。目前基于占补平衡保护耕地的政策导致农村用地规划紧张，在严格控制宅基地审批情况下对于农民基本生存权保护的问题，行政机关对该部分涉及农民基本居住权的违法建设应区分处理。又如，在我院受理的（2019）粤 71 行终 3744 号案件中，镇政府在强制拆除涉案违法建设时存在对于“一户一宅”认定事实不清的情况，在涉案违法建设有宅基地证的情况下，没有对行政相对人提及的涉案违法建设符合“一户一宅”的情形予以核查，没有考虑对上诉人的居住作出合理安置，就对涉案房屋进行强制拆除欠妥，属于事实认定不清，被诉强制拆除行为被确认违法。

5. 历史违法建设事实难以查清

我国有关城市规划的法律制度，是从 20 世纪 80 年代开始逐步建立起来的，有关城市规划区内建筑物合法性的认定应本着尊重历史的原则。我国关于违法建筑最早的部门规章是原城乡建设环境保护部 1983 年 6 月 4 日发布的《城镇个人建造住宅管理办法》，其中第四条第二款规定：“城镇个人建造住宅需要征用土地的，必须按照国家有关规定，办理征地手续，禁止任何单位和个人未经批准擅自建造住宅。”1984 年 1 月 5 日，国务院颁布了《城市规划条例》，其第四十四条和第五十条规定：在城市规划区内，未取得城市规划主管部门核发的建设许可证或者未按照建设工程规划许可证的规定进行建设的建筑物，属于违法建筑物。可见，不同时期的法律法规对不同时期形成的违法建设有着不同的规制，如果违法建设形成在前，一般不能通过之后生效的法律规定对其进行处罚。对历史违法建设的认定，由于法律法规的冲突以及历史建设规划资料等材料不齐全，存在法律适用的困难。在对违法建设进行认定时，能否以当时的政策文件进行认定和处理，如就城镇居民个人在1983年6月4日之前所建住宅、城市规划区内在1984年1月5日之前就已经存在的其他建筑是否应适用当时的法律法规，即不认定为违法建设，存在困难。

（二）行政机关对违建处理存在的问题

1. 基层行政执法职权设置有漏洞

根据《中华人民共和国城乡规划法》第六十四条及第六十五条的规定，对于违法建设的行政执法职权的设置，根据违法建设所处地在城市和乡村，分别由县级以上地方人民政府城乡规划主管部门和乡、镇人民政府进行处理。可见，目前我国法律对于违法建设基层行政执法权仅在乡村赋予了乡、镇人民政府。虽然在行政执法的过程中，将行政执法的重心下移、职权下放到基层能够更有利地保障基层执法的实施，但在职权下放的同时，基层行政执法仍然缺乏“穿透力”[①]，执法力量无法满足，政府统一行政执法也带来了基层政府与上级执法部门之间执法权限的重叠与交叉，造成上级行政部门对基层政府违法建设执法指导更加困难。需要注意的是，就目前的法律规定来看，街道办不具有违法建设行政执法职权的法律依据。就我国地方组织法的相关规定来看，街道办应为派出机关的性质，而在对派出机关的定性中，派出机关应是能够以自己名义行使行政职权、实施行政行为并能够独立承担行政责任。[②] 但对于街道办的职权，地方组织法并未明确，对违法建设的行政执法职权是否应比照乡、镇人民政府适用？审判实践中，我们认为在城乡规划法中对于行政执法职权的设置明确规定为乡、镇人民政府的情况下，不能延伸

---

① 杨丹、徐继敏：《我国乡镇管理体制改革：现状、问题和思路》，载《四川师范大学学报（社会科学版）》2017年第1期。

② 余晓青：《依法行政与公共服务型乡镇政府依法行政问题的调查与反思——以福建省龙岩市为例》，载《行政与法》2011年第11期。

比照适用于街道办，除非有相关法律法规明确参照适用。但是，在未来的行政执法职权中，是否应当将街道办对于违法建设执法的职权进行补充，将行政执法权下沉，特别是在“撤镇改街”历史因素的影响下，是否会更便于对部分历史建筑进行处理，是值得我们进一步思考的问题。

2. 基层执法人员双重身份难分清

在实践中，在对违法建设进行处理时，工作人员往往具有街道办和城市管理两个行政机关的身份。城市管理行政执法机关处理的职权依据主要是来自《中华人民共和国行政处罚法》第十六条对城市管理集中处罚的规定，集中处罚模式的出现主要是为了解决多部门职能交叉，多头执法的问题[①]，但由于违法建设处理的复杂性，单由城市管理执法部门进行处理难以实现，每个街道违法建设的特殊情况城市管理执法部门也难以全面进行了解，实际的执法人员往往就是街道工作人员，一个人员多重身份的现象依然存在，导致各部门之间职权转化不彻底，职能交叉的问题仍没有得到有效解决。比如，在（2019）粤 71 行终第 4602 号案中，当城市管理综合执法机关发现违法建设后，先后分别由三机关作出相应的行政行为，首先是由土地资源和规划部门以及环境保护部门分别四次作出《责令停止土地违法行为通知书》，之后是由镇政府作出《责令限期拆除违法建设通知书》以及催告，直至最终作出《强制拆除违法建设决定书》。尽管《广州市违法建设查处条例》明确了其他部门配合协助城市综合执法部门查处违法建设的实施办法，但这种协助配合的实施方式不应是简单的多部门各自分工。这种各自分工的处理方式不仅导致职能交叉现象严重，也造成行政资源的浪费。

正因人员责任难落实、行政机关职责不清等原因，目前行政机关处理违法建设难以快速推进。违法建设从建设之始至结束需要很长一段时间，其在建的过程属于建筑物料的投资增加和价值不断累积的过程，越晚发现违法建设并进行查处，对建设人、行政机关和社会资源造成的浪费越大。不仅行政机关可能构成行政不作为，建设者不满的心理也会增加，这对于社会稳定十分不利。

3. 查处违建程序违法问题应引起重视

审判实践中，行政机关在查处违建中程序违法案件较多，究其原因，除

---

① 青锋：《关于深化行政执法体制改革的几点思考》，载《行政法学研究》2006 年第 4 期。

违建拆除工作的紧迫性外，也有程序观念淡薄的因素。对于违法建设处理过程中的程序违法，一种情况是在强制拆除前没有书面作出强制执行决定，也没有对相对人进行书面公告、催告并告知应拆除范围和享有陈述、申辩权以及给予合理的履行期限。但这种情况实际上侵犯了行政相对人的合法权利，违法建设处理实际上是针对公民财产作出的行政行为，直接影响到公民的重大权益，因此对其救济的程序必须要执行到位，如果行政机关未履行法律规定的告知义务或者没有给相对人行使救济权利的合理时间，应当被认定为违法。另一种情况是强制拆除违法建设之前没有对相对人财物进行登记及制作物品清单和笔录。违法建设处理过程中往往涉及行政赔偿的问题，在我院审理行政机关败诉的违法建设类案件中，判决行政机关赔偿损失的四件案件，其中有三件均存在未对行政相对人财物进行登记及制作物品清单和笔录的情况。对相对人物品进行登记及制作清单不仅有利于保护相对人的合法权益，若出现行政赔偿诉讼，行政机关也可依此避免或减少相关赔偿。

4. 行政处理不注重行政比例原则

行政机关在对违法建设进行认定和查处的过程中未依据行政法中的比例原则进行处理，导致行政相对人的合法权益受到侵害。比如，在我院审理的（2019）粤71行终2042号案中，行政机关在检查涉案建筑物的过程中发现其超出宅基地使用证证载面积，遂向自来水公司发出复函，认为涉案建筑物涉嫌违法建设，要求自来水公司对涉案建筑物实施停水措施。行政相对人对该复函不服向法院提起诉讼。法院认为，涉案建筑为五层房屋，其中四层建筑属于行政相对人建设的合法建筑，未经规划报建的违法建设仅为建筑物的第五层。因此，在适用《广州市违法建设查处条例》第十五条第一款第（一）项[①]规定对涉案建筑物采取相关措施时，应针对违法建设本身，不应将停止供水供电的范围随意扩大。本案中，行政机关对于涉案建筑物的合法建设部分也纳入停水的范围，属于未根据行政法中的比例原则作出合理的行政行为。

另外一类行政机关未依照行政法上比例原则进行处理的违法建设案件是

---

① 《广州市违法建设查处条例》第十五条第一款第（一）项规定："相关单位和个人应当遵守下列规定：（一）自来水、电力、燃气、电信、有线电视、电梯等生产经营企业不得为没有建设工程规划许可证、乡村建设规划许可证或者建设工程规划验收合格证的建设工程项目提供临时性或者永久性服务。"

在对违法建设的处理方式上存在不当。比如，在我院审理的（2019）粤 71 行终 4403 号案中，行政机关作出强制拆除决定书中决定将建筑物全部拆除，但经过法院审查发现，行政相对人持有《农村（墟镇）宅基地使用证》，亦提供了《郊区村镇建房（用地）申请表》证明其修建涉案房屋经过了生产队、乡政府审批，同时规划部门的意见亦认为其原宅基地范围内的建筑属于尚可采取改正措施消除对规划实施影响的建筑。因此，虽然违法建设的实际面积大于经批准建设的面积，但不能以行政相对人未取得建设工程规划许可证就完全否定涉案房屋是经批准建设的事实，从而将涉案房屋的全部认定为违法建设而予以强制拆除。行政机关的这种处理方式属于未依照比例原则进行处理，不利于对相对人合法权益的保护。

5. 没收建筑物与退还土地的行政处罚脱离实际

根据《中华人民共和国土地管理法》第七十七条的规定，对于未经批准或者采取欺骗手段骗取批准，非法占用土地的，自然资源主管部门可责令退还非法占用的土地；对符合土地利用总体规划的，没收在非法占用的土地上新建的建筑物和其他设施，可以并处罚款。在调研中，部分行政机关提出在现实土地违法建设查处的过程中，没收违法用地上的建筑物和退还土地往往存在困难。首先，对于没收建筑物和退还土地这两种行政处罚的方式能否向法院申请强制执行的问题上存在不同的意见。根据《中华人民共和国土地管理法》第八十三条的规定，对责令限期拆除的行政处罚决定不服的，个人不起诉又不自行拆除的，行政机关可以申请法院强制执行。如果根据该条的规定，责令退还非法占用的集体土地，没收在非法占用的土地上新建的建筑物并不属于向人民法院申请强制执行的情形。因此，在土地管理法没有明确规定的情况下，没收建筑物和退还土地这两种行政处罚方式是否能向法院申请强制执行这个前提性的问题尚存在疑问。其次，对于没收建筑物的处理没有明确的法律规定而导致现实中无法操作。根据《中华人民共和国行政处罚法》第七十四条的规定，行政机关没收的财物应当移交或者处置后移交财政部门，由财政部门统一上缴国库进行管理。但没收建筑物的特殊性导致其无法像没收的其他财物采取拍卖的形式转化成货币进行处理，财政部门也没有对没收的建筑物处理转化的能力，由于这种情况，财政部门往往会以没有相关规定为由拒绝接收，导致没收建筑物的行政处罚方式最终无法执行。[①] 即使能够进入将没收建筑物移交财政部门的程序，目前也没有法律规定对违法建设的交付工作应由哪个部门进行。由于前述申请强制执行中的行政处罚是否包括没收建筑物这一问题并未明确，若土地行政主管部门没有对没收建筑物的申请强制执行权，其无法行使违法建设交付的工作，无法责令违法用地人员迁出和腾空建筑物。根据行政处罚法和行政诉讼法上的相关规定，财政部门没有强制执行权，其只能以所有权人的身份通过行使物上请求权要求违法用地人员返还建筑物，若以该方式操作将大大延长违法建设物处理的时间。最后，退还土地这一方式在实际操作中存在问题。在现实中，退还土地与没收建筑物是无法同时执行的，因为违法建设本身房地不可分离的特殊性，将土地退还给集体经济组织这种形式本来就与将违法建设物没收上缴国库是冲突的，实际上不存在共同适用的可能性。[②] 同时，退还土地本身也存在一些问题。如土地管理部门在申请强制执行时，存在违法用地本身即为集体经济组织所有的情形，这种情况下不存在退还的问题，此时土地管理部门向法院申请退还土地本身即不具有执行的可能性。另外，还存在违法用地人与集体经济组织之间存在租赁协议的情况，若将违法用地退还集体经济组织是否会影响到双方之间民事协议的履行，此时责令违法用地人改正即可达到处罚的效果，如再将土地退还或有矫枉过正之嫌。

6. 忽视对行政相对人合法财产的保护

在对案件处理的过程中，调研组发现行政机关在对违法建设进行处理，特别是在实施强制拆除的过程中，未依据相关规定对于违法建设内行政相对人的合法财产履行清点、登记造册的程序，或者存在先拆除后拍照录像的情况，导致行政相对人合法财产无法得到保护。比如，有的案件中就存在行政机关对于案涉违法建设实施强制拆除行为时，既未依法制作执法笔录，也未对案涉建筑物内的行政相对人合法财物进行登记、制作物品清单；强制拆除行为完成后，在行政相对人未到场的情况下，也未对行政相对人的财物进行代为临时保管，导致行政相对人的合法财产受损，行政机关因此承担相应赔

---

① 孙煜华：《非法财物没收制度之精准化构想——从其二元法律性质与法律构成入手》，载《行政法学研究》2013 年第 4 期。

② 蒋拯：《违法建筑类型化研究》，载《社科纵横》2012 年第 3 期。

偿责任。《中华人民共和国行政强制法》《广州市违法建设查处条例》[①] 中关于实施强制拆除过程中对于违法建设内的合法财产进行登记有明确的规定，包括实施强制拆除前的公告和催告，强制拆除过程中制作执法笔录、现场拍照以及录音录像，强制拆除过程中若行政相对人拒不搬出财务应进行登记并制作物品清单，行政机关应严格遵守执行，切实保护行政相对人的合法财产。

实践中，行政机关往往一拆了事，缺乏对于违法建筑拆除后材料的妥善处置程序，由于拆除后的材料并非完全没有价值，而且亦属于相对人的合法财产。审判实践中，亦有当事人要求行政机关赔偿拆除后的材料因行政机关未能妥善处置造成的损失，而得到法院支持。因此，应当重视对于违法建筑拆除后材料的妥善处置程序，确保行政相对人的合法财产不受损失。

（三）违法用地上的违法建设类非诉案件裁决后的执行困境

法院无论是在诉讼案件还是非诉执行案件中均应作为一个裁判者的位置，在具体案件中只行使裁决权，从而能够提高行政执行的效率、保证行政相对人的权利得到救济，减轻法院的负担和执行的费用。[②] 就目前的法律体系来看，法院对于行政机关对违法用地上的违法建设强制执行的申请是进行一种“审核”的程序，即对于行政机关强制执行作出的实体程序方面是否存在漏洞和瑕疵的一种监督和许可，宏观来说是司法权对于行政权的一种监督，司法权审核后行政权的最终执行还是需要行政机关本身来实施。从行政法理上来说，要求法院既承担监督职责又承担本应由行政机关行使的执行职责是不合理的，不仅会影响到法院中立裁判者的地位，也会因为法院本身人员物资

---

① 《广州市违法建设查处条例》第二十二条规定：“城市管理综合执法机关、镇人民政府在组织实施强制拆除前，应当依照《中华人民共和国行政强制法》的规定进行公告和催告，严格遵守送达和期限等相关要求。对违法建设实施强制拆除时，应当制作执法笔录、现场拍照、录音录像。”第二十三条规定：“城市管理综合执法机关或者镇人民政府应当书面通知当事人在强制拆除违法建筑物、构筑物前自行搬出财物。当事人拒不搬出财物的，应当对其财物进行登记、制作物品清单。物品清单应当加盖行政机关印章，并载明下列事项：（一）当事人姓名或者名称、地址；（二）财物的名称、种类、规格、数量和完好程度；（三）当事人取回财物的途径和时间；（四）行政机关的名称、日期。物品清单应当经当事人签名或者盖章，当场交付当事人。当事人不到场或者拒绝签名的，可以由无利害关系的见证人签名或者盖章见证或者由公证机构现场公证后，由执法机关代为临时保管。当事人应当在强制拆除之日起三十日内到指定的地点领取，逾期不领取的，执法机关应当发布招领公告，当事人应当在发布招领公告之日起六十日内领取，临时保管费用和因逾期不领取造成的损失，由当事人承担，但是因执法机关的过错造成损失的，执法机关应当依法赔偿。”

② 刘月：《对房屋征收补偿诉讼中“司法强拆”的几点思考》，载《公民与法》2013 年第 5 期。

配置的问题影响到行政执行效率。[①] 此类案件申请非诉强制执行，目前法院受理和审判工作中存在的“量大执难”的问题突出。从前述法院受理非诉案件数量统计分析可以看出，在司法资源有限的情况下，案件数量逐年呈井喷式增长，法院在受案量激增的情况下难以分身对案件的执行进行处理。另外，违法建设案件处理的敏感性、危险性以及冲突性导致其需要大量的人力、物力保障，这在目前法院的人员及司法警察方面是难以处理的。[②] 同时，违法建设案件往往涉及当地的利益冲突，案件背后的利益牵扯往往当地的行政部门最为了解，在执行过程中也是由当地部门进行处理最为专业和恰当。

《中华人民共和国行政强制法》中仅规定没有强制执行权的行政机关应向法院申请强制执行，但并没有规定最终执行由法院实施。在2012年最高人民法院制定的《最高人民法院关于办理申请人民法院强制执行国有土地上房屋征收补偿决定案件若干问题的规定》中初次对裁执分离这一执行模式进行确立[③]，在之后的司法实践中，各地法院对裁执分离模式展开试点和探索，其中以浙江省法院对于裁执分离模式的探索最具有借鉴意义，在浙江裁执分离模式初步探索后，各地也逐步对裁执分离这种行政审判模式进行探索。在裁执分离这一基本理论确定之后，未来工作和研究的方向应是对于该理论实际践行的不断完善。

（四）违建治理行刑衔接问题

对于违法建设的处理不仅体现在行政处罚手段方面，在刑事处罚方面也有相关制度予以支持，这种行刑制度的衔接有利于通过司法力量有效遏制违法建设滋生的目的。我国对于违法建设的刑事处罚手段主要体现在非法占用农用地、非法使用建设用地、非法使用未利用土地实施违法建设几个方面。另外，在《中华人民共和国建筑法》《中华人民共和国森林法》《中华人民共和国环境保护法》《中华人民共和国矿产资源法》《中华人民共和国土地管理法》等法律条文中有对违法建设人直接追究刑事责任的相关法律规定，并在我国刑法中有相对应的罪名。同时，违法建设的房屋以出租或出售等非法营

① 徐小娟：《裁执分离模式下司法权与行政权的运行》，载《人民司法》2014年第19期。

② 江涛：《论审判权与执行权关系的良性构建》，载《行政与法》2011年第2期。

③ 《最高人民法院关于办理申请人民法院强制执行国有土地上房屋征收补偿决定案件若干问题的规定》第九条规定：“人民法院裁定准予执行的，一般由作出征收补偿决定的市、县级人民政府组织实施，也可以由人民法院执行。”

利为目的，情节严重的，则还有可能构成非法经营罪；如果在建设过程中，涉及相关行政主管部门未认真履行职责，那么在违法建设中有可能涉及渎职犯罪。2016 年 2 月，中共中央、国务院印发了《关于进一步加强城市规划建设管理工作的若干意见》，提出要“研究推动城乡规划法与刑法衔接，严厉惩处规划建设管理违法行为，强化法律责任追究，提高违法违规成本”，为进一步适用刑事法律预防和打击城乡规划领域犯罪提出了新要求，指明了新方向。[①]

在调研组与行政机关的沟通交流中了解到，实践中行政机关在违法建设案件查处的过程中认为相关责任人需承担刑事责任的，行政机关将相关线索材料移交公安或检察机关进行处理。但是，该类型案件行刑交叉适用时仍存在较大问题，如在实践中，有些违法用地或者违法建设案件构成刑事犯罪，应该通过刑事诉讼法相关程序追究刑事责任，却因种种原因，有案不立、有案不移，或者在相关部门的立案和移送过程中出现衔接的问题，仅仅通过罚款就一罚了之。导致部分违法犯罪主体得不到应有的惩罚，涉嫌犯罪却未承担相应的刑事责任，或者行政机关中公职人员在查处违法建设案件中存在的职务犯罪也得不到应有的查处。此类执法不严的现象严重损害了政府的公信力，破坏了社会的公平正义。[②]

四、路径选择：违法建设认定及处理的对策与建议

（一）明确违法建设认定和处理的职权清单

1. 明确职权划分的原则性规定。违法建设从查处到处理是一项多部门、多系统共同运作的过程，要保证其科学有序及有效率的运行，建立一套从认定到处理的完善系统是十分必要的，而该系统的构建首先需要解决的就是相关部门的职权配置机制问题。近年来，城市管理综合行政执法系统的构建在不断的探索过程中。《中共中央关于全面推进依法治国若干重大问题的决定》对于深化行政执法体制改革作出了新时代的要求，更在该决定中进一步细化要“完善市县两级政府行政执法管理，加强统一领导和协调。理顺行政强制

---

① 刘杰、刘朝阳：《行政执法与刑事司法衔接初探——以广州市违法建设查处领域为例》，载《政法学刊》2014 年 2 月。

② 廖俊宇：《广州市地方政府土地违法行为研究》，华南理工大学 2013 年硕士学位论文。

执行体制。理顺城管执法体制，加强城市管理综合执法机构建设，提高执法和服务水平”。广州市在违法建设处理中遵循该指导原则，制定了相应的执法条例及实施细则。其中，《广州市城市管理综合执法条例》第三条[①]，《广州市城市管理综合执法细则》第四条[②]、第二十二条[③]均对不同行政机关的职权进行了较为明确和细致的划分。可见，广州市通过成立综合行政执法局的方式来提高行政执法水平，特别是在违法建设处理方面的执法水平，并已初见成效。

2. 细化不同部门职权分工配置。但是，对于违法建设查处从认定到处理这一过程，涉及多部门共同配合进行，因此需要首先明确的是各个部门对于违法建设认定的职权分工。在对违法建设进行认定的实际操作过程中，国土部门和规划部门以及工程建设部门是违法建设的主要认定主体。经过 2019 年的机构改革，组建自然资源部门，将以往国土部门和发改委及住建部门的规划职能划分到一起，无疑是有利于改善违法建设认定主体的混乱以及促进现实工作开展的。因此，调研组认为行政机关在对违法建设进行认定的职权分工时，应根据违法建设主要违反哪一环节的规定来进行划分。比如，违法建设是违反国土规划规定还是违反建设安全的规定，如果是违反国土规划的规定则由规划部门负责对违法建设进行认定，如果违反建设安全的规定则由建设部门介入进行认定，通过在对违法建设的认定环节区分不同部门进行，能

---

① 《广州市城市管理综合执法条例》第三条规定：“市、区城市管理综合执法机关是本级人民政府实施城市管理综合执法的行政机关，按照市人民政府规定的市、区职责分工，依法查处本管辖范围内的违法行为，并对其作出的具体行政行为承担法律责任。市、区城市管理综合执法机关的派出机构，以市、区城市管理综合执法机关的名义实施城市管理综合执法。”

② 《广州市城市管理综合执法细则》第四条规定：“城市管理综合执法机关依据城乡规划管理方面法律、法规、规章的规定，对下列违法行为行使处罚权：（一）未取得建设工程规划许可证或者未按照建设工程规划许可证的规定进行建设的；（二）未取得乡村建设规划许可证或者未按照乡村建设规划许可证的规定进行建设的；（三）未经批准进行临时建设或者未按照批准内容进行临时建设的；（四）临时建筑物、构筑物超过批准期限不拆除的。对非法占用农用地、未利用地或者擅自将农用地、未利用地改为建设用地进行建设的违法行为，由土地行政主管部门会同城市管理综合执法机关依照各自职责共同查处；需要强制拆除违法建（构）筑物的，由属地政府组织土地行政主管部门、城市管理综合执法机关等部门按照法定程序予以强制拆除。”

③ 《广州市城市管理综合执法细则》第二十二条规定：“街道办事处、镇人民政府负责街（镇）城市管理综合执法队的日常管理、指挥、调度和考核，并承担相应的行政责任。街道办事处、镇人民政府应当按照市城市管理综合执法机关制定的基层执法队硬件建设标准，实施街（镇）城市管理综合执法队的标准化建设。街道办事处、镇人民政府应当协调公安派出所、国土所、规划所、工商所、司法所等基层单位，配合街（镇）城市管理综合执法队进行城市管理综合执法。”

够发挥该部门的专业性，提高行政效率。在对违法建设进行认定后，进入强制执行环节则可通过城市管理综合执法部门进行行政执法。这样通过不同过程的不同机构职权分工不仅能够将部门之间的职责细化，更能够防止城市管理综合执法部门的职权过渡集中，导致程序违法以及权力腐败的发生。

3. 赋予街道办事处查处违法建设的职权。广州市实施镇改街后，街道办事处已经承接了镇政府的职权，且实际上街道办事处基于属地管理职责，亦便于查处违法建设。因此，在街道办事处查处违法建设方面，建议可以依照国家和广州市有关规定开展综合执法工作，按照有关法律规定相对集中行使行政处罚权。

（二）统一违法建设案件认定和处理标准

1. 针对违法建设不同类型精准施策

（1）区分违法建设的状态进行处理

在对违法建设进行处理的过程中，行政机关应当区分建筑物的不同状态进行认定和处理，如在目前城市征收拆迁量不断上升的情况下，如何对“在建”“已建”“抢建”以及“历史性违法建设”等违法建设进行区分处理。

首先，区分“在建”与“抢建”的违法建设进行处理。在我院受理的案件中，存在征地公告发布后，违法建设者意图获取征收补偿款的方式进行抢建的案件。在处理过程中，我院认定“在建”与“抢建”的标准为违法建设被发现正在建设的时间节点在征地公告发布前还是发布后，对于在征地公告发布前已发现在建设中的违法建设，应认定为在建违法建设，若该违法建设所在地区纳入征收范围，则应通过征收程序解决，对违法建设以外符合规划要求的建筑物合法部分可以获得相应征收补偿；对于在征地公告发布后才发现在建的违法建设，应认定为通过抢建方式获取征收补偿的行为，即使建筑物已被纳入征收范围仍可适用城乡规划法等法律法规进行认定和查处。该分类处理的标准一方面能遏制违法建设者意图通过不法方式获得征收补偿款牟利的行为；另一方面也能督促行政机关依法行政，防止其通过以拆违促拆迁的方式侵犯财产人的合法权益。比如，在我院审理的（2019）粤 71 行终 95 号案中，当事人针对《违法建设行政处理决定书》不服而提起上诉，涉案违法建设于 2009 年已建成并投入使用，被诉行政机关于 2018 年 6 月进行检查时发现该违法建设，但查处时该建筑已无人居住，其于同年 8 月作出涉案决定书。二审时查明涉案房屋所在区域在2017年9月已被纳入政府土地收储和开发建设范围并于同月已开始进行签约补偿工作，且至2018年3月已完成公示。我院认为，涉案违法建设已在2017年9月被纳入政府土地收储和开发建设范围内，并在同月起开始了征收补偿签约工作。鉴于涉案建筑已被列入征收拆迁范围之内，应遵循政府相关征收拆迁补偿规定来处理涉案房屋的拆除和补偿问题。行政机关应知晓涉案违法建设的相关情况，但其仍在涉案地块的征收补偿工作已开展8个多月且涉案建筑无人居住的情况下，以其涉嫌违法建设为由进行立案查处，属于重复处理。我们认为这种情况下应通过征收程序对建筑物进行处理及按照征收的相关规定进行补偿，而不应再认定违法建设查处解决。

同时，行政机关在对“在建”与“已建”的违法建设进行处理时，应对“在建”的违法建设遵循不同的程序进行处理。根据《中华人民共和国行政强制法》的规定，从行政机关发现违法建设到作出强制执行决定至少需要半年的时间，由于“在建”违法建设处于财产不断增加的过程，若未及时叫停将造成成本的不断增加，行政机关及时处理对违法建设的查处和对违法建设者的权益都将产生巨大影响。审判实践中常常发现，行政机关在发现违法建设后未及时告知叫停，而造成发现时在建而处理时已建成的情况，不仅造成资源的浪费更导致行政机关与行政相对人矛盾加剧。既然违法建设具有过程性的特点，行政机关应该在事前预防、事中控制、事后监管三方面同时着手，整体性介入，提高行政效率。① 同时，对于在建的违法建设，应及时责令其停止建设，在采取行政强制措施时，既要对违法建设过程中的相关工具采取行政强制措施，也需要对已开始建设而未建成的建筑物采取行政强制措施。这时对于在建的违法建设采取的行政强制措施不同于行政强制执行，不需要催告当事人履行行政强制执行决定的义务，也不需要发出公告，但应当保证行政相对人的陈述申辩权；而对于已建成的违法建设，则不存在责令停工的情况，径直对违法建设进行认定，优先对在建违法建设进行处理，提高行政效率，减少行政相对人的损失。对于在建违法建设的程序方面，2018年6月颁布实施的《广州市在建违法建设快速查处程序工作规程》对于在建违法建设的发现受理、调查取证、责令限期拆除、强制拆除决定以及实施强制拆除的

① 刘磊：《强制拆除法律属性二元论——以正在进行的违法建设切入》，载《东方法学》2014年第5期。

期限、实施程序等进行了较为细致的规定，将发现在建违法建设到拆除控制在最短六日内解决，对于在建违法建设的处理效率有较大提升。同时，对于“在建”违法建设的查处应注重及时性和有效性，应采取的行政强制措施不同于行政强制执行，因此，应区分在建与已建违法建设的查处程序，即对于在建的违法建设不需要按照《中华人民共和国行政强制法》中行政强制执行的规定进行查处，建议按照《中华人民共和国城乡规划条例》第六十八条的规定对“在建”违法建设进行查处。

对于历史性违法建设的认定方面，这类违法建设应根据《广州市违法建设查处条例》[①] 的规定进行处理。若存在因为规划相关法律法规的变化导致违法建设形成的情况，这类违法建设在进行认定时应谨慎进行处理，不能因为历史原因就随意进行推断。比如，在我院审理的案件中，行政机关在作出处理决定时，因为涉嫌违法的建筑物建于 1992 年，行政机关未对该建筑物建设时该房屋所在地块的规划情况进行认定查明，也未举证证明该建筑物所在地块建设时是否已列入城市规划区内，就直接认定涉案房屋的建设违反了《中华人民共和国城市规划法》（1990 年 1 月 1 日施行）。这类历史性违法建设在认定时必须明确建筑物建设时的规定情况，不能以之后的规划对于建设时的规划情况进行推定。且从城市中违法建设处理的实践来看，形成已超过 20 年的违法建设往往通过旧城改造的方式在不影响公共利益的情况下进行处理，这种折中的处理方式较为缓和也符合社会的价值取向。[②] 比如，在我院审理的（2016）粤 71 行终 166 号案件中，我院的观点是涉案的农村房屋是否属于违法建设应依照建设当时施行的法律、法规予以认定。涉案违法建设建成已有二十多年，该建筑物当时所在地农村建房只需向生产队申请，得到村及镇政府批准即可，没有要求领取建设工程规划许可证。当年行政相对人所在地农村建房是否均属这种情况、是否必须领取建设工程规划许可证才可建房和行政相对人加建的部分是哪些等事实，城管部门未调查核实，属于认定事实不清，判决撤销了行政机关作出的责令限期拆除决定。调研组认为，我国农村宅基地房屋违法建设情况复杂，应从历史和发展角度实事求是、妥善

---

① 《广州市违法建设查处条例》第二条第三款规定：“本条例施行前已建成的建筑物、构筑物，是否属于违法建设，依照建设当时施行的法律、法规的规定予以认定。”

② 王岩：《强制拆除违法建筑若干问题探析》，载《法律适用》2011 年第 9 期。

处理，既要依法又要符合情理，要充分尊重和保护百姓的基本权利。一方面要历史问题历史对待。我国农村宅基地，不同时期有不同的法律、政策规定，在处理农村宅基地问题时要考虑历史原因，适用当时的规定。另一方面要切实保护农村居民的基本权利。宅基地房屋是农村居民的基本生存条件，要切实加以保护，不得随意剥夺。此外，在农村土地征收过程中，对征地范围内的宅基地房屋应当按征地补偿程序办理，决不能简单按违法建设处理，城管亦不宜介入农村土地征收过程。

同时，就审查标准方面来看，对违法建设的审查重点应是行政强制执行是否会对违法建设人的合法权益产生损害以及对违法建设性质判断强制执行措施是否得当。在审查过程中，不仅需要注重审查标准的合法化，还应区分不同情况的处理，使其兼具合理性。（1）对涉案违法建设是否违反城乡规划、建筑的安全性规定进行审查的同时，还应考虑违法建设是否存在历史原因的特殊情况。比如，前述案件中存在违法建设形成的时间在1990年城乡规划法颁布之前，依照当时的相关制度仅需要办理很少的手续即可建设，也是符合当时法律、行政法规要求的，这些在城乡规划法颁布之前即已形成的建筑物虽然无证或者证照不全，但经过这么多年没有相关部门进行查处，应视其为合法建设。法院在对违法建设进行定性时，不仅要从实质要件上进行判断，更需从合理性方面行使自由裁量权进行判断，避免机械化办案。（2）对涉案违法建设是否违反城乡规划、建筑的安全性规定进行审查的同时，还需考虑违法建设是否属于农业设施等特殊情况。根据《自然资源部、农业农村部关于设施农业用地管理有关问题的通知》（自然资规〔2019〕4号），农业设施建设不需要履行建设用地的审批手续，只要不是擅自将其改为建设用地或者变相改为建设用地，占用农用地的不需要办理审批手续，实施建设的也不属于违法行为①。因此，在对于违法建设类案件进行审查的过程中，不能仅仅依据是否取得规划许可进行判断，而应对该农业设施是否履行了相应备案程

---

①《自然资源部、农业农村部关于设施农业用地管理有关问题的通知》（自然资规〔2019〕4号）第二点规定："设施农业属于农业内部结构调整，可以使用一般耕地，不需落实占补平衡。种植设施不破坏耕地耕作层的，可以使用永久基本农田，不需补划；破坏耕地耕作层，但由于位置关系难以避让永久基本农田的，允许使用永久基本农田但必须补划。养殖设施原则上不得使用永久基本农田，涉及少量永久基本农田确实难以避让的，允许使用但必须补划。设施农业用地不再使用的，必须恢复原用途。设施农业用地被非农建设占用的，应依法办理建设用地审批手续，原地类为耕地的，应落实占补平衡。"

序进行审查。

（2）违法建设行为实施主体的认定

实践中，很大一部分违法建设系在领取有宅基地使用证的土地上进行的。这种情况下，行政机关一般会认定该宅基地使用证上的使用权人为违法建设的主要嫌疑人，在进行取证认定后，直接以该使用权人作为行政相对人作出行政处理决定。一般来说，违法建设行为后果应由违法建设的实施人承担，但实际上，行政机关往往没有将违法建设的实施人作为调查重点，而是将违法建设的使用人或者违法建设所在不动产的登记权利人作为行政相对人。违法建设的使用人有义务配合行政机关对违法建设进行查处，但其可能并非违法建设的实施人，其因为违法建设所需承担的不利后果不应多于违法建设实施人。违法建设所在不动产的登记权利人可能在违法建设中不具有主观过错，也不应成为查处违法建设的主要针对对象。应当明确的是，违法建设处理主体应当为违法建设的实施人和实际使用维护人，而不是其他主体。

2. 精细化违法用地上的违法建设类非诉案件申请执行和审理标准

在法院处理的违法建设案件中，大部分案件为行政机关向法院申请强制执行案件。在处理过程中，对非诉行政执行案件的合法性审查标准，与行政诉讼中的行政行为合法性的审查标准是不同的。因为在法定期限内，行政行为的相对人既不申请复议也不履行的行政行为才能申请强制执行，根据行政行为确定性的理论，该行政行为已经具有确定性[①]，但是考虑到现实中，行政执法仍存在很多不完善，而当事人诉讼能力较弱，对申请强制执行违法建设的案件要纳入审查，但其审查标准应是重大明显违法。因此对于违法建设非诉执行案件的审查标准应低于行政诉讼类案件。根据《中华人民共和国行政强制法》第五十八条和《最高人民法院关于适用〈中华人民共和国行政诉讼法〉的解释》第一百六十一条的规定，人民法院裁定不准予执行的情形有以下四种：（1）实施主体不具有行政主体资格的；（2）明显缺乏事实根据的；（3）明显缺乏法律、法规依据的；（4）其他明显违法并损害被执行人合法权益的。上述规定的四种情形过于原则和抽象，没有一个相对细化的规定，因此，导致实践中审查过严或过宽，尺度不统一。根据最高人民法院江必新副院长《行政诉讼理论与实务》一书中的观点，只有重大明显违法或者无效

① 苏国华：《中国处理违章建筑的法律制度研究》，西南政法大学 2008 年硕士学位论文。

的行政行为才不准予执行。一般违法行为相对于严重明显的违法行为而言，虽然是违法，但不是无效，一经做出，即产生了确定力、拘束力、执行力等，在相对人不起诉或者放弃、丧失诉权的情况下，对于涉及违法建设的存在一般违法行政行为，法院仍可以准予执行。对该类申请强制执行违法建设的审查标准不能过于严格，人民法院也不能过度审查。总结四年来的审判实践，调研组认为，可依据以下标准对违法建设的强制执行申请进行审查：

（1）实施主体不具有行政主体资格的，裁定不准予执行。行政行为必须由法定机关在权限范围内按照法定程序作出才能成立，进而根据行为的内容产生效力。《中华人民共和国行政诉讼法》第七十五条规定："行政行为有实施主体不具有行政主体资格或者没有依据等重大且明显违法情形，原告申请确认行政行为无效的，人民法院判决确认无效。"因此，实施主体不具有行政主体资格作出的行政行为无效，非行政主体肯定不能作为强制执行的申请主体。此外，超越职权作出的行政行为，人民法院也应当裁定不准予强制执行。

（2）明显缺乏事实根据的，裁定不准予执行。明显缺乏事实根据可以理解为行政机关未提供对于违法建设认定中的关键证据或者提供的证据无法认定存在查处违法建设的事实，如果仅属于瑕疵不影响事实认定的，不应认为明显缺乏事实根据。

（3）明显缺乏法律、法规依据的，裁定不准予执行。应以行政机关作出针对违法建设的处罚决定没有法律、法规依据，或者法律、法规依据错误，损害被执行人的合法权益为标准。

（4）其他明显违法并损害被执行人合法权益的。首先，其他明显违法应区别于一般违法，明显违法应指较为重大的违法，如对违法建设作出行政处罚时剥夺了当事人的申辩权等。且在违法的同时也损害被执行人的合法权益，此处应指损害了被执行人实体上的合法权益，而非程序性的权益。如果作出行政处罚时剥夺了当事人的申辩权，属于违反重要法定程序的行为，但如果未损害被执行人实体上的合法权益，也不符合该条规定。因此，只有明显违法且损害当事人实体合法权益的，才不予以执行。

（5）不具有可执行内容或者执行内容不明确的，裁定不予执行。不具有可执行内容，强制执行就失去了对象和内容。比如，责令退还土地，但土地本来即为被执行人所有或者土地上本来即存在民法上的租赁协议，退还土地将实质上违反该租赁协议的约定，应认定为不具有可执行内容。或仅要求被执行人改正违法行为，却未对责令被执行人改正违法行为的内容予以明确，或如要求执行的地点不明确等。此外，准予执行后将严重危害国家、社会公共利益的，也不应予以执行。

（6）行政文书及送达的审查。如行政文书是否具备基本要素；行政法律文书的送达是否有效应按照我国民事诉讼法的相关规定进行审查。

（7）审查申请执行期限是否合法。根据《最高人民法院关于适用〈中华人民共和国行政诉讼法〉的解释》第一百五十六条的规定，强制执行申请应当自被执行人的法定起诉期限届满之日起三个月内提出，逾期申请的，审查是否有正当理由。另外，对于一些特殊申请期限，如《中华人民共和国土地管理法》第八十三条的规定、《中华人民共和国行政诉讼法》第四十六条①的规定，若行政处罚决定中明确了不同内容且申请执行期限不同时，行政机关应分别申请，避免出现超出申请期限的情形。同时，行政机关亦可通过补充条款的形式调整履行期限，使各项处罚内容的申请期限保持一致。

（8）涉及农村"一户一宅"等情形的非诉执行案件应当尊重客观历史情形，如果准予执行将影响到公民基本生存权或严重影响到社会公共利益的，应当谨慎对待。建议对于符合下列标准的案件裁定不予执行：符合"一户一宅"的情形，且新建房屋未占用基本农田，建房时提出申请并经村或镇同意；新建房屋占用的是城镇村建设用地；因公共建设需要，房屋被征收征用，经村或镇同意择地新建房屋未占用基本农田；公益性质的道路、桥梁等建设项目，且未占用基本农田；原有宅基地证，拆旧建新的房屋，后因土地规划调整为农地的。

（三）实事求是完善没收违法建设的处理形式

没收违法建设在农村应当由土地管理部门作出没收决定后向法院申请强制执行，在城镇应由执法部门作出没收决定后交由政府或者政府指定部门负责没收建筑物的接收并相应进行移交和处置。具体到没收的处罚内容，应当是强制迁出、腾空等，之所以采取没收，在农村系该违法建设符合土地利用总体规划，在城镇属于不适宜拆除，可以继续使用。没收后，对于存在保留使用可能性的，违法建设转变为国有资产必须要通过补办用地手续、取得规

---

① 《中华人民共和国行政诉讼法》第四十六条规定："公民、法人或者其他组织直接向人民法院提起诉讼的，应当自知道或者应当知道作出行政行为之日起六个月内提出。法律另有规定的除外……"

划许可证的方式先转化为合法建设，部分正在建设的建筑物以及简易建筑必须符合相关安全标准并验收合格。在取得相关手续并验收合格后，可以考虑采取以下措施：（1）当事人回购。符合城乡规划和土地利用总体规划及其他相关规范性标准的，违法建设人可以按照违法建设工程造价向镇政府提出回购申请。（2）拍卖。违法建设人未申请回购的情况下，镇政府可以组织对违法建设进行拍卖。[①]（3）出租。违法建设人在有回购意愿但由于经济困难原因负担不了，可向镇政府申请租赁该建筑物用于居住。但对于违法建设无法通过补办手续转变为合法建筑，后续如何监管使用，如何处置，法律、法规并未明确规定。目前，《广州市违法用地上建筑物没收处置办法》还在修改的阶段，但是该办法的修改稿还是倾向于最终采取拆除的方式对没收违法建设进行处理，对于其他处理方式无太多着墨，调研组建议对于没收后无法通过补办手续转变为合法建筑的，应当对于没收后保留建筑物的处置方式进行明确规定，在物尽其用的原则下，可以由属地政府进行登记造册管理，对于违法建筑物的使用费用收归国有。

另外，对于违法用地上的违法建设，没收违法建设与罚款等其他行政处罚的行政目的一样，最终都是为了减少土地违法行为、保护耕地及确保农用地利用的正常秩序。[②] 但就没收违法建设这一项处罚来说，对违法建设者和土地所有者来说存在不平等的对待。实际中，村集体往往最清楚违法建设的事实，其与违法占用土地等行为有关联，对有无合法用地手续、是否符合“一户一宅”标准等最了解。即使其违反《中华人民共和国土地管理法》第八十二条的规定，违法出让、转让和出租集体土地，也仅仅是没收违法所得并处以罚款，违法所得本来就是以出租、出让土地获取的，罚款在违法出租出让集体所有权获得的利益面前不值得一提，因此在这种巨大的利益推动下，在处罚后土地又退还给土地所有者，土地所有者又可将土地出让、出租给新的违法建设者使用，形成恶性循环。因此，基于从根本上解决违法用地情况考虑，是否可以加强村集体即土地所有者对于违法用地的监督。比如，在罚款和没收违法所得、退还土地外增设其他的行政处罚形式，使其能达到真正

① 王仰文：《行政没收的理论困境与现实出路》，载《行政与法》2007 年第 7 期。

② 尹邵健：《关于没收违法用地上建筑物的若干思考》，载《浙江国土资源》2007 年第 6 期（总第 50 期）。

约束村集体监督违法用地的目的。

（四）促进多部门信息共享平台的建立

对违法建设进行刑法上的规范必须是当一个普通的违法建设行为已经直接危害社会管理秩序，具有严重的社会危害性，仅仅依靠行政法、民法等其他法律已经无法对其进行规范时，则必须采用刑法这一最严厉的规范手段对其进行调整，从而在城市规划领域维护国家正常的社会管理秩序。[①] 在对违法建设案件进行查处的过程中，不仅需要行政机关等行政执法机关的介入，更需要公安机关、人民检察院、人民法院和纪律监察部门的密切配合和沟通协调。我们认为，行政执法信息的封闭，或者是行政机关与其他机关之间信息衔接不准确，都是导致行政执法与刑事司法脱节的重要原因。因此，可以考虑以加强信息化建设的方式有效解决该问题，通过建立信息共享平台，实现国土或执法部门向公安机关移送涉嫌违法用地或者违法建设犯罪的案件，公安机关向国土或执法部门移送不构成刑事犯罪但需要给予行政处罚的案件，行政机关或者公安机关将在日常工作中发现的职务犯罪线索移送检察机关，行政机关、检察机关、公安机关等将发现的可能涉嫌违纪的情况移送纪检监察部门处理，从而实现相关单位之间的信息互通和联络交流。

（五）先行先试，大胆启动裁执分离改革

《中华人民共和国行政诉讼法》及《中华人民共和国行政强制法》等法律明确行政机关作出行政行为后申请人民法院强制执行的法律制度，其重点在于由人民法院对行政行为的合法性进行审查，避免不合法的行政行为进入行政强制执行程序，并不在于由人民法院负责强制执行。相对于行政机关和政府而言，法院的资源较为有限，如果没有行政机关和政府部门的参与，人民法院很难胜任强制执行裁定的组织实施工作。《中华人民共和国行政强制法》虽然规定了以申请法院强制执行为主的非诉执行模式，但就法院强制执行裁定的实施主体问题并未作出明确规定，也为法院探索改革执行方式留下了空间。《最高人民法院关于办理申请人民法院强制执行国有土地上房屋征收补偿决定案件若干问题的规定》第九条规定，人民法院裁定准予执行的，一般由作出征收补偿决定的市、县级人民政府组织实施，也可以由人民法院执

---

① 刘光圣：《违法建设治理中的刑法适用》，载《人民检察》2012 年第 4 期。

行。该司法解释首次确立了法院裁定准予执行，行政机关实施强制执行的“裁执分离”强制执行模式。可见，“裁执分离”的处理原则已基本得到认可，后续相关法律法规及具体实施措施还需在日后不断完善。

《最高人民法院关于办理申请人民法院强制执行国有土地上房屋征收补偿决定案件若干问题的规定》对于裁执分离在非诉案件中的适用进行明确以后，并未有相关法律和司法解释进行配套，如果能在司法解释中对这一制度的具体内容进行规定，注重法院与行政机关沟通平台的构建，塑造法院中立地位，或许可以提高违法建设案件行政机关执行效率。建议广州可以先行先试，借鉴浙江业已成熟的“裁执分离”体系，通过地方性法规或法院与政府联合模式，推行“裁执分离”。

（六）司法与行政衔接，实质性化解行政争议

目前，由于行政案件数量呈井喷式增长，不仅法院不堪重负，行政机关行政效率下降，其维护社会稳定职能的实现也受到影响。调研组认为，可以考虑构建和完善行政调解制度。在行政诉讼的过程中，行政相对人有意愿进行调解时，法院可以委托行政机关代为处理或者法院充当中间人的角色组织双方进行调解。特别是在涉及违法建设的案件中，大部分案件存在行政机关与行政相对人调解处理的余地，特别是进入行政诉讼程序后双方均有进行调解的意愿。引入行政调解程序不仅能达到定分止争、实质化解矛盾的目的，更能减轻目前法院案件量的负担。在实践中，要加强法院与行政机关之间的沟通，不仅可通过法院对行政机关调解工作的指导，增强行政机关的行政能力来实现，也可以通过设立专门的调解委员会负责调解工作的进行，在调解委员会中邀请行政机关作为调解员参与到调解工作中，促进争议的实质化解。

（七）因地制宜，完善地方性法规

《广州市违法建设查处条例》自 2013 年 3 月 1 日实施以来为广州市查违工作的进行提供了较为明确的指引和规范，其对违法建设定义的明确、城市管理综合执法机关查处违法建设的机制以及多部门联合执法的方式都是具有重要意义的尝试。但由于自 2013 年实施至今已逾 7 年，在查违工作中也发现了各种各样的问题，是否能对条例本身进行完善改进是值得我们深思的问题。首先，应明确配合城市管理综合执法机关进行工作，包括城乡规划、国土房管、建设、工商、卫生、环保、城市管理、文化广电、公安、水务、监察等

联合执法机关的具体职责，应对多部门协助配合的方式进行细化，如各部门的职责是哪一方面、各部门如何参与违法建设的查处、相关行政文书应由哪一机关作出等方面均应有明确且具操作性的标准。同时赋予街道办事处查处违法建设的职权，还应明确公安机关在违法建设案件查处工作中的地位与职责。执行工作是违法建设处理中的重要一环，目前查违条例中虽然规定了公安机关应协助配合查违工作，但实际中参与较少。根据《中华人民共和国人民警察法》与《中华人民共和国治安管理处罚法》的规定①，对于妨害社会治安秩序的行为以及妨碍国家机关工作人员执行公务的行为，公安机关应当依法履行职责。对于严重妨碍执行公务的案件，公安机关依据其职权应根据刑法以及刑事诉讼法追究刑事责任。另外，对于检察机关而言，应加大公益诉讼审查力度，针对行政不作为现象督促行政机关积极履行对于违建的查处职责。因此，明确各机关的具体职责并进行细化能更好地保障查违工作顺利进行。其次，除对罚款的上下限进行规定外，应对查封扣押、没收退还的具体操作方式进行规定。目前查违条例中仅对违法建设的查处中的罚款上下限有较为明确的规定，但是对于存在较大操作障碍的没收退还程序以及对建筑物的查封扣押程序并无具体规定，可以考虑在这些方面增设具体的操作措施，确保上位法规定的措施能实际执行到位。

（作者单位：广州铁路运输中级法院）

---

① 《中华人民共和国人民警察法》第六条对人民警察的职责作出了明确规定，第一款第（二）项规定，维护社会治安秩序、制止危害社会治安秩序的行为是公安机关的法定职责之一。《中华人民共和国治安管理处罚法》第五十条第（二）项规定，对阻碍国家机关工作人员依法执行职务的，公安机关应当履行职责进行处罚。

违法强拆行政赔偿案件的审查处理

王海燕　温贵能

【内容摘要】产权保护规则的正确选择，是提高产权保护水平的关键一步。面对房屋征迁过程中的违法强拆行为，被拆迁人的合法产权应当得到切实维护和有效救济。由于被拆除房屋不同于其他财产，关系到被拆迁人的基本生存权利，所作赔偿应当遵循公平合理的原则，努力保障和满足被拆迁人的安置补偿利益和实际居住权益。本文从依法保护被拆迁人合法权益的角度着眼，结合当前违法强拆行政赔偿诉讼中的最新裁判理念，梳理了违法强拆行政赔偿案件中各方当事人易于引发争议的重点和难点问题，从"怎么诉""赔什么""怎么赔""怎么判"四个维度构建审查处理此类案件的逻辑体系和裁判规则，让赔偿请求人知晓如何依法维权，让赔偿义务机关清楚如何正确赔偿，以期回应司法实践之需。

【关键词】房屋征迁　违法强拆　行政赔偿　权益救济

随着我国经济社会的快速发展和城市化进程的不断推进，因违法强拆引发的行政赔偿案件大幅上升，此类案件体量大、难度高、争执多，已然成为当前行政审判的重点和难点。无论是国有土地还是集体土地，无论是征地拆迁还是城乡改造，违法强拆房屋所涉及的赔偿问题无不事关被拆迁人的切身利益和居住权益。如何正确、有效审理此类案件，不仅是被拆迁人最为关心的问题，也是社会较为关注的问题，不仅关系着行政诉讼中人民群众获得感的提升，也关系着国家治理体系和治理能力的现代化。行政诉讼应当彰显保护公民产权的制度功能，对于此类案件的审查处理（本文所涉相关典型案例可按脚注标注的文书案号查阅），人民法院应当从房屋征迁的基础事实出发，结合责任政府、产权保护等法律理念以及生活逻辑作出合法合理的司法判断，引导政府"严格、规范、公正、文明”执法，彰显尊重群众主体地位的制度价值。

一、赔偿之诉的提起——解决“怎么诉”的问题

（一）程序启动

《中华人民共和国国家赔偿法》第九条“赔偿请求人要求赔偿应当先向赔偿义务机关提出，也可以在申请行政复议或者提起行政诉讼时一并提出”以及第十四条“赔偿义务机关在规定期限内未作出是否赔偿的决定……赔偿请求人对赔偿的方式、项目、数额有异议的，或者赔偿义务机关作出不予赔偿决定的，赔偿请求人可以自……三个月内，向人民法院提起诉讼”的规定，是被拆迁人启动行政赔偿程序、提起行政赔偿之诉的法律依据。该依据看似简单明了，但其中蕴含的有关救济途径的选择令不少被拆迁人为之困惑：究竟如何启动救济程序更有利于保障被拆迁人的合法权益？追根溯源，被拆迁人所要解决的实质争议无非是因违法强拆造成的损失赔偿问题，因此程序启动亦应紧紧围绕实质争议和权益救济展开。

1. 行政赔偿与行政补偿的选择。行政赔偿是对违法行政行为造成损失进行救济，而行政补偿是对合法行政行为造成损失进行弥补。在强拆行为被确认为违法并已经启动赔偿程序时，经常有被拆迁人在提起赔偿诉讼后又要求行政机关履行补偿职责，这种方式并不恰当。被拆迁人不能重复或者交叉运用救济手段，再行寻求行政补偿。[①] 换言之，在征迁范围内房屋被违法强拆后，行政机关承担的是违法赔偿责任，而非合法补偿责任，原有的补偿问题可依法转化为赔偿程序解决，人民法院应直接就赔偿问题进行实体审理并作出赔偿判决，被拆迁人无须另行通过补偿程序解决争议，人民法院也不宜引导被拆迁人另行通过行政补偿程序解决争议。

2. 一并提起与单独提起的识别。国家赔偿法规定的单独提起赔偿诉讼和提起行政诉讼时一并提出赔偿请求的两种途径，赔偿请求人可以自由选择。对于提起诉讼时一并提出赔偿请求的情形，实践中并无争议。争议较大的是，先提起行政诉讼，之后又提起赔偿诉讼，此时，赔偿诉讼是否要以赔偿义务

---

① 参见最高人民法院（2018）最高法行申 8212 号行政裁定书。

机关先行处理为起诉条件？国家赔偿法对此没有明确规定，最高人民法院行政法官专业会议纪要对此指出，此种情况，表明赔偿请求人选择由人民法院解决其赔偿问题，如果要求赔偿请求人再向行政机关提出赔偿请求方可提起赔偿诉讼，实际上剥夺了当事人在赔偿程序上的选择权。因此，对于已通过行政诉讼程序确认强拆行为违法，后续提起的行政赔偿案件，可以视为被拆迁人提起行政诉讼时一并提起了赔偿诉讼，无须赔偿义务机关先行处理。① 除去一并提起和视为一并提起赔偿诉讼的情形，其他情形一般均可认为是单独提起赔偿诉讼。被拆迁人单独提起赔偿诉讼，不仅需要先行向赔偿义务机关提出申请，还需要强拆行为已经被确认违法。

3. 先行处理与赔偿诉讼的把握。当被拆迁人选择赔偿义务机关先行处理，赔偿义务机关有义务对被拆迁人的损失赔偿问题作出处理，决定是否赔偿以及如何赔偿。但被拆迁人在向赔偿义务机关提出赔偿申请后，如若赔偿义务机关存在拒收申请、未作出或作出赔偿决定等情形的，在符合提起行政赔偿诉讼的情况下，其可以直接向人民法院提起赔偿之诉。此时，人民法院应当就违法强拆损失赔偿问题进行审查处理，而不是以赔偿义务机关的作为或不作为为审理重点。② 这样处理，能够避免使行政机关和人民法院陷入作出、撤销、再作出、再撤销赔偿决定的循环之中，防止出现以反复协商代替赔偿判决，致使违法强拆赔偿纠纷久拖不决。

4. 复议处理与赔偿诉讼的区分。实践中，有的被拆迁人以起诉复议机关履行法定职责的方式解决赔偿问题，这种做法并不可取。对于以获得行政赔偿为目的的诉讼而言，国家赔偿法规定的救济方式是直接起诉赔偿义务机关，并不包括起诉复议机关，即不包括要求人民法院判令复议机关就赔偿义务机关的行政赔偿问题作出处理的情形。③ 与起诉赔偿义务机关相比，起诉复议机关不仅程序更加烦琐，耗费更多资源，而且难以从根本上解决赔偿问题，容易形成循环诉讼。另外，还有被拆迁人在申请行政复议时一并提出赔偿请求，在复议机关已经对其赔偿请求作出实体处理的情况下，对赔偿义务机关不履行复议决定确定的赔偿义务的，一般应依据《中华人民共和国行政复议

---

① 参见最高人民法院（2020）最高法行赔申 380 号行政裁定书。

② 参见最高人民法院（2019）最高法行申 1695 号行政裁定书。

③ 参见最高人民法院（2018）最高法行再 128 号行政裁定书。

法》第三十二条、第三十七条的规定处理。

5. 申请撤诉与再次提起的衔接。对于被拆迁人提起赔偿之诉后，申请撤诉或者人民法院按照撤诉处理后，其再次起诉，人民法院应否受理，行政诉讼法及其司法解释没有明确规定。由于行政诉讼与赔偿诉讼在审查对象、案件处理等方面存在不同，行政诉讼审理的对象是被诉行政行为的合法性。而赔偿诉讼审理的对象是违法行政行为是否造成损失以及如何赔偿的问题。因此，虑及行政赔偿诉讼与民事（赔偿）诉讼在审查内容、裁判方式等方面具有同质性，对行政赔偿之诉撤诉后再次提起的处理，可参照民事诉讼法及其司法解释的相关规定。①

（二）赔偿前提

被拆迁人获得行政赔偿通常需要具备强拆行为违法、造成了实际损害、强拆行为与损害事实之间存在因果关系以及属于直接损失等前提条件。尤其需要注意的是，行政赔偿领域的直接损失是因遭受违法强拆行为侵害而使现有财产的必然减少或丧失，其与间接损失对应理解，这也是理论和实践中的通常理解。事实上，不管是现有财产还是可得利益，只要损失的发生具有必然性，构成必然可得利益，就属于直接损失。必然可得利益，一般是指并不依赖其他外在条件的成就，倘若无侵权行为发生，该利益则为赔偿请求人必然获得。② 而对于即便不存在侵权行为，也未必能够实现的利益，因其具有不确定性，不属于直接损失。

（三）赔偿请求

被拆迁人提起赔偿之诉，应当有具体的诉讼请求和事实根据。所谓“诉讼请求和事实根据”，《最高人民法院关于适用〈中华人民共和国行政诉讼法〉的解释》第六十八条第二款、第三款规定，当事人提起行政赔偿诉讼的，应当有具体的损失内容和赔偿数额；当事人未能正确表达诉讼请求的，人民法院应当要求其明确诉讼请求。也就是说，被拆迁人不能笼统请求对其损失给予行政赔偿，否则属于诉讼请求不明确、赔偿请求缺乏相应的事实根

① 参见最高人民法院（2016）最高法行赔申 306 号行政裁定书。
② 参见最高人民法院（2018）最高法行赔申 108 号行政裁定书。

据。[①] 对于被拆迁人未明确具体的损失内容和赔偿数额的，人民法院应当向其释明。但是，如果被拆迁人在赔偿请求中提出拆除房屋“恢复原状”，并表示对相关损失进行评估鉴定，则不宜简单认定为诉讼请求不明确。

（四）举证责任

在违法强拆行政赔偿案件中，应坚持“谁主张，谁举证”的举证规则，即原告应当对违法强拆行为造成损害的事实提供证据。然而，因被告的原因导致原告无法举证的，由被告承担举证责任。这主要虑及被告要为自身过错和违法情形付出代价，不宜将举证责任完全施加于原告。[②] 也就是说，违法强拆行为是否造成损害及损害大小的举证责任，原则上由被拆迁人承担，被诉行政机关则有权提供不予赔偿或者减少赔偿数额方面的证据，在各方均无法举证或举证不充分、相关损失难以鉴定的情况下，人民法院仍应结合当事人的主张和在案证据，遵循法官职业道德，运用逻辑推理和生活经验、生活常识等，酌情确定损失赔偿数额。

二、赔偿范围和赔偿方式的确定——解决“赔什么”的问题

（一）赔偿范围

如果在依法给予被拆迁人补偿之前，房屋被行政机关违法强拆，原本需要给予被拆迁人补偿的房屋及相关财产的价值转化为违法强拆行为造成的财产损失。此时，为确保被拆迁人得到公平合理的赔偿，最大限度地发挥国家赔偿制度在维护和救济被拆迁人合法权益方面的功能与作用，被拆迁人因违法强拆造成房屋等财产损失获得的行政赔偿，不应低于行政机关合法征收拆除房屋给予被拆迁人的行政补偿。由于赔偿与补偿指向的客体基本相同，故此，赔偿范围的确定，可以参照补偿范围执行。比如，在国有土地房屋征收过程中，应当根据《国有土地上房屋征收与补偿条例》第十七条之规定按照补偿范围确定赔偿范围。可见，对于《中华人民共和国国家赔偿法》第三十六条中关于损失赔偿范围之“直接损失”的理解，不仅包括被拆迁人因违法

① 参见最高人民法院（2019）最高法行赔申 315 号行政裁定书。

② 参见最高人民法院（2019）最高法行赔申 991 号行政赔偿裁定书。

强拆行为造成的房屋及室内动产等直接财产损失，还应包括其可能享有的全部拆迁安置补偿权益，如产权调换安置房、装饰装修费、临时安置费、停产停业损失、搬家费、奖励费等，不仅包括既得财产利益的损失，还应包括虽非既得但又必然可得的财产利益损失。总之，赔偿范围至少为被拆迁人按照拆迁安置补偿程序本可获得的全部补偿，如此才符合国家赔偿法的立法精神。

（二）赔偿方式

根据《中华人民共和国国家赔偿法》第三十二条的规定，国家赔偿以支付赔偿金为主要方式；能够返还财产或者恢复原状的，予以返还财产或者恢复原状。据此，在违法强拆行政赔偿案件中，被拆除房屋已无恢复原状的可能，人民法院可判令赔偿义务机关向被拆迁人支付赔偿金。实践中，这种赔偿方式仅关注被拆迁人的货币赔偿请求，虽于法有据，但略显片面，有时难以保障被拆迁人的居住利益。比如，被拆迁人拿到赔偿款之前，房地产市场价格发生了巨大变化，赔偿款不足以使其购买到与之前相当的房屋。因此，从切实保障被拆迁人合法权益角度看，行政机关仍有提供产权安置房或者支付拆迁赔偿金的义务，以保障被拆迁人对赔偿方式的选择权，进而保障被拆迁人所享有的实际居住权益。[①] 如何选择对被拆迁人更为有利的赔偿方式，可结合以下三种情形进行处理。

其一，选择货币赔偿或产权调换。国家赔偿法虽规定支付赔偿金为主要方式，但并非唯一方式，实际上产权调换与国家赔偿法规定的“恢复原状”具有同质性，都是对房屋产权的保障救济。因此，赔偿诉讼中赋予被拆迁人选择货币赔偿或产权调换的权利，不仅符合征地拆迁法律法规的有关规定，也符合国家赔偿法的立法精神。如果被拆迁人在诉讼中要求货币赔偿和产权调换，则人民法院应依被拆迁人的诉求，确定赔偿方式为可选择货币赔偿或产权调换，由被拆迁人在判项中自行选择。如果被拆迁人在诉讼中只提出货币赔偿，没有提出产权调换，这并不能说明其对产权调换是排斥的，有鉴于房屋这种财产权益的特殊性，则人民法院在赔偿方式中应主动追加被拆迁人可选择产权调换。这并非诉判不对应，因为对被拆迁人而言，无论选择货币赔偿还是产权调换，前后对应的损失赔偿价值是一致的。这种赔偿方式对被

---

① 参见最高人民法院（2020）最高法行赔申 478 号行政裁定书。

拆迁人显然更为有利，应当优先选择适用。

其二，选择货币赔偿方式。实践中，有的被拆迁人明确只要求货币赔偿，不要求产权调换。对于此种情形，人民法院应当尊重被拆迁人的实际诉求，确保货币赔偿金额完全能够弥补被拆迁人因违法强拆造成的损失，确保被拆迁人能够购买到与之前相当的房屋，进而在判项中确定以货币赔偿为主要赔偿方式。

其三，选择赔偿安置房屋。实践中，有的法院在赔偿方式的选择上，仅判决赔偿义务机关向被拆迁人赔偿安置房屋，这种赔偿方式是否正当，值得考量。这是因为，安置房是否可以正常交易，安置房屋的市场交易价值与被拆迁人原本可选择的货币赔偿金额是否相当，都将影响着被拆迁人合法权益的实现。如果满足相应条件，货币与房屋之间的交换价值并无明显差异，不会减损被拆迁人的正当利益，则选择赔偿安置房屋未尝不可，也便于保障其居住权益。除非被拆迁人获得安置房屋之前，房地产市场价格大幅下跌。

三、赔偿标准和赔偿数额的确定——解决“怎么赔”的问题

（一）赔偿标准

1. 把握赔偿原则。人民法院在审理违法拆迁行政赔偿案件时，应坚持全面赔偿和公平合理的理念。首先，为体现对违法强拆行为的惩戒，对被拆迁人的相应赔偿不应低于依法拆迁获得的补偿，既要填平补齐其受损的财产权利，又要尽可能给予其必要、合理的照顾和安排，确保被拆迁人获得的行政赔偿能够充分保障其安置补偿利益和实际居住权益。其次，应当综合考量当地其他被拆迁人的安置补偿情况，防止确定的赔偿标准过度偏离正常的补偿标准，与其他被拆迁人相差过大，对其他被拆迁人造成另一种事实上的不公平。最后，要全面考虑征地拆迁法律法规以及当地政策规定的贯彻实施情况，确定的赔偿标准要秉持合法性、合理性、一致性、公平性，实现法律效果与社会效果的统一。

2. 区分不同情形。在违法强拆行政赔偿案件中，赔偿标准的确定需要因案而异、具体分析，要考虑到房屋不同于其他财产，关系到被拆迁人的基本生存权利，所作赔偿应当努力保障和满足被拆迁人的基本生活需要，保障其

居住条件不降低、有改善。

（1）参照拆迁安置补偿方案。对因违法强拆造成被拆迁人房屋等相关财产损失的，首先可参照征收补偿标准给予行政赔偿，这样能够确保被拆迁人因违法拆迁获得的行政赔偿不低于因合法拆迁获得的行政补偿。在大多数被拆迁人已经依据拆迁安置补偿方案签订安置补偿协议，该方案能够保障被拆迁人合法权益的情况下，人民法院可参照拆迁安置补偿方案，并结合有关评估报告、当地补偿政策等事项，认定被拆迁人的相关损失。[①] 需要注意的是，对于征收农村集体土地时未就被征收土地上的房屋进行安置补偿，多年后才予强制拆除的，如果继续按照征地补偿安置方案进行安置补偿，显然不利于保障被拆迁人的合法权益。此时，有必要考虑城镇化过程中房屋产权普遍升值的实际情况，判断是否可参照执行国有土地上房屋征收补偿标准进行赔偿。

（2）参照其他被拆迁人签订的安置补偿协议。行政赔偿不应低于行政补偿，也即不应低于被拆迁人可获得的安置补偿利益。对于如何确定安置补偿利益，具体可综合考虑房屋征收补偿安置方案、当地相关补偿标准、本应对被拆迁人作出的征收补偿决定、其他被拆迁人的征收补偿决定和补偿安置协议等因素，通过综合比对，按照“就高不就低”原则、充分救济保障原则和惩罚性赔偿原则，选择最有利于被拆迁人的补偿标准。[②] 一般来说，安置补偿协议是各方协商一致的结果，往往最能体现被拆迁人的安置补偿利益。因此，人民法院可参照适用与被拆迁人相仿的其他被拆迁人所签订的补偿安置协议，往往对赔偿请求人更加有利。

（3）参照周边类似房屋的市场价格。违法强拆侵犯的是房屋产权，考虑到房地产市场行情的变化和对被拆迁人居住权益的保障，确定赔偿标准时不应低于现阶段同区位周边类似房屋的市场价值。如果房屋被强拆时的市场价格以及征收过程中的评估价格明显低于行政赔偿作出时类似房屋的市场价格，则人民法院以“强拆时或征收时”的评估价格为赔偿标准显然不足以保障被拆迁人维持被强拆前的居住状况。因此，在不低于征收补偿标准的前提下，受损财产的价值评判可以“估价时或判决时”周边类似房屋的市场价格为基

---

① 参见最高人民法院（2019）最高法行赔申 1 号行政裁定书。

② 参见山东省高级人民法院（2020）鲁行终 369 号行政判决书。

准，确保被拆迁人能够获得与其之前居住状况相当的房屋。[①]

3. 确定赔偿时点。房地产价格评估报告是确定被拆除房屋价值的核心证据。不同的赔偿时点反映出不同的评估价值，人民法院在选择赔偿时点、确定赔偿标准时，不仅要考虑体现对于实施违法侵权的行政机关给予警示与教育，更要体现对于被拆迁人在合法、合理范围内权益最大化的照顾与体恤。

（1）可以委托评估时。通常情况下，人民法院在委托评估时，原则上应当以征收决定公告时或强拆行为发生时被征收房屋类似房地产的市场价格为评估时点。但近年来由于房屋价格波动幅度较大，如果按征收决定公告时或强拆行为发生时为评估时点，则难以保障被拆迁人的居住利益。实践中，对于时间跨度长特别是房地产市场价值波动大，被拆迁人原产权安置权益需要通过货币化方式实现的，为了最大限度保护其合法权益，房屋损失赔偿时点的确定，应当选择最能弥补被拆迁人损失的时点。[②] 在房屋价格增长较快的情况下，以强拆行为发生时的时点无法弥补被拆迁人实际损失的，则以赔偿诉讼中法院委托评估时为准，更加符合公平合理的赔偿原则。

（2）难以委托评估时。当无法通过委托评估方式确定被拆除房屋价值时，或者难以对房屋及其他损失进行评估鉴定时，人民法院应结合当事人的主张和在案证据，遵循法官职业道德，运用逻辑推理和生活经验、生活常识等，酌情以强拆行为发生后特别是判决作出时间为赔偿时点，确定公平合理的赔偿标准。基于此，人民法院可结合案件具体情况，参照征收补偿标准，通过走访、询价等方式，参考估价时或判决时同区位房屋的市场价格对被拆迁人的房屋赔偿数额予以酌定[③]，如此处理符合被征收房屋公平合理的补偿原则。

（二）赔偿数额

1. 被拆除房屋损失赔偿。对于被拆除房屋的损失赔偿，应以该房屋的价值为底线，目的是填平补齐被拆迁人受损的财产权利，确保被拆迁人能够购买或得到与之前相当的房屋、与其他被拆迁人相当的房屋，满足其实际居住

---

① 参见山东省高级人民法院（2017）鲁行终911号行政判决书。

② 参见最高人民法院（2015）行提字第20号行政赔偿判决书。

③ 参见最高人民法院（2019）最高法行申5307号行政裁定书。

利益，确保其居住条件不降低、有改善，维护政策的连续性和社会的稳定性，同时，与征迁补偿利益相比，赔偿数额可以考虑给予被拆迁人适当的照顾和安排，以体现对违法强拆的惩罚性，具体可借助以上赔偿范围、赔偿方式、赔偿标准的审查规则对被拆除房屋的损失赔偿数额予以确定。由于被拆迁人不仅可以选择货币赔偿，也有权要求在改建地段或者就近地段选择类似房屋予以产权调换，人民法院可判决赔偿义务机关给予被拆迁人货币赔偿或产权调换，由被拆迁人自由选择。[①] 对于选择产权调换方式的，人民法院可判决赔偿义务机关给予被拆迁人产权调换安置房，并判决按照货币赔偿金额与置换房屋价值的差额结算差价。

2. 未登记建筑损失赔偿。在房屋征迁过程中，未登记建筑主要是无证房屋，其是否能够获得补偿需要相关部门的认定：认定为合法建筑的，给予补偿；认定为违法建筑的，不予补偿。对于因历史、风俗习惯等原因形成的没有建设审批手续和产权证照的房屋，行政机关应当在征迁之前依法予以甄别，作出处理。行政机关在没有充分证据证明该无证房屋属于违法建筑的情况下，不宜认定为违法建筑。[②] 行政机关和人民法院应当在综合考量没有办理产权登记的历史原因、土地价值、房屋来源、房屋用途和周边类似房屋市场价格等因素后，确定公平合理的赔偿标准，行政赔偿的项目、数额一般不得少于被拆迁人通过合法征收补偿程序获得的行政补偿项目、数额，不能将无证房屋一概认定为违法建筑不予赔偿。

3. 院落空地损失赔偿。对于房屋征迁过程中被征收房屋的价值评估，应当考虑被征收房屋的区位、用途、建筑结构、新旧程度、建筑面积以及占地面积、土地使用权等因素，土地使用权作为评估被征收房屋价值时应考虑的因素，通常包含在房屋评估价值之中。根据《最高人民法院关于征收国有土地上房屋时是否应当对被拆迁人未经登记的空地和院落予以补偿的答复》第二项“国有土地上房屋征收补偿中，应将当事人合法享有国有土地使用权的院落、空地面积纳入评估范围，按照征收时的房地产市场价格，一并予以征收补偿”的规定，被拆迁人合法享有的国有土地使用权的院落，无论其为国

---

① 参见山东省高级人民法院（2018）鲁行终 652 号行政判决书。

② 参见最高人民法院（2019）最高法行申 7904 号行政裁定书。

有划拨土地抑或国有出让土地，都应当一并予以评估[①]，进而确定相应的赔偿数额，评估报告的评估结果不能遗漏院落所占土地使用价值。

4. 室内动产损失赔偿。因行政机关违反正当程序，不依法公证或者制作物品清单，致使被拆迁人难以履行举证责任，行政机关也无法举证证明实际损失金额的，人民法院可在被拆迁人就损失赔偿数额提供证据初步证明的情况下，根据其提供的现场照片、物品损失清单，结合日常生活经验，考虑物品折旧等因素，对被拆迁人的赔偿数额进行酌定处理。关于非日常生活用品的大额财物损失、机械设备损失等，被拆迁人应当提供有说服力的证据，以证明这些财物在拆除现场客观存在以及各自的具体价值[②]，否则人民法院缺乏酌定的基础依据。

5. 停产停业损失赔偿。经营性用房遭遇违法强拆，往往会产生停产停业损失。停产停业损失只是补偿因征迁给被拆迁人经营造成的临时性经营困难，具有过渡费用性质，因而只能计算适当期间或者按照房屋补偿金额的适当比例计付。被拆迁人在征收或者侵权行为发生后的适当期间，也应当及时寻找合适地址重新经营，不能将因自身原因未开展经营的损失，全部由行政机关来承担[③]。对于停产停业损失的赔偿，可参照征收补偿方案及当地补偿标准确定赔偿数额，各地在确定停产停业损失补偿标准时，大多要求具备被征收房屋属于非住宅的合法建筑、有合法有效的营业执照、办理税务登记并具有纳税凭证等条件。

6. 装修装饰费、搬迁费、过渡费损失赔偿。在房屋已经灭失的情况下，装饰装修费可参照房屋勘估表或其他类似房屋的装修费用进行确定。过渡费是对被拆迁人于产权调换房屋或者安置房屋交付前的特定过渡期限内，因另寻住房搬迁所产生的损失或者增加费用的补偿。即便不存在产权调换房屋或者安置房屋的问题，但行政机关违法强拆房屋，必然导致被拆迁人在接受赔偿之前，临时另寻住房，并承担相关搬迁及临时安置费用。[④] 对于装修装饰费、搬迁费、过渡费的赔偿，征收补偿方案通常都会对补偿标准予以明确，

---

① 参见山东省高级人民法院（2020）鲁行终 268 号行政判决书。

② 参见最高人民法院（2017）最高法行申 3860 号行政裁定书。

③ 参见最高人民法院（2017）最高法行再 101 号行政判决书。

④ 参见最高人民法院（2018）最高法行申 4856 号行政裁定书。

赔偿可以参照执行。但如果补偿方案规定的标准低于当地统一标准，应当按照“就高不就低”的原则，对被拆迁人依法依规确定赔偿数额。

7. 租金损失赔偿。房屋租金损失属于“期待利益”，一般不予赔偿。但也有例外，对于因征收导致租房合同被解除而产生的租金损失，是被拆迁人通过依法签订租房合同及合同实际履行完全可以取得的、确定的、客观的利益，由于征迁导致房屋长期处于待拆除的状态而无法正常使用，此种情形不同于房屋空置的情况下主张房屋出租后收益的“期待利益”的情形。[①] 人民法院可根据法律规定和案件实际情况，确定租金损失的赔偿数额，在此要注意区分相关停产停业损失中是否已包含该租金损失。

8. 搬迁奖励损失赔偿。原则上，享受搬迁奖励的条件为及时签订补偿协议并在规定时日内主动搬迁。被拆迁人未签约导致房屋被拆除，一般难以享受搬迁奖励。但对于某些情形，为了避免出现行政机关实施了违法强拆行为却降低了征收成本的不合理结果，需要结合行政机关违法行为类型与违法情节轻重，综合协调适用国家赔偿法及征收补偿规定[②]，人民法院可参照征收补偿方案，在损失赔偿数额中增加搬迁奖励金，从而全面赔偿被拆迁人损失，引导行政机关依法实施征迁行为。

四、裁判方式的选择——解决“怎么判”的问题

（一）以判决具体赔偿内容为原则

在违法强拆行政赔偿案件中，人民法院要尽量直接判决具体赔偿内容，避免判决作出赔偿决定。行政案件审理应当以实质性化解纠纷为宗旨，及时解决行政争议，减少当事人诉累。赔偿请求人对于通过何种方式获得赔偿具有选择权，既可以选择由赔偿义务机关先行处理，也可以在申请行政复议或者提起行政诉讼时一并提出。一般来说，被拆迁人选择通过司法途径解决其赔偿问题，基于司法最终原则，人民法院对赔偿之诉应当依法受理并作出明确而具体的赔偿判决，保护被拆迁人的合法权益，实质性解决行政争议。在被拆迁人已经依照前述程序提出明确的赔偿请求、赔偿争议已经进入司法程

① 参见最高人民法院（2016）最高法行申 4118 号行政裁定书。

② 参见最高人民法院（2020）最高法行申 4462 号行政裁定书。

序，相关赔偿范围、赔偿方式、赔偿标准、赔偿数额能够审查确定的情况下，人民法院不应再判决由赔偿义务机关先行作出赔偿决定，使赔偿争议又回到行政途径。[①] 人民法院直接判决赔偿更有利于公平、公正地解决问题，避免行政机关对赔偿问题不予处理、拖延处理或者作出不合理的赔偿决定。具体来说，为确保被拆迁人获得及时、公平、公正的救济，人民法院可以根据被拆迁人提出的赔偿请求，参照征收补偿标准，结合案件实际情况，全面、充分考虑被拆迁人的各项损失，确定合理正当的损失数赔偿额，直接判决行政机关对房屋及其他人身、财产损失一并予以行政赔偿。

（二）以判决作出赔偿决定为例外

司法实践中，对于极少数情况，人民法院可判令行政机关按照判决中所阐述的观点就具体赔偿内容先行作出赔偿处理决定，而非必须明确赔偿数额。此种裁判方式虽存在争议，但在一定程度上明晰了行政机关的赔偿义务，体现了司法的导向功能，具有一定合理性和可行性。这是因为，赔偿请求人诉请判令赔偿义务机关赔偿其损失，可以视为要求赔偿义务机关履行赔偿职责。人民法院经审理认为行政机关应当履行法定职责而未履行的，可以判决行政机关在一定期限内履行法定职责。这一判决方式属于“答复判决”，即在行政机关处理行政事务尚有裁量空间时，人民法院可以基于行政权和司法权的划分，尊重行政机关的“首次判断权”。[②] 具体到违法强拆行政赔偿案件中，针对一些明显缺乏相关证据，或者行政机关正在制定补偿安置标准，或者需要针对诸多专业化细节直接组织评估、鉴定活动等复杂情形[③]，为进一步明确行政机关的责任担当，利用好有限的司法资源，发挥行政机关的专业优势与协调优势，为当事人的后续权益救济留有空间，可根据《中华人民共和国国家赔偿法》第九条和《中华人民共和国行政诉讼法》第七十六条之规定精神，判令行政机关先行作出赔偿决定，但在判决中要明确作出赔偿决定的大致标准和底线（包括赔偿范围、赔偿方式、赔偿标准等）。被拆迁人对行政机关作出或未作出赔偿决定不服，仍可进一步寻求司法救济。这种裁判方式，一定程

① 参见最高人民法院（2019）最高法行申 7493 号行政裁定书。

② 参见最高人民法院（2019）最高法行申 939 号行政裁定书。

③ 参见最高人民法院（2019）最高法行赔申 899 号行政赔偿裁定书。

度上增加了执行难度和当事人诉累，除非人民法院对实质争议无法直接判决具体赔偿内容，否则在司法实践中应当慎用。

结语

虽然违法强拆行政赔偿案件纷繁复杂，但应当看到的是，此类案件已成为一座包含事实认定、法律适用、价值观念等丰富“矿产资源”的“富矿”。作为“司法民工”的法官，要充分利用好这一“富矿”，从中总结出审理思路，挖掘出裁判规则，尽量保持裁判尺度的统一。理论实践在发展，裁判理念在更新，但不变的是要坚持具体案件具体分析，要充分保障赔偿请求人的合法权益和实现法律效果与社会效果的统一。

（作者单位：山东省高级人民法院）

【优秀调研成果－案例类】一等奖

特许经营权重复许可的效力认定及归责

林劲标

【裁判要旨】

在能源和公共基础设施建设等领域，行政机关基于行政管理目的在其法定职权范围内与经营者签订的特许经营协议，属于行政协议。行政机关将同一区域内独家特许经营权先后授予给不同的经营者，该重复许可行为属于违约行为，应当认定其违法，并判决其承担相应的法律责任。

【案号】

一审：广东省清远市中级人民法院（2016）粤18行初134号。

二审：广东省高级人民法院（2017）粤行终559号。

【案情】

原告（被上诉人）：英德中油燃气有限公司（以下简称中油公司）。

被告（上诉人）：英德市人民政府、英德市英红工业园管理委员会（以下简称英红园管委会）。

第三人（上诉人）：英德华润燃气有限公司（以下简称华润公司）。

2008年8月20日，英德市建设局与中油中泰燃气有限责任公司（以下简称中油中泰公司）签订《英德市管道燃气特许经营协议》。同年8月22日，英德市人民政府向英德市建设局作出批复，主要内容有：一、同意中油中泰公司进入英德市场，重新组建中油公司经营英德管道燃气业务；二、同意将英德市的管道燃气特许经营权授予中油中泰公司，特许经营权限为30年，至2038年8月20日止；三、授权英德市建设局与中油中泰公司签订特许经营权协议。协议签订后，英德市住房和城乡建设局（以下简称英德市住建局）又于2010年12月23日向中油中泰公司发出《关于解除〈英德市管道燃气特许经营协议〉的通知》，提出从2010年12月25日起解除双方于2008年8月20日签订的《英德市管道燃气特许经营协议》，上述通知由中油公司员工刘某签收。

但是，2010年至2011年，英红园管委会仍依照上述《英德市管道燃气特许经营协议》，先后与中油公司签订《投资天然气站项目合同书》《投资天然气站项目合同书补充协议》《投资天然气站项目合同书补充协议2》等协议（涉案天然气站项目协议），就该公司在英红工业园内管道燃气特许经营权的具体实施，包括许可范围、开发建设及经营期限、建设用地等进行约定。英红园管委会还于2011年至2013年先后向英德市环境保护局发出《关于英红园LNG气站项目的证明》，向英德市住建局发出《关于英红园中油燃气项目的招商引资证明》，向英德市规划和城市综合管理局发出《关于同意英德中油公司在英红园投资燃气配套项目的函》等函件促进上述天然气站项目协议的履行。

2012年9月4日，英德市政府发布管道燃气特许经营权招投标公告。华润燃气投资（中国）有限公司中标，并于2013年2月20日与英德市规划和城市综合管理局签订《英德市管道燃气特许经营协议》，取得了包括英红工业园在内的英德管道燃气业务独家特许经营权，有效期限为30年，至2043年2月20日止。该公司随后成立了华润公司负责项目经营管理。华润公司成立后，在英红园区规划红线范围内建设气化站和铺设燃气管道，并进行了实质性的供气活动。英红园管委会对华润公司在2014年至2016年铺设燃气管道的工程颁发了临时施工许可证。

由于中油公司与华润公司在经营区域范围上发生争议，中油公司多次书面向英德市政府、英红园管委会请求保护其在英红园区的特许经营权。2013年9月24日，英红园管委会函复中油公司，再次明确该公司在园区内的特许经营权，并向入园企业发出《通告》，声明该公司是唯一一家在英红工业园签约经营管道燃气供应的燃气公司。此后，中油公司持续反映并要求制止华润公司的越界经营行为。英德市政府组织两公司调解，并于 2015 年 12 月出具《调解意见》，但各方最终未能达成一致。

中油公司遂向一审法院起诉，请求：一、判令英德市政府、英红园管委会继续履行涉案天然气站项目协议，继续授予该公司在英红园规划红线范围内管道燃气特许经营权（有效期至 2038 年 8 月 20 日），并维护其特许经营权的完整性，不得再将特许经营权授权第三方。二、判令英德市政府立即终止华润公司在该区域范围内所有的管道燃气建设及经营活动。

【审判】

广东省清远市中级人民法院一审审理认为，涉案天然气站项目协议是当事人的真实意思表示，内容没有违反法律和行政法规的强制性规定，是有效合同，受法律保护。英德市政府及英红园管委会应当按照该协议的约定履行自己的义务，确保中油公司特许经营权的完整性，其允许华润公司在英红园内进行管道燃气经营侵犯了中油公司的特许经营权。故判决：一、确认中油公司与英红园管委会所签订的涉案天然气站项目协议有效，确认该公司在英红工业园内有管道燃气特许经营权，且不得授予第三方；二、确认英德市政府、英红园管委会将英红工业园内特许经营权授予华润公司的行为违法；三、华润公司应停止在英红工业园内的管道燃气建设及经营活动；四、驳回中油公司的其他诉讼请求。

英德市政府、英红园管委会、华润公司均不服一审判决，提起上诉。

广东省高级人民法院二审认为：涉案天然气站项目协议是英红园管委会基于行政管理目标，为确保燃气供应，在其法定职责范围内，就特许经营权的实施与中油公司签订的行政协议。该行政协议签订主体适格，职权、权利来源清楚，内容未违反法律、法规的禁止性规定，应为有效。中油公司享有的特许经营合同权利受法律保护，协议各方应当按照约定履行相关的合同义务。英德市政府作为该管委会这一事业单位的设立机关以及特许经营许可一方，应承担相应合同义务，保障合同的履行，但该政府又将英红工业园的管道燃气特许经营权授予给华润公司，存在对同一区域将具有排他性的独家特许经营权先后重复许可给不同主体的行为，应当认定为违法。法院同时认为，该重复许可系行政机关的行政行为所致，并不必然导致在后的华润公司所获得的独家特许经营权无效，华润公司基于其所签订的特许经营权协议的相关合同利益、信赖利益亦应当予以保护。且中油公司、华润公司均已进行了管道建设并对园区企业供气，若撤销任何一家的特许经营权均将影响到所在地域的公共利益。对于重复许可的相关法律后果，应当由行政机关承担，不应由华润公司承担，原审法院判令该公司停止管道燃气建设及经营活动不当。英德市政府应当采取补救措施，依法作出行政处理，对双方相应经营地域范围予以界定，妥善解决本案经营权争议。二审判决：维持一审判决的第一、二、四项，撤销第三项，同时责令英德市政府采取补救措施。

【评析】

近年来，能源和基础设施建设领域的特许经营协议、政府与社会资本合作协议（PPP 协议）争议增多，社会关注度高，相关案件的审理难度较大。对于协议性质是行政协议还是民事合同，人民法院对行政协议的司法审查与对一般单方行政行为的审查有何不同，行政诉讼相较于民事诉讼而言哪个更有利于保护各方权益等问题，实务界和理论界观点不一。本案还涉及同一地方政府在不同时期将同一区域范围内的能源设施建设进行重复许可如何处理的问题。中共中央、国务院《关于完善产权保护制度依法保护产权的意见》“七、完善政府守信践诺机制”中明确：“大力推进法治政府和政务诚信建设，地方各级政府及有关部门要严格兑现向社会及行政相对人依法作出的政策承诺，认真履行在招商引资、政府与社会资本合作等活动中与投资主体依法签订的各类合同，不得以政府换届、领导人员更替等理由违约毁约，因违约毁约侵犯合法权益的，要承担法律和经济责任……”本案判决进一步明确行政机关必须按照法治政府、诚信政府的要求，依法履行行政协议，对于因违反协议约定导致协议相对人损失的，应当由行政机关承担相应的法律责任，采取相应合同补救措施，有力维护行政协议的稳定性和企业的合同权益，为今后此类问题的解决提供了重要参考。

一、特许经营许可协议的性质

《中华人民共和国行政诉讼法》第十二条第一款第（十一）项规定，公民、法人或者其他组织对行政机关不依法履行、未按照约定履行或者违法变更、解除政府特许经营协议、土地房屋征收补偿协议等协议不服提起诉讼的，属于行政诉讼受案范围。这是行政诉讼法于2014年第一次修正时首次将行政协议纠纷纳入受案范围。何为行政协议？行政诉讼法上述列举较为概括。一般而言，行政机关为实现公共利益或者行政管理目标，在法定职责范围内，与公民、法人或者其他组织协商订立的具有行政法上权利义务内容的协议，属于行政协议。行政协议区别于民事合同的主要法律标准：一是从主体要素上判断，行政协议的其中一方恒定为行政机关，协议双方一般是管理与被管理的关系。而民事合同的主体一般为自然人、法人或者其他组织，双方地位平等。二是从缔约目的要素上判断，行政协议主要是为了实现行政管理或者公共服务的目标。而民事合同目的一般是为追求缔约双方个人特定利益的最优。三是从内容要素上看，行政协议形成、变更或消灭的是以行政法上权利义务为内容的行政法律关系。而民事合同则规范的是民事法律关系。四是从意思自治程度上看，尽管行政协议与民事协议均存在双方合意，但行政机关在缔结行政协议时必须受相关行政实体法、程序法方面的约束，要在相应法定职权范围内依照法定程序进行，其享有的自由裁量的幅度有限。而民事合同中的意思自治程度更高。本案的特许经营许可所涉及的领域为公用事业领域。《市政公用事业特许经营管理办法》第二条规定，市政公用事业特许经营，是指政府按照有关法律、法规规定，通过市场竞争机制选择市政公用事业投资者或者经营者，明确其在一定期限和范围内经营某项市政公用事业产品或者提供某项服务的制度。城市供水、供气、供热、公共交通、污水处理、垃圾处理等行业，实施特许经营的，适用上述《办法》。从上述规定来看，涉案特许经营许可协议及相关协议均是在行政机关基于公用事业领域管理目的，为确保燃气供应，在其法定职责范围内，就特许经营权的实施与被许可人订立的具有行政法上权利义务的协议，属于典型的行政协议。中油公司认为英德市政府与华润公司签订的特许经营协议侵害其合法权益，与该行政协议有利害关系，有权通过起诉该行政协议维护自身权益。

二、特许经营协议的效力审查

人民法院审理行政协议案件的首要任务是对行政协议的法律效力进行司法审查。只有先对协议是否成立、生效以及是否合法有效作出评判，人民法院才能最终决定是否支持原告的诉讼请求。因此，即便原、被告双方未对协议是否成立、生效和有效提出相关诉求，但对效力问题作出评价依然是法官审理行政协议案件的义务。民法总则及合同法上规定的合同效力状态主要有有效、无效、效力待定、可撤销等。行政协议其特殊性在于其既有行政行为的特性，又兼具民事合同的特征。对于行政协议的效力认定不仅要结合行政诉讼法及相关司法解释对于行政行为的合法性审查方面的规定，也要结合民事法律规范中有关合同效力的规定进行综合研判。对于行政协议的效力判断，一般主要从订立、履行、变更、解除行政协议的行为是否具有法定职权、是否滥用职权、适用法律法规是否正确、是否遵守法定程序、是否明显不当、是否履行相应法定职责等方面进行综合审查。需要注意的是协议的合法、违法与其有效、无效之间的关系，协议的合法与否是人民法院对该协议进行的法律价值评价，而对效力的认定主要影响的是协议的可执行性问题。无效的协议自始无效，对双方不具有约束力，自然也不具有可执行力。按照《中华人民共和国行政诉讼法》第七十五条的规定，行政协议无效的认定标准是必须符合重大且明显违法的情形。对于重大且明显违法的情形认定，除了审查协议是否存在违反法律、行政法规的禁止性规定以外，还可以参照《中华人民共和国合同法》第五十二条关于合同无效的相关规定。而协议的违法既可能因为违反实体法律规范，也可能因为违反法定程序或者正当程序，因此违法在对效力的影响上并不必然导致无效，可能表现为协议被撤销（包括协议因存在胁迫、欺诈、重大误解、显失公平等可撤销情形）、被宣告无效，或者确认违法但保留效力、赋予其可执行力等多种情形。具体到本案，中油公司所签订涉案特许经营协议及天然气站项目协议以及华润公司所签订的特许经营协议，两协议的签订主体适格，职权、权利来源清楚，内容未违反法律、法规的禁止性规定，均属于合法有效。

三、行政优益权行使应满足的法定实体要件及程序要件

英德市政府等主张中油公司的特许经营权已被解除，依据是英德市住建局曾于2010年12月向中油中泰公司发出《关于解除〈英德市管道燃气特许经营协议〉的通知》。该解除通知实际是行政机关行使行政优益权的行为。何为行政优益权？行政机关在履行行政协议过程中享有法定优益权，其有权基于公共利益的考虑单方解除协议，这是基于公共利益优先原则的适用。但行政机关行使优益权必须受到严格的限制，应当遵循一定的法定程序。一般情况下，判断行政协议的解除是否合法，至少应当考虑以下几个因素：行政机关应当是具有相应法定职权的主体；符合解除的法定条件；经过正当程序；已进行合理弥补等。具体到本案，上述通知并不能产生解除的法定效力。主要理由：一是根据《市政公用事业特许经营管理办法》第二十五条第二款关于"对获得特许经营权的企业取消特许经营权并实施临时接管的，必须按照有关法律、法规的规定进行，并召开听证会"的规定，本案未有证据证明涉案特许经营权被通知解除之前，曾就此召开听证会，听取中油公司的陈述、申辩意见，该通知程序明显违法。二是未有相应证据佐证涉案解除通知已成就合同约定的解除条件或者符合行政机关可以行使优益权的法定实质条件，如基于何种公共利益考虑，合同目的缘何不能实现。三是英德市政府未对中油公司作出过合理弥补。因此，可以认定上述通知不能成立。相反，该通知发出后也未得到实际执行，中油公司继续履行特许经营协议，英德市包括公用事业主管部门在内的有关行政主管部门继续许可其进行相关气站建设、燃气经营等，该公司持续不断扩大投入进行管网建设，该信赖利益需要保护。

四、排他性经营权冲突的解决与归责

华润公司与中油公司之间享有的特许经营权地域范围发生了部分重叠，双方合同均为有效，也均约定了排他性条款。协议有效是否等同于行政机关的实施许可行为合法？需要明确的是协议的有效性是从维护被许可一方合法利益的角度来看，基于被许可方不存在故意违法或重大过失的主观过错的情况下所做的判断，不等于由此可以推定行政机关的重复授予许可行为合法。对于协议有效性的评价应当与英德市政府存在对同一区域将具有排他性的独家特许经营权先后重复许可给不同主体的这一行为相区分。显然，本案政府实施的重复许可行为既违反了协议的约定义务，也违反了法律的规定，应被认定为违法。

在归责上，是否应当优先保护在先权利？中油公司、华润公司在涉案协议签订上并不存在过错，无过错则无责任。而该重复许可系行政机关的行政行为所致，过错方在行政机关。该重复许可并不必然导致获取权利在后的华润公司所获得的独家特许经营权被撤销或者无效。这种基于合同约定的排他性权利与通过登记等公示程序所设立的物权效力不同，并不具有绝对排他效力。中油公司及华润公司所享有的权利本质上仍属于债之利益，是平等的。而且，两家公司均已进行管道建设并分别对园区的工业企业供气，若撤销任何一家的特许经营权均将影响到所在地域的公共利益。对于重复许可的相关法律后果，应当由行政机关承担，而不应由通过公开招投标程序而中标的华润公司承担。因此，一审法院第三判项判令华润公司停止管道燃气建设及经营活动不当，未对华润公司已善意取得的合同利益、信赖利益予以保护，应予以纠正。

五、责令采取补救措施在判项中的适用

本案违约后果应当归责于行政机关。对于违约责任的承担方式，在协议具备继续履行条件的情形下，一般优先采取的判决方式应当是采取补救措施，以确保各方利益得到均衡保护。对此，《中华人民共和国行政诉讼法》第七十六条规定，人民法院判决确认违法或者无效的，可以同时判决责令被告采取补救措施。《中华人民共和国合同法》第一百零七条也规定，违约方可以采取合同补救措施等违约责任承担方式。本案中，对于经营权冲突的彻底解决，必然需要明确中油公司、华润公司各自的经营权地域范围。明确范围，则可能涉及经营区域的二次界定、是否合理补偿以及补偿的具体方式如何确定等问题，牵扯各方利益，需要统筹解决，不宜由人民法院直接判决予以确定。因此，本案在确认违法的同时，应当加判责令英德市政府采取补救措施，一审未作处理不妥。英德市政府、英红园管委会应当切实承担法律责任，主动履行行政职责，在法定期限内采取协调和解、作出处理决定等补救措施，促进争议实质解决。

（作者单位：广东省高级人民法院）

对于规模化养殖中使用的设施农用地的管理应区别于建设用地

陈　焱

【裁判要旨】

1. 直接用于经营性养殖的畜禽舍、工厂化作物栽培或水产养殖的生产设施用地及其相应附属设施用地，农村宅基地以外的晾晒场等农业设施用地为设施农用地，其性质属于农用地，按农用地管理，不需办理农用地转用审批手续。又因城乡规划主管部门不得在城乡规划确定的建设用地范围以外作出规划许可，因此，依据《中华人民共和国城乡规划法》的规定认定设施农用地上的建筑为违法建筑，法律适用不当。

2. 2014 年 9 月 29 日起，设施农用地的管理由审批制转为备案制，在此前提下，对于已经建设完成的设施农用地上的建筑及其他附属设施，仅以《用地协议书》未经备案为由，拆除设施农用地上的建筑及其他附属设施，不具有合理性亦不具有合法性。

【案号】

一审：海南省海口市中级人民法院（2019）琼 01 行初 245 号。

二审：海南省高级人民法院（2019）琼行终 611 号。

【案情】

原告（上诉人）：海南裕盛祥农业开发有限公司（以下简称裕盛祥公司）。

被告（上诉人）：海口市秀英区人民政府（以下简称秀英区政府）。

2014年5月30日，孟某受让美城猪场的全部生产资料及养猪场租赁的土地后成立裕盛祥公司，法定代表人为孟某。2016年11月25日，海口市农业局、秀英区农林局、裕盛祥公司三方签订《海口美城猪场2015年畜牧业转型升级建设项目协议书》（以下简称三方《协议书》），约定由政府财政提供扶持资金148万元并实际完成支付。2018年10月10日，海口市国土资源局秀英分局（以下简称国土秀英分局）对美城猪场作出《关于申请补办设施农用地备案手续的函》（以下简称《备案手续函》），要求其完善用地手续，合法使用土地。

2018年，秀英区政府依据国土资源部和海口市人民政府的要求开展卫片执法，查处并整改国土资源违法行为。秀英城管局履行了下达《案件初查通知书》《责令限期改正通知书》，在《海口日报》两次刊登《关于责令限期拆除违法建筑的通告》（以下简称《拆除通告》）、《关于责令限期拆除违法建筑的催告书》（以下简称266号《催告书》）法定程序，2018年11月18日，秀英区政府组织人员对涉案的建筑物及其他设施进行强制拆除。裕盛祥公司不服，诉至法院请求确认秀英区政府拆除裕盛祥公司美城生态养猪场的行政行为违法。

另查明，秀英区政府通过卫片遥感监测到卫星图斑显示土地为坑塘水面、林地、设施农用地，2014年至2017年《海口市土地利用现状局部图》中载明的地类名称等信息与《总体规划局部图》基本一致。

【审判】

一审认为，违法建筑是指，未经规划许可、建设用地许可或建筑工程施工许可，并颁发许可证，或虽经许可，但不按照许可条件建造的建筑物。裕盛祥公司既未完善设施农用地备案手续，又未办理相关的规划报建手续，秀英区政府将涉案厂房认定为违法建筑，认定事实清楚。秀英区政府对裕盛祥公司涉案建筑物及其他设施的拆除行为属于行政强制执行，应当遵循行政强制执行的相关法律规定。2018年11月18日，秀英区政府作出266号《催告书》当天，在未作出《行政强制执行决定书》，且未告知裕盛祥公司就该行政强制执行决定享有提起行政复议或提起行政诉讼的权利的情况下，组织人员对涉案建筑物及其他设施进行强制拆除，违反法律、法规的规定，程序违法。遂依照《中华人民共和国行政诉讼法》第七十四条第二款第（一）项之规定，判决：确认秀英区政府于2018年11月18日强制拆除裕盛祥公司涉案建筑物及其他设施的行政行为程序违法，保留效力。

一审宣判后，裕盛祥公司与秀英区政府不服，均提起上诉。

海南省高级人民法院认为，本案争议焦点是：秀英区政府的强制拆除行为认定事实是否清楚，证据是否确凿，程序是否合法，适用法律是否正确。一、关于秀英区政府的强制拆除行为认定事实是否清楚，证据是否确凿的问题。1. 涉案土地性质为农用地，不需办理农用地转用审批手续。本案中，裕盛祥公司经营的美城猪场，系现代农业生产中的规模化养殖，其所使用的土地为美城村村集体所有的荒地，土地用途为设施农用地，其生产设施和附属设施用地直接用于或者服务于农业生产为设施农用地，性质属于农用地，按农用地管理，不需办理农用地转用审批手续。2. 裕盛祥公司并未改变涉案土地的土地性质。在海口市的土地利用现状图中，显示的涉案土地大部分为设施农用地或灌木林地，海口市政府对涉案土地亦是按照设施农用地进行登记、管理。美城猪场所使用的涉案土地与海口市政府对涉案土地的登记管理相一致，且相互印证，均为设施农用地，土地性质属于农用地，因此，裕盛祥公司并未改变涉案土地的土地性质。3. 2018年4月25日海口市秀英区环境保护督察整改工作领导小组亦认为该项目取得《备案通知书》，该项目位置不在禁养区域内，符合海口畜禽养殖规划，未占用农田，该养猪场扩建的地块是在原养猪场建设的基础上进行升级改造，落实和完善各项环境保护措施建设，符合海南省生态环境保护厅相关文件要求，反映该养猪场非法流转土地情况不属实。因此，1号《催告书》中认为裕盛祥公司未经依法批准，擅自占用农用地进行非农建设，与本案事实不符。266号《催告书》中认为裕盛祥公司未经依法批准，擅自占用秀英区石山镇福安村委会美城村的集体土地，建设铁皮棚、混砖房其他设施的认定，证据不足，与本案事实不符。二、关于秀英区政府的强制拆除行为适用法律是否正确。秀英区政府在《拆除通告》《第三批拆除通告》以及《责令限期改正通知书》中均认为裕盛祥公司违反了《中华人民共和国城乡规划法》第四十条、第四十一条。根据《中华人民共和国城乡规划法》第四十二条的规定，城乡规划主管部门不得在城乡规划确定的建设用地范围以外作出规划许可。上述文件中所依据的《中华人民共和国土地管理法》第二条、第四十三条、第四十四条、第七十六条、第八十三条和《海南经济特区土地管理条例》第七十九条，其内容为国有土地、涉及农用地转为建设用地、非法占用土地、擅自将农用地改为建设用地的规定。本案中，美城猪场使用的土地为设施农用地，其性质属于农用地，按照农用地进行管理。因此，秀英区政府根据上述法律规定认定裕盛祥公司违法建设，对涉案土地上建筑物进行强制拆除，适用法律不当。三、关于秀英区政府的强制拆除行为程序是否适当的问题。本案中，秀英区政府在强制拆除涉案建筑前，未告知裕盛祥公司具有申诉申辩及申请听证的权利，未制作《强制执行决定书》等行政行为，在2018年11月18日发出266号《催告书》时，既未依据266号《催告书》中要求的“自本催告书送达之日起2日内”自行拆除的规定，也未等待当事人的复议或诉讼期限，亦未制作《行政强制执行决定书》，在送达当天组织人员对涉案建筑及其他设施强行拆除，未制作笔录，未对室内物品进行清点，未制作建筑物内物品转移清单，未通知其法定代表人、主要负责人到场等，违反法律、法规的规定，程序违法。四、关于涉案被强制拆除的建筑是否属于违法建筑的问题。2006年8月8日，美城猪场建成，后一直经营至今，2016年11月25日，海口市农业局、秀英区农林局、裕盛祥公司签订三方《协议书》，对美城猪场进行转型升级，对美城猪场的环保设施进行升级改造，在升级改造完成后，依据该协议书的约定收到政府财政提供的扶持资金148万元。美城猪场已存在多年，秀英区政府对于其生猪养殖给予了政策帮助，帮助其进行升级改造。诚然，裕盛祥公司的用地协议未进行备案，但裕盛祥公司在实际利用土地时，不存在改变土地用途，擅自或变相将设施农用地用于其他非农建设、改变直接从事或服务于农业生产的设施性质、擅自将设施用于其他经营的事项，且2018年4月25日海口市秀英区环境保护督察整改工作领导小组亦认为该项目位置不在禁养区域内，符合海口畜禽养殖规划，未占用农田，落实和完善各项环境保护措施建设，符合相关文件要求。因此，裕盛祥公司基于对政府的信赖，在涉案土地上兴建了一批养猪设施以满足其养猪产业发展的需要，故秀英区政府以此认定裕盛祥公司所建的建筑属于非法建筑并予以拆除不具有合理性。又根据《中华人民共和国土地管理法》第七十六条第一款和《海南土地管理条例》第七十九条第一款的规定，对违反土地利用总体规划擅自将农用地改为建设用地的，限期拆除在非法占用的土地上新建的建筑物和其他设施，恢复土地原状。本案中，涉案土地性质仍为设施农用地，按农用地管理，并未改变土地性质，因此，秀英区政府强制拆除涉案建筑及其他设施的行政行为没有法律依据。二审法院认为，秀英区政府强制拆除涉案建筑的行政行为事实不清，适用法律不当，程序违法。原审判决认定事实不清，适用法律不当，说理不妥且判项表述不当，应予纠正。依法进行改判，将一审判决主文变更为“确认海口市秀英区人民政府于2018年11月18日强制拆除海南裕盛祥农业开发有限公司涉案建筑物及其他设施的行政行为违法”。

【评析】

由于本案中涉及的是现代农业规模化养殖中所使用的设施农用地的管理和使用，因此，对本案的判断首先要解决以下几个问题：一、何为设施农用地，设施农用地的性质；二、设施农用地的管理规范；三、设施农用地是否适用《中华人民共和国城乡规划法》进行调整；四、违反备案制能否一律认定为违法建筑；五、历史遗留问题的处理。

一、何为设施农用地，设施农用地的性质

2010年9月30日颁发并生效的155号文件[①]规定，设施农用地是指直接用于经营性养殖的畜禽舍、工厂化作物栽培或水产养殖的生产设施用地及其相应附属设施用地，农村宅基地以外的晾晒场等农业设施用地。生产设施用地和附属设施用地直接用于或者服务于农业生产，其性质不同于非农业建设项目用地，依据《土地利用现状分类》（GB/T 21010－2007），按农用地管理。兴建农业设施占用农用地的，不需办理农用地转用审批手续。2014年9月29日颁布并施行的127号文件[②]，进一步完善了设施农用地政策，127号文件根据现代农业生产特点，从有利于支持设施农业和规模化粮食生产发展、规范用地管理出发，将设施农用地具体划分为生产设施用地、附属设施用地以及配套设施用地。其中，生产设施用地是指在设施农业项目区域内，直接用于农产品生产的设施用地；附属设施用地是指直接用于设施农业项目的辅助生产的设施用地；配套设施用地是指由农业专业大户、家庭农场、农民合作社、农业企业等，从事规模化粮食生产所必需的配套设施用地。

本案中，裕盛祥公司经营的美城猪场，系现代农业生产中的规模化养殖，

① 参见《国土资源部、农业部关于完善设施农用地管理有关问题的通知》（国土资发〔2010〕155号）。
② 参见《国土资源部、农业部关于进一步支持设施农业健康发展的通知》（国土资发〔2014〕127号）。

其所使用的土地为美城村村集体所有的荒地，土地用途为设施农用地，其中直接用于规模化养殖中畜禽舍（含场区内通道）、畜禽有机物处置等生产设施及绿化隔离带用地等属于生产设施用地，如裕盛祥公司被强制拆除的猪舍、猪场等所使用土地；其必要的管理用房用地、必需配套的畜禽养殖粪便、污水等废弃物收集、存储、处理等环保设施用地，生物质（有机）肥料生产设施用地、符合“农村道路”规定的场内道路等用地直接用于设施农业项目的辅助生产的设施用地属于附属设施用地，如裕盛祥公司被强制拆除的砖房、混房、地面水泥硬化、围墙等所使用的土地。其被强制拆除的生产设施和附属设施用地直接用于或者服务于农业生产为设施农用地，其性质属于农用地，应按农用地管理。

二、设施农用地的管理规范

对于养殖业使用的农用地的具体管理和使用问题，大多体现在原农业部和原国土资源部从 1999 年至 2019 年联合下发的部门规范性文件中，对于养殖业所使用的土地问题，大致经历了以下几个阶段：

第一阶段，1999 年 12 月 29 日至 2010 年 9 月 30 日，511 号文件[①]、22 号文件[②]施行期间，养殖场与非农建设混同时期，用地管理采用审批制，需依法办理农转非手续。将畜禽饲养场、水产养殖场等直接用于农业养殖生产的设施与加工厂、农副产品仓库、集贸市场等予以混同，养殖场等直接进行农业生产的用地进行农用地转用审批手续，按照建设用地标准进行建设。

第二阶段，2010 年 9 月 30 日至 2014 年 9 月 29 日，155 号文件[③]施行期间，明确设施农用地定义，区分设施农用地与非农建设用地，明确设施农用地性质为农用地，不需办理农用地转用审批手续，管理方式为审核制，最高不超过 15 亩。

第三阶段，2014 年 9 月 29 日至今，127 号文件施行期间，明确区分设施农用地与非农建设用地，明确设施农用地性质为农用地，不需办理农用地转

① 参见 1999 年 12 月 29 日颁布施行的国土资发〔1999〕511 号《国土资源部、农业部关于搞好农用地管理促进农业生产结构调整工作的通知》。

② 参见 2007 年 7 月 30 日颁布施行的国发〔2007〕22 号《国务院关于促进生猪生产发展稳定市场供应的意见》。

③ 参见 2010 年 9 月 30 日颁布施行的国土资发〔2010〕155 号《国土资源部、农业部关于完善设施农用地管理有关问题的通知》。

用审批手续，管理方式由审核制转变为备案制，最高不超过15亩。

第四阶段，2019年9月6日至今，44号文件①施行期间，完善设施农用地政策，合理增加附属设施用地规模，取消15亩上限。

从以上相关部委对于养殖业用地的四个阶段的规定来看，对于养殖业的用地管理，从最初按照非农建设用地的严格管理的审批制，到适应经济社会的发展，适应养殖业的特点，逐渐转变为区分农业建设与非农业建设，到明确设施农用地概念，对于设施农用地的管理，从审核制到逐渐放开转变为备案制，最后甚至取消了附属设施用地的15亩限制，体现了国家对于养殖业的用地政策的管理是逐渐放开，逐渐向行政相对人倾斜的方向。在此背景下，行政机关以及行政诉讼中，对于设施农用地的处理亦应结合政策背景、案件事实综合处理。

三、设施农用地是否适用《中华人民共和国城乡规划法》进行调整

《中华人民共和国城乡规划法》对规划区与非规划区进行了区别管理，《中华人民共和国城乡规划法》（2015年修正）第二条规定，本法所称规划区，是指城市、镇和村庄的建成区以及因城乡建设和发展需要，必须实行规划控制的区域。第四十条规定，在城市、镇规划区内进行建筑物、构筑物、道路、管线和其他工程建设的，建设单位或者个人应当向城市、县人民政府城乡规划主管部门或者省、自治区、直辖市人民政府确定的镇人民政府申请办理建设工程规划许可证。由上述规定可知，对于城市、镇、村庄的规划区进行建设活动，需先取得规划许可证等用地许可，但是，对于非规划区的建设活动是否需要办理规划许可证等用地手续却没有明确，而对于农村土地利用的规划区与非规划区的划分就没有城市的划分那么清晰。127号文件规定，设施农用地其性质不同于非农业建设项目用地，按农用地管理，占用农用地的，不需办理农用地转用审批手续。对于规划区以外的建设活动，需根据其土地性质的不同，建设内容的不同，结合相关其他法律法规以及规范性文件的规定，综合判断。根据《中华人民共和国城乡规划法》第四十二条的规定，城乡规划主管部门不得在城乡规划确定的建设用地范围以外作出规划许可。据此，二审法院判决时，认为涉案裕盛祥公司经营的美城猪场，系现代

① 参见2019年9月6日颁布施行的国办发〔2019〕44号《国务院办公厅关于稳定生猪生产促进转型升级的意见》。

农业生产中的规模化养殖，其所使用的土地为美城村村集体所有的荒地，其生产设施和附属设施用地直接用于或者服务于农业生产为设施农用地，性质属于农用地，按农用地管理，不需办理农用地转用审批手续。秀英区政府根据《中华人民共和国城乡规划法》的规定认定裕盛祥公司违法建设，对涉案土地上建筑物进行强制拆除，适用法律不当。

四、违反备案制能否一律认定为违法建筑

从上述设施农用地经历的四个阶段可知，对于养殖业用地的管理，也是随着我国社会经济社会的发展，相关的规范性文件也在不断地修订和修正，政府的执政理念也是在不断地前进，以适应社会调整发展，从而推进国家治理体系的完善。同时，对于国家的治理能力，相关行政机关的执法水平提出了更高的要求，要求行政机关在执法过程中，要合理、合法地处理新旧法之间的冲突。

对于新、旧法之间的冲突如何解决，在最高人民法院下发的司法指导性文件《最高人民法院关于印发〈关于审理行政案件适用法律规范问题的座谈会纪要〉的通知》（法〔2004〕96号）中规定："根据行政审判中的普遍认识和做法，行政相对人的行为发生在新法施行以前，具体行政行为作出在新法施行以后，人民法院审查具体行政行为的合法性时，实体问题适用旧法规定，程序问题适用新法规定，但下列情形除外：（一）法律、法规或规章另有规定的；（二）适用新法对保护行政相对人的合法权益更为有利的；（三）按照具体行政行为的性质应当适用新法的实体规定的。"参照该通知的规定，在适用新的规范性文件对保护行政相对人的合法权益更为有利的，可以适用新的规范性文件，即从旧兼从轻原则。又根据155号文件的规定，严肃查处设施农用地中违法违规用地行为，处理到位后确需用地的，按规定完善用地手续。即设施农用地中的违法违规行为不是一律拆除，也可以完善用地手续后继续使用土地。

因此，二审法院认为美城猪场所使用的土地性质属于农用地，按农用地管理，不需办理农用地转用审批手续。并且，在海口市的土地利用现状图中，显示的涉案土地与海口市政府对涉案土地的登记管理相一致，裕盛祥公司并未改变涉案土地的土地性质。裕盛祥公司所使用的土地签订用地协议后，乡镇政府应按要求及时将用地协议与设施建设方案报县级国土资源部门和农业部门备案。2018年10月18日，虽国土秀英分局对石山镇人民政府作出442

号函，请石山镇人民政府督促该猪场于 2018 年 10 月 20 日前提交相关材料完善设施农用地备案手续，裕盛祥公司未将用地协议申请备案，但此时，美城猪场已存在多年，秀英区政府从未以此为由强制裕盛祥公司停止养殖，相反，对于其生猪养殖还给予了政策帮助，帮助其进行升级改造。诚然，裕盛祥公司的用地协议未进行备案，但裕盛祥公司在实际利用土地时，不存在改变土地用途，擅自或变相将设施农用地用于其他非农建设、改变直接从事或服务于农业生产的设施性质、擅自将设施用于其他经营的事项，因此不宜仅以用地协议未经备案为由，认定涉案建筑为违法建筑。

五、历史遗留问题的处理

本案中，美城猪场系 2006 年建设，至今已存续十余年，对于养殖场的要求，国家政策几经变更，在对这类养殖场进行查处时，查处的依据是什么，对于手续不全的养殖场是否均是一刀切等都是需要在办理案件时深入思考的内容。

养殖业在我国农业生产中的地位相当重要，而且养殖业对于从事农业生产的农民、农村、企业的增收来说，起着至关重要的作用，对于我国经济的发展作出了强有力的贡献。而养殖业的迅速增长也离不开我国相关规范性文件对于养殖业不断地调整政策和大力扶持。从以上我国关于养殖业用地的规范性文件来看，对于养殖业的用地管理的路径，从最初按照建设用地的严格管理的审批制，到适应经济社会的发展，适应养殖业的特点，逐渐转变为区分农业建设与非农业建设，设施农用地为审核制，后又逐渐放开转变为备案制，最后甚至取消了附属设施用地的 15 亩限制，养殖业的用地管理在逐渐放开，逐渐向行政相对人倾斜。而且 155 号文件规定，严肃查处设施农用地中违法违规用地行为，符合设施农用地规定的，处理到位后确需用地的，按规定完善用地手续。即对设施农用地中违法违规用地行为的查处也是以实质违法为标准的，如果用地行为本身符合设施农用地的规定的，是可以完善用地手续的，因此，我们对于设施农用业的处理不宜一刀切地全部予以拆除，而应结合政策背景、案件事实综合处理。

2016 年 11 月 25 日，海口市农业局、秀英区农林局、裕盛祥公司签订三方《协议书》，对美城猪场进行转型升级，并提供扶持资金 148 万元。裕盛祥公司虽未对用地协议进行备案，但裕盛祥公司在实际利用土地未违规，而且 2018 年 4 月 25 日海口市秀英区环境保护督察整改工作领导小组亦认为该项目位置不在禁养区域内，符合海口畜禽养殖规划，未占用农田，落实和完善各项环境保护措施建设，符合相关文件要求，故仅以用地协议未经备案来认定其属于违法建筑并予以拆除不具有合理性，且秀英区政府强制拆除涉案建筑及其他设施的行政行为没有法律依据。

综上，二审法院认为，秀英区政府强制拆除涉案建筑的行政行为事实不清，适用法律不当，程序不当，应予撤销，但基于涉案建筑及其他设施已经拆除完毕，已无可撤销之内容，应确认秀英区政府强制拆除涉案建筑及其他设施的行政行为违法。在对案件事实和适用的规范性文件的全面评论的基础上，作出了改判。

（作者单位：海南省高级人民法院）

新业态下网约工的工伤认定

李戈军　高　蔚　寇茜玥

【裁判要旨】

外卖、快递、网约车等新业态以灵活、弹性、平台、共享等服务形式存在，从业人员的工作时间、工作地点灵活、不固定，在其工伤认定中，工作原因应当作为核心要素适用。

【案号】

一审：四川省成都市成华区人民法院（2018）川0108行初35号。

二审：四川省成都市中级人民法院（2018）川01行终733号。

【案情】

原告（上诉人）：成都泰和源餐饮管理有限公司（以下简称泰和源公司）。

被告（被上诉人）：成都市人力资源与社会保障局（以下简称市人社局）。

被告（被上诉人）：成都市人民政府（以下简称市政府）。

第三人：程某。

原告泰和源公司诉称：一、被告认定事实错误，程某发生交通事故不是发生在上下班途中，也不是在工作过程中发生交通事故，不应认定为工伤。二、被告法律适用错误。根据《工伤保险条例》第十四条第（六）项规定，事故发生在10点钟，因此程某不可能是在上下班途中，原告的证据能够证明原告并未给程某派单，因此程某发生交通事故更不可能是在工作过程中。被告据该款规定作出认定书，显属法律适用错误。原告特向人民法院提起行政诉讼，请求：1. 依法撤销被告市人社局作出的〔2017〕05－379号《工伤认定决定书》；2. 依法撤销被告市政府作出的〔2017〕1265号《行政复议决定书》；3. 依法判令被告承担本案诉讼费。

被告市人社局辩称：一、被告市人社局作出的具体行政行为程序合法。二、被告市人社局作出的具体行政行为符合法律规定，适用法律正确。2017年4月30日早上，程某按惯例先在手机上的公司派单系统签到，骑摩托车前往温江区珠江广场等候点去等派单，10点半左右行驶至温江区天宝东街“伊藤洋华堂”路口时，与一辆小型轿车相撞致其受伤，被告市人社局据此认为第三人受伤是在工作时间内往返于工作场所内合理区间，符合《工伤保险条例》第十四条的规定及《最高人民法院关于审理工伤保险行政案件若干问题的规定》（法释〔2014〕9号）第四条情形，所以，被告市人社局据此作出了认定工伤的决定书适用法律正确，符合法律规定，理应维持。

被告市政府辩称：被告市政府作出《行政复议决定书》（〔2017〕1265号）事实清楚，适用依据正确，并且程序合法。

第三人程某述称：程某于2017年2月24日被泰和源公司聘用到其下属温江区配送站正式上班，与该公司签订《劳动合同书》。程某工作的上班报到地点是在去配送站第四小组珠江广场聚散工作点，接受组长徐某的组织安排。泰和源公司温江区配送站的业务订单服务工作没有限定工作时间与服务地点，同时也没有行动路线的特别限制。

法院经审理查明，第三人系原告工作人员，2017年4月30日早上，第三人按惯例先开机处于可接受派单状态，10时30分左右，第三人驾驶摩托车行驶至温江区珠江广场附近天宝东街“伊藤洋华堂”路口时，与一辆小型轿车相撞，致其受伤。第三人随即被送往医院住院治疗，出院诊断为：“1. 重型颅脑损伤……”同年7月3日，成都市公安局温江区分局交通警察大队出具《道路交通事故认定书》，认定第三人承担此次道路交通事故的同等责任。

2017年8月1日，第三人向被告市人社局申请工伤认定，被告市人社局于当日依法受理。同年9月28日，被告市人社局作出〔2017〕05－379号《认定工伤决定书》，认定第三人受到的事故伤害，符合《工伤保险条例》第十四条第（一）项之规定，属于工伤认定范围，予以认定为工伤，并分别于同年9月29日送达第三人，同年10月11日送达原告。

2017年11月24日，原告对被告市人社局作出的〔2017〕05－379号

《认定工伤决定书》不服，向被告市政府申请行政复议，2018 年 1 月 12 日，被告市政府作出〔2017〕1265 号《行政复议决定书》，决定维持被告市人社局于2017 年9 月28 日作出的《认定工伤决定书》（〔2017〕05－379 号）。并于同年 1 月 17 日送达原告及第三人，于同年 3 月 5 日送达被告市人社局。

【审判】

四川省成都市成华区人民法院于2018 年3 月28 日作出（2018）川0108 行初35 号行政判决：驳回原告成都泰和源餐饮管理有限公司的各项诉讼请求。

宣判后，原告上诉，二审维持原判，该判决已生效。

法院生效判决认为：根据《工伤保险条例》的规定，被告具有作出工伤认定的职权。本案各方当事人对原告与第三人形成劳动关系与原告受伤的事实不持异议，本案的争议焦点为，原告受伤是否因工作原因。《工伤保险条例》第十四条规定："职工有下列情形之一的，应当认定为工伤：（一）在工作时间和工作场所内，因工作原因受到事故伤害的……"《最高人民法院关于审理工伤保险行政案件若干问题的规定》第四条规定："社会保险行政部门认定下列情形为工伤的，人民法院应予支持：（一）职工在工作时间和工作场所内受到伤害，用人单位或者社会保险行政部门没有证据证明是非工作原因导致的……"

根据本院庭审查明事实，2017 年4 月30 日早上，第三人没有请假或其他特殊情况，而是按照惯例开机处于可接受派单状态，进入了工作状态，随时准备接单，故自其开机接入公司系统，处于随时接受派单状态开始，即已进入工作状态。原告是否对其进行派单，是第三人具体执行工作任务的问题，并不影响对第三人已开始工作的认定。故其受伤是在工作时间之内。同时，第三人接送订单的范围在温江区，可自由选择接单地点，其受伤地点在温江区内，属于其工作区域，且由于珠江广场系商业网点较为集中的地点，也是离第三人住所最近的集中商业网点，因此第三人述称其是前往珠江广场等候公司派单也符合第三人及其他派送人员此前形成的工作惯例，完全合理。故其受伤是在工作场所内。综上，第三人受伤发生在工作时间、工作地点，原告称第三人受伤非因工作原因，但其提交的证人证言等证据材料并不能证明其主张。故被告市人社局认定第三人受到的事故伤害，符合《工伤保险条例》第十四条第（一）项之规定，予以认定为工伤并无不当。原告的诉讼请求缺乏事实依据，本院依法不予支持。

【评析】

共享经济是近年来涌现出的新业态，外卖、快递、网约车，已经成了市民生活不可分割的部分。据统计，中国已经拥有一支高达 7000 万的网约工队伍。尽管共享经济平台为这些劳动者提供了更加灵活的工作安排、更多的工作机会等，但由于缺乏传统劳动法意义上的劳动保障，他们已经成为事实上的非正规就业者。他们劳动权益保障的缺位这一现实不容忽视，而其中最为突出的问题之一即为工伤。新业态下，网约工的工作时间、工作场所灵活，且工作场所与生活场所容易混杂，难以区分工作原因和非工作原因，工伤调查取证难、认定难。因此，在继承传统的工伤认定“三工”要素标准的基础上，法院对于三要素的认定和三要素之间的关系解读需要有新的发展。

一、网约用工的“弱传统性”与新发展

1. 共享经济发展模式改变了网约工的工作场所和工作时间

一方面，当前的共享经济平台作为虚拟实体，既不存在工厂也不存在实体店铺，因此共享经济平台和提供自身劳务的网约工可以摆脱固定场所的束缚，相对自由地在更广阔的空间中完成工作；另一方面，过去的劳动者必须在用人单位规定的固定的时间点上下班，并在这个时间范围内完成定量的工作。而在现在的共享经济模式中，共享平台公司对网约工在固定时间区域内的控制明显减弱，网约工在一定范围内可以选择、决定用相对自由的时间来打开平台接受并完成相应的派单任务。

2. 对劳动关系从属性的继承与发展

送餐员、快递员、网约车司机与共享平台公司是否构成劳动关系，在理论与实践中存在争议。但笔者认为在本案中构成劳动关系。从理论角度来看，通说认为从属性是劳动关系的最主要特征。一是经济上的从属性，平台公司提供生产资料，网约工通过劳动获取报酬。在网约用工中，部分劳动者由公司配置摩托车、电瓶车等生产资料，而大部分劳动者则使用自己的交通工具，这一方面的从属性看似弱化了。然而在共享经济发展模式中，最重要的生产资料是信息资源，此种生产方式以信息为依托，如果没有平台公司提供的信息服务，送餐员、快递员、网约车司机都将无法进行工作，同时他们的劳动报酬是由平台公司支付，更加体现了经济属性。二是人身上的从属性，劳动者的人身一定程度地受用人单位支配、控制，网约工的工作时间、场所等灵活、不固定，但其人身仍然受控于平台公司的网络监管和规章制度，其活动范围、路线都要服从公司的安排。三是组织上的从属性，网约工是平台公司组织中的一部分，以公司的名义开展工作，并由公司承担责任。

二、网约工工伤认定应沿用“三工”要素标准，但工作原因是认定的核心要素

网约用工符合劳动关系的最主要特征，但又以灵活、弹性、平台、共享等新兴用工形式存在。“赚钱快”“工资高”“时间、场所灵活”这些标签吸引越来越多的人当起了“快递小哥”“外卖小哥”或滴滴司机。他们每日驾驶自己的交通工具穿行在大街小巷。为了避免“超时赔付”造成收入损失，加紧赶路是常有的事，安全隐患也随之大大增加。他们在行驶过程中一旦发生事故，在工伤认定中往往遭遇麻烦。他们的工伤应该如何认定？劳动权益应该如何保障？

《工伤保险条例》对一般工伤的三种情形作了规定：“在工作时间和工作场所内，因工作原因受到事故伤害的”，“工作时间前后在工作场所内，从事与工作有关的预备性或者收尾性工作受到事故伤害的”，“在工作时间和工作场所内，因履行工作职责受到暴力等意外伤害的”。据此，一般工伤认定需要具备工作原因、工作时间、工作场所三个要素。但现实中，网约工的工作时间、工作场所灵活，且工作场所与生活场所容易混杂，工作原因和非工作原因难以区分，工伤调查取证难、认定难。因此，法院需要在不突破传统工伤认定“三工”要素标准下，突出工作原因的核心要素地位，对三要素进行合法合理地解读。

面对网约工不是在通常意义固定的工作时间、工作场所内工作的特征，将工作原因作为认定工伤的核心要素，它的作用有三：一是进一步强调工作原因；二是成为认定工作时间、工作场所的核心标准，一般情形下，如果具备了工作原因，所涉及的时间与空间就是工作时间与工作场所；三是当工作原因难以查明时，用来推定是否属于工作原因。此外，由于现有法律法规、司法解释，对于“三工”要素的规定比较原则，优点是给予了一定的解释空间，能满足不断发展的客观实践；缺点在于可操作性较差，容易导致工伤认定行政裁判尺度的不统一。因此，我们还需要在立法目的范围内延展三要素的内涵：一是对工作原因的认定，应当考虑是否履行工作职责、是否受用人单位指派、是否从事与工作有关的预备性或者收尾性工作、是否基于用人单位的正当利益等因素；二是对工作时间的认定，应当考虑是否属于因工作需要的时间；三是对工作场所的认定，应当考虑是否属于因工作涉及的区域以及自然延伸的合理区域。①

以本案为例，首先，在事故发生日，案件中的送餐员并没有请假或其他特殊情况，而是按照惯例打开手机接入了所签约的平台公司的派单系统，处于可随时接受派单的状态。接入平台公司的派单系统，是送餐员履行派送餐饮任务的预备性工作，也是工作的必备事项。简言之，该名送餐员已经进入了工作状态，具备了工作原因。其次，平台公司是否对其进行派单，是送餐员具体执行工作任务的问题，并不影响对他已开始工作的认定。事故是发生在其处于工作状态、具备工作原因所涉及的时间范围内，即认定在工作时间之内。最后，平台公司指定送餐员接送订单的范围在温江区，该区域内送餐员可自由选择接单地点，结合事故发生地在温江区内，属于其工作区域，且由于珠江广场系商业网点较为集中的地点，也是离送餐员住所最近的集中商业网点，因此送餐员述称其是前往珠江广场等候公司派单也符合他及其他派送人员此前形成的工作惯例，完全合理。其受伤也是在工作场所内。综上，送餐员受伤发生在工作时间、工作场所，平台公司称其受伤非因工作原因，其提交的证人证言等证据材料并不能证明其主张。故行政机关认定送餐员受到的事故伤害，符合《工伤保险条例》第十四条第（一）项之规定，予以认定为工伤并无不当。如果本案中，送餐员并未接入平台公司的派单系统，没有处于可随时接单的工作状态，也未实际执行接单任务。那么，缺乏工作原因的存在，将使得本来就灵活、不固定的工作时间、工作场所，变得更加难以认定，案件的最终判决结果可能发生反转性的变化。

三、权益保障与营商效益的平衡：法院对“三工”要素的审查责任与当事人的证明责任

法律要达到解决利益纠纷，保护公民正当权益，维护法律秩序，实现公

① 杨科雄：《行政与执行法律文件解读》，https：//mp. weixin. qq. com/s/IuQO1IA_ z - jR8EQNwpAZSg，于2019年7月9日访问。

平、平等、安全、自由、效益等正义价值，促进社会进步与发展的实际效用，司法判决必须为当事人接受和履行。[①] 司法判决自身具备的可接受理性，具体而言，在网约工受伤的“三工”要素的司法认定中，司法者需将网约工的合法权益、劳动社会保障部门自主性判断与新业态下共享经济平台的利益等相结合予以考量。面对网约工工作时间、场所不固定的特征，而减弱对当事人履行工作职责、具备工作原因的举证责任，将工作时间、工作场所扩大解释到非工作涉及的区域以及自然延伸的合理区域，甚至于难以认定工作时间、场所就直接不予认定，这样或许利于保护劳动者权益，但是极大加重了共享经济平台的经营管理责任，抑制了新业态经济发展。要达到劳动者权益保障与新业态营商效益的平衡，一方面，要围绕“三工”要素加强三方当事人的举证责任，网约工对受伤满足“三工”要素进行举证，行政机关对作出或不予作出行政行为的合法性、合理性进行举证，平台公司对受伤不满足“三工”要素进行举证；另一方面，法院要严格审查“三工”要素，尤其在工作时间、场所不固定，工作原因不能明显判断的情况下，要基于现行法律规定、立法目的，以工作原因为核心要素，合法合理地引导认定三要素，并进行充分释明。

（作者单位：四川省成都市成华区人民法院）

① 黄学贤、汪厚冬：《“途中工伤”构成要素的司法判断——以〈工伤保险条例〉第十四条第一款第（六）项为考察对象》，载《苏州大学学报》（哲学与社会科学版）2014年第4期。

横向垄断协议行政处罚的司法审查

管劲松　宋媛玉

【裁判要旨】

反垄断执法机构在执法活动中对是否构成横向垄断协议必须结合《中华人民共和国反垄断法》的立法目的和当前我国保护市场公平竞争所面临的形势，围绕《中华人民共和国反垄断法》第十三条、第十五条进行综合考量和判断。即在反垄断执法过程中，对经营者之间的协议行为，是否构成《中华人民共和国反垄断法》所禁止的垄断协议，应当以该协议是否排除、限制竞争为标准。除了“其他垄断协议”需要由反垄断执法机构认定以外，第十三条第一款列举的固定或变更商品价格等五种情形的协议，明显具有有害公平竞争的效果，在反垄断执法过程中，在查清存在相关行为的情况下，反垄断执法机构可以直接认定协议为垄断协议。当然，这种认定是可以由经营者通过提交证据进行抗辩予以推翻的，即证明存在《中华人民共和国反垄断法》第十五条第一款第（一）项至第（五）项情形且不会严重限制相关市场竞争，能够使消费者分享利益或者存在第（六）项、第（七）项规定之情形。这种除外规则是合理原则的体现，在一定程度上弥补了本身违法原则机械执法对正常经济活动的消极影响，可以更好地应对复杂的经济形势。

【案号】

一审：贵州省贵阳市中级人民法院（2018）黔01行初813号。

二审：贵州省高级人民法院（2019）黔行终539号。

【案情】

原告（上诉人）：施秉县恒安机动车驾驶培训学校（以下简称恒安驾校）。

被告（被上诉人）：贵州省市场监督管理局[①]。

一审法院经审理查明，2016年12月20日，贵州省发展和改革委员会（以下简称贵州省发改委）接到黔东南地区驾校横向垄断案件线索后开展调查，于2017年7月19日作出黔发改价检〔2017〕1093号《行政处罚事先告知书》，于2017年8月17日召开听证会听取恒安驾校的陈述申辩。此后，贵州省发改委经集体讨论认为，恒安驾校有以下违法事实：1. 与具有竞争关系的经营者达成了固定或变更商品价格的垄断协议；2. 实施了固定或变更价格的垄断协议。恒安驾校达成《联合经营协议》及《联营补充协议》的行为属于价格垄断的违法行为，并且予以实施，违反《中华人民共和国反垄断法》（以下简称《反垄断法》）第十三条第一款第（一）项之规定，遂于2017年8月21日依据《反垄断法》第四十六条第一款、第四十九条的规定，作出黔发改价检〔2017〕1258号《行政处罚决定书》：（一）责令停止违法行为；（二）对你单位处2016年度主营业务收入10603785.56元5%的罚款，计530189.28元（大写：伍拾叁万零壹佰捌拾玖元贰角捌分）。于2017年8月23日将该行政处罚决定送达恒安驾校。

另查明，2016年2月27日，在黄平县永安驾驶培训有限公司（以下简称永安驾校）的发起下，恒安驾校与永安驾校、镇远县金通驾校有限公司（以下简称金通驾校）签订《联合经营协议》约定，三家驾校对C1、C2驾照培训实行联合经营模式，即在各驾校地址、组织架构不变的情形下，对三家驾校C1、C2驾照培训实行统一经营模式，统一管理规范，实现毛利润统一分配。具体做法是，对C1、C2驾照培训收费价格，即三校（包括外挂教练）招收的黄平县、施秉县、镇远县三县学员的收费不低于核定的成本价。三校根据各自情况核算的成本价为：永安驾校5800元/人、恒安驾校5785元/人、金通驾校5795元/人；外挂车辆挂靠管理费收取标准为挂靠管理费不低于

---

① 编者注：因反垄断行政执法职权行使主体由贵州省发展和改革委员会变更为贵州省市场监督管理局，故法院依据《中华人民共和国行政诉讼法》第二十六条第六款规定，将被告变更为贵州省市场监督管理局。

2480元/人（含考试费）。为确保《联合经营协议》顺利实施，三校开设专用账户，在协议签订后三日内各自存入10万元保证金。协议还约定将三校培训一名学员产生的毛利润定为1000元，并全部存入上述专用账户。另外，对违约行为的后果也进行约定，存在对驾校直属学员收取培训费低于核定成本价，收取挂靠费低于2480元/人，用奖励、送考试车练车票等手段返还挂靠费而使所收挂靠费实际低于2480元/人等行为，则进行10万元罚款。对三校的外挂教练收费直接或间接低于约定最低成本价的，对该外挂教练予以1万元罚款或开除，且三校均不得再接收被开除的外挂教练。

《联合经营协议》签订后，恒安驾校直属学员培训费为5900元/人，外挂教练费从2016年7月起调整为2480元/人。恒安驾校在约定的账户内存入10万元履约保证金，并从其所招收的每个学员培训费中提取1000元作为约定的毛利润。此后，因永安驾校未按约履行，金通驾校和恒安驾校对其罚款10万元。2016年11月18日，恒安驾校、金通驾校与永安驾校又签订了《联营补充协议》，将《联合经营协议》中约定用于平分的毛利润由1000元/人调整为500元/人，并加大违约处罚力度，对不履行协议的驾校，收取50万元违约金。恒安驾校2016年度主营业务收入共计10603785.56元。黄平、施秉、镇远三县均属黔东南州，黄平县与施秉县接壤，施秉县与镇远县接壤，黄平县与镇远县不接壤。

二审法院另查明，贵州省发改委在对三校开展反价格垄断初步调查的基础上，于2017年3月15日正式立案。

又查明，贵州省委办公厅、贵州省政府办公厅于2018年12月21日印发《贵州省市场监督管理局（贵州省知识产权局）职能配置、内设机构和人员编制规定》（黔委厅字〔2018〕93号），将“按权限负责反垄断统一执法”列入省市场监管局职能范围。

【审判】

一审法院认为，首先，根据《反垄断法》第十条第二款和《国家发展改革委关于反价格垄断执法授权的决定》（发改价检〔2008〕3509号）第一条的规定，贵州省发改委作为原贵州省级价格行政主管部门，具有作出本案被诉行政处罚决定的法定职责。

其次，价格垄断通常是指经营者通过滥用其市场支配地位或市场优势地位，或两个以上的经营者通过合谋、串通等形式，操纵、控制市场价格，排挤价格竞争，侵害其他经营者和消费者合法权益的市场经营行为。本案中，黄平、施秉、镇远三县隶属黔东南州，恒安驾校、永安驾校和金通驾校均是当地从事机动车驾驶培训服务的经营者，存在同质竞争关系，三校签订《联合经营协议》及《联营补充协议》，对C1、C2驾照培训联营模式、培训能力、车辆管理、管理费用、最低成本标准价格、违反最低成本标准价格的处罚方式及金额等关涉商品或服务价格构成的要素进行协商，核定最低成本标准价格，确定三校只能在核定的最低成本标准价格之基础上上浮驾驶培训费用。恒安驾校与同业竞争者的行为名为“避免恶性竞争”“规范行业行为”，实为通过固定驾驶培训服务成本和价格使当地机动车驾驶培训服务行业的培训价格处于固定状态。该行为排除、限制当地驾驶培训行业的市场竞争，剥夺了消费者的自主选择权，与国家开放机动车驾驶培训服务物价管制，以市场自主调控价格的导向相违背，属于《反垄断法》第十三条“禁止具有竞争关系的经营者达成下列垄断协议：（一）固定或者变更商品价格……”中禁止的横向价格垄断行为，故恒安驾校参与签订的《联合经营协议》及《联营补充协议》应认定为横向价格垄断协议。

再次，根据民法基本原理，合同是双方或多方意思自治的结果。只要协议的双方或多方具有意思自治能力，对合同的主要内容达成合意，并在合同上签字或盖章，即视为合同成立。本案中，恒安驾校是具有独立法人资格的市场经营主体，作为案涉二协议的订约方在协议上加盖了公章，即视为认可协议的内容，故案涉二协议对参与签订的各方主体具有约束力。另外，恒安驾校自签订案涉二协议后，在实际经营中对C1、C2驾照培训实行联营，执行约定的最低成本标准价格，对违约驾校进行罚款等，故可以认定恒安驾校实施了《联合经营协议》及《联营补充协议》。

最后，行政机关作出完整的行政处罚决定需要经调查、听证、认定、处罚一系列程序。根据《反垄断法》第四十六条第一款规定：“经营者违反本法规定，达成并实施垄断协议的，由反垄断执法机构责令停止违法行为，没收违法所得，并处上一年度销售额百分之一以上百分之十以下的罚款……”应当以作出行政处罚决定的时间作为一个行政行为完整结束的时间。本案中，贵州省发改委作出处罚决定的时间是2017年8月21日，则该款规定中所称之上一年度，即为2016年。另外，该款规定的行政处罚幅度为经营者上一年度销售额的百分之一以上百分之十以下，故贵州省发改委以恒安驾校财务数据为依据，计算其2016年度主营业务收入，并给予5%的行政处罚，事实清楚、证据充分、于法有据。

综上，恒安驾校要求撤销省发改委作出的黔发改价检〔2017〕1258号《行政处罚决定书》的请求，无事实和法律依据，依法予以驳回。一审法院依照《中华人民共和国行政诉讼法》第六十九条的规定，判决驳回恒安驾校的诉讼请求。

恒安驾校不服一审判决，向贵州省高级人民法院提起上诉。

二审法院认为，本案争议焦点为：一、贵州省发改委是否具有作出本案被诉行政处罚决定法定职权；二、本案行政处罚违法事实是否清楚、证据是否充分；三、被诉行政处罚决定程序是否合法；四、被诉行政处罚决定所涉计算标准、处罚幅度是否合法。

一、关于贵州省发改委是否具有作出本案被诉行政处罚决定法定职权的问题。根据《反垄断法》和国务院办公厅关于印发《国家发展和改革委员会主要职责内设机构和人员编制规定的通知》（国办发〔2008〕102号），国家发改委是国务院规定的原承担反价格垄断职责的行政执法机构。国家发改委依据《反垄断法》第十条第二款之规定作出《国家发展改革委关于反价格垄断执法授权的决定》（发改价检〔2008〕3509号，2019年9月1日废止），规定“省级价格主管部门应当按照反垄断法、国务院反垄断委员会工作规则和我委的有关规定，负责对本行政区域内涉嫌价格垄断行为进行调查和检查的各项职责。构成价格垄断行为的，依法作出行政处罚，并承担法律责任”。据此，贵州省发改委作为原贵州省级价格行政主管部门，属于国家发改委授权的省、自治区、直辖市人民政府相应的机构。贵州省发改委依据作出被诉处罚决定时依据当时有效的《国家发展改革委关于反价格垄断执法授权的决定》，具有作出被诉行政处罚决定的法定职权。

二、关于本案行政处罚违法事实是否清楚、证据是否充分的问题，即恒安驾校是否与具有竞争关系的经营者达成了《反垄断法》第十三条第一款第（一）项所规定的“固定或者变更商品价格”的垄断协议。《反垄断法》第十三条第二款规定，垄断协议是指“排除、限制竞争的协议、决定或者其他协同行为”。第十三条第一款对横向垄断协议的表现方式作出了列举规定，禁止具有竞争关系的经营者达成下列垄断协议：（1）固定或者变更商品价格；（2）限制商品的生产数量或者销售数量；（3）分割销售市场或者原材料采购市场；（4）限制购买新技术、新设备或者限制开发新技术、新产品；（5）联合抵制交易；（6）国务院反垄断执法机构认定的其他垄断协议。又在第十五条规定了可以不认定为垄断协议的例外情形。反垄断执法机构在执法活动中对是否构成横向垄断协议必须结合《反垄断法》的立法目的和当前我国保护市场公平竞争所面临的形势，围绕上述条文进行综合考量和判断。在反垄断执法过程中，对经营者之间的协议行为，是否构成《反垄断法》所禁止的垄断协议，应当以该协议是否排除、限制竞争为标准。除了“其他垄断协议”需要由反垄断执法机构认定以外，第十三条第一款列举的固定或变更商品价格等五种情形的协议，明显具有有害公平竞争的效果，在反垄断执法过程中，在查清存在相关行为的情况下，反垄断执法机构可以直接认定协议为垄断协议。当然，这种认定是可以由经营者通过提交证据进行抗辩予以推翻的。本案中，恒安驾校、金通驾校、永安驾校位于黄平、施秉、镇远三县，三县均隶属于黔东南州，黄平县、施秉县接壤，施秉县与镇远县接壤，三校作为同样提供C1、C2驾考培训服务的经营者，具有较强的替代关系和竞争关系。三校签订《联合经营协议》，约定三校在三县招收学员不得低于核定的成本价的行为，系具有竞争关系的经营者对驾照培训最低价格进行固定，属于《反垄断法》第十三条第一款第（一）项规定的具有竞争关系的经营者达成固定或变更商品价格的垄断协议之情形。关于恒安驾校上诉所提案涉《联合经营协议》未固定商品价格，未明确相关市场判断标准，且只有三家驾校达成协议，不足以排除、限制竞争，非垄断协议。经查，协议约定驾考培训联营模式、最低成本价格标准、违反最低成本价格标准的处罚方式及金额等关涉商品或服务价格构成的要素，并明确三校只能在核定的最低成本价格的基础上上浮驾考培训费用。该约定内容虽未直接明确固定对外收取的统一价格，但系以约定固定最低价格的方式来统一价格，该种方式显然违反了经营者应当按照公平和诚实信用原则、依据自身生产经营和市场供求状况自主定价的规则，从后果上显然排除、限制当地驾考培训行业的市场竞争，剥夺了消费者的自主选择权，实质上仍然为固定商品价格的一种较为隐蔽的表现形式。同时，依据《反垄断法》第十五条关于垄断协议的例外情形的规定，应由经营者证明所达成的协议不会严重限制相关市场的竞争，并且能够使消费者分享由此产生的利益。故上诉人因未提供充分证据证明案涉协议不符合“排除、限制竞争”要件，或者属于《反垄断法》第十五条规定的豁免情形，对其上诉理由，本院不予采纳。另，作为案涉协议签约方之一的永安驾校，作为经营驾校培训服务的实际经营者，是否具有独立法人资格，并不影响对上述垄断协议的性质认定。

三、关于本案被诉行政处罚决定程序是否合法的问题。本院认为，本案中，在贵州省发改委接到案件线索后，依法进行立案调查，于2017年7月19日作出黔发改价检〔2017〕1093号《行政处罚事先告知书》，2017年8月17日组织听证，听取恒安驾校陈述申辩，经集体讨论后于8月21日作出《行政处罚决定书》，8月23日送达恒安驾校，并无程序违法情形。贵州省发改委邀请原贵州省人民政府法制办公室工作人员参与听证，听取专家意见，有利于更好维护行政处罚当事人权益，且法制办工作人员不属于法律规定应当回避的范围，恒安驾校亦未能提供证据证明该工作人员与被诉行政处罚决定有直接利害关系或其他影响听证公平公正的情况存在。故恒安驾校主张程序违法，缺乏法律依据，本院不予支持。

四、关于本案被诉行政处罚决定所涉计算标准、处罚幅度是否合法的问题。本案中，被诉行政处罚决定依据《反垄断法》第四十六条“经营者违反本法规定，达成并实施垄断协议的，由反垄断执法机构责令停止违法行为，没收违法所得，并处上一年度销售额百分之一以上百分之十以下的罚款；尚未实施所达成的垄断协议的，可以处五十万元以下的罚款”之规定，对恒安驾校处2016年度主营业务收入5%的罚款。经查，贵州省发改委于2016年12月28日启动调查，2017年3月15日正式立案，2017年8月21日作出被诉《行政处罚决定书》。现恒安驾校主张“上一年度”应以启动调查或违法行为时为基准的上一年度。本院认为，关于“上一年度”的认定，现行法律缺乏明确具体规定。对此，一方面，对于行政机关基于案件情况、执法惯例以及行政执法中的裁量权所作认定，如无明显不当，应当予以尊重。另一方面，在恒安驾校不能提供证据证明其于2017年已经停止违法行为或停止经营的情形下，以作出行政处罚决定的时间作为计算上一年度的基准年度，符合行政处罚的公平原则，也符合该规定的文义解释。关于上诉人恒安驾校提出的应当依据国家发改委2016年6月发布的《关于认定经营者垄断行为违法所得和确定罚款的指南（征求意见稿）》认定“上一年度”的主张，因该指南仅为征求意见稿，并未正式发布施行，不具法律效力。该上诉理由，缺乏法律依据，本院不予采纳。关于5%的处罚幅度，省发改委综合考虑恒安驾校积极配合调查等情况，在《反垄断法》第四十六条规定的范围内采用了较轻的处罚幅度，并无明显不当。恒安驾校主张5%的处罚幅度违反《规范价格行政处罚权的若干规定》第十二条第（三）项的规定，但其未能举证证明存在符合上述法律规定之情形，该上诉理由缺乏依据，本院不予采纳。

综上所述，贵州省发改委认定恒安驾校所签订的《联合经营协议》属于垄断协议，据此所作被诉《行政处罚决定书》，证据充分，程序合法，处罚得当。上诉人恒安驾校所提的上诉请求，缺乏法律依据与事实依据，本院不予支持。依照《中华人民共和国行政诉讼法》第八十九条第一款第（一）项之规定，判决驳回上诉，维持原判。

【评析】

一、排除、限制竞争系垄断协议认定的构成要件

《反垄断法》第十三条第二款对垄断协议的概念做了明确，即“本法所称垄断协议，是指排除、限制竞争的协议、决定或者其他协同行为”。从该定义看，“排除、限制竞争”系“本法”垄断协议的基本特征，将其认定为垄断协议构成要件是题中应有之意。虽基于概念所处位置，理论界不乏从结构层面将该条规范解释为仅对横向垄断协议限制的声音，但从立法本意及整体解释来看，该条规范中垄断协议的定义范围为“本法”，而非限定为横向垄断协议，仅仅局限于结构逻辑的解释割裂了反垄断法的整体逻辑和目的，失之偏颇。国际上多数国家将认定反垄断行为的“排除、限制竞争”指向为目的或效果。例如，美国与欧盟国家，也有国家仅考察“排除、限制竞争”的效果，如日本。我国《反垄断法》虽未直接明确，但根据第四十六条第一款“经营者违反本法规定，达成并实施垄断协议的，由反垄断执法机构责任停止违法行为，没收违法所得，并处上一年度销售额百分之一以上百分之十以下的罚款；尚未实施所达成的垄断协议的，可以处五十万元以下的罚款”之规定的精神，对尚未实施垄断协议，未实际产生“排除、限制竞争”效果的，反垄断执法机构查明相关事实后，仍可对达成垄断协议的行为进行处罚。即在我国，认定垄断协议的构成要件“排除、限制竞争”包括目的或效果，且二者系选择性的。人民法院或反垄断执法机构只要认定协议存在“排除、限制竞争”目的，即可认定属于垄断协议，只有在无法认定存在“排除、限制竞争”目的的情况下，才需要进一步对协议实施产生的效果进行复杂的分析认定。

二、横向垄断协议认定思路遵循本身违法原则

前文已然明确“排除、限制竞争”系垄断协议的构成要件，则人民法院或反垄断执法机构在对垄断协议的认定中必然要对协议是否具有排除、限制竞争的目的或效果进行认定。但实践中，由于排除、限制竞争概念比较抽象，对其认定需要综合考虑相关市场竞争、协议方市场地位、市场变化等经济因素，进行全面的市场调查和复杂的经济分析，在现有技术背景下，认定难度较大，且带来结果的不确定性和不统一性。为了解决这一问题，国际上部分国家认为，有些协议具有明显的排除、限制竞争的特质，无须再行对排除、限制竞争进行分析，可直接认定为违法，这就是本身违法原则。横向垄断协议就是公认的较为典型的本身违法的垄断协议。例如，欧盟《有关欧共体条约第 81 条对横向合作协议适用指南的委员会通知》第 25 条规定“这涉及以通过固定价格、限制产量或者划分市场或客户等方式限制竞争为目的的合作。这些限制被视为是最有害的，因为它们直接干扰了竞争过程的结果。……因此，可以推定这些限制具有消极市场影响。因此，几乎总是被禁止的”。我国《反垄断法》第十三条第一款亦对横向垄断协议作了列举，“禁止具有竞争关系的经营者达成下列垄断协议”。即具有竞争关系的经营者只要达成上述协议，认定其明显具有有害公平竞争的效果，在反垄断执法或人民法院司法审查中可直接认定为构成垄断。我国民事诉讼亦有关于本身违法原则的体现，如《最高人民法院关于审理因垄断行为引发的民事纠纷案件应用法律若干问题的规定》第七条规定：“被诉垄断行为属于反垄断法第十三条第一款第（一）项至第（五）项规定的垄断协议的，被告应对该协议不具有排除、限制竞争的效果承担举证责任。”但这种本身违法非百分之百必然成立，经营者仍可通过提交证据进行抗辩予以推翻，即证明存在我国《反垄断法》第十五条第一款第（一）项至第（五）项情形且不会严重限制相关市场竞争，且能够使消费者分享利益或者存在第（六）项、第（七）项规定之情形。这种除外规则，在一定程度上弥补了本身违法原则机械执法对正常经济活动的消极影响，可以更好地应对复杂的经济形势。

三、严守司法权与行政权界限，尊重行政机关依法行政

我国行政诉讼的重要功能就是通过司法权对行政行为的合法性进行审查，实现司法权对行政权的监督、制约。但基于二者相互独立又相互制约的关系，一方面，司法权应当对行政权进行监督，另一方面，司法权又应当尊重、支持行政权，不越俎代庖。行政机关所管辖的行政事务具有多变性、复杂性、广泛性的特点，相较于缺乏行政管理经验的司法机关，行政机关对行政管理更为熟悉，更具备专门知识，对在法律范围内如何合理、适当地作出行政行为更有经验。如司法权过度介入行政权，不仅造成司法权与行政权的角色混淆，甚至可能引起二者在权限划分和功能定位上的冲突。因此，行政诉讼法将人民法院的审查标准重点确定在合法性审查，而对行政机关基于行政目的而自由斟酌、选择作出自己认为正确的行为的权利予以尊重。本案中，对行政处罚的标准中“上一年度”的认定，基于我国现行法律、法规并未作出明确限制，执法机关基于案件情况、执法惯例以及行政执法中的裁量权所作认定，如无明显不当，人民法院应当予以尊重。

（作者单位：贵州省高级人民法院）

食品添加剂带入原则的理解与适用

杨险峰　薛　扬

【裁判要旨】

食品安全事关人民群众的身体健康和生命安全，是重大的民生问题。食品生产经营者生产经营超范围、超限量使用食品添加剂的食品，属于违反《中华人民共和国食品安全法》的行为，食品安全监督管理部门依法对此违法行为实施行政处罚的，人民法院应当予以支持，以维护人民群众“舌尖上的安全”。《食品安全国家标准　食品添加剂使用标准》（GB 2760－2014）规定了食品添加剂的带入原则，只有同时符合其中3.4.1条规定的四个条件，才允许食品添加剂通过食品配料带入食品中，否则不适用带入原则的规定。

【案号】

一审：甘肃省高台县人民法院（2017）甘0724行初56号。

二审：甘肃省张掖市中级人民法院（2018）甘07行终17号。

再审：甘肃省高级人民法院（2019）甘行申29号。

【案情】

原告（被上诉人、再审申请人）：张掖市甘州区滋美蛋糕西饼店。

被告（上诉人、再审被申请人）：甘州区市场监督管理局（原甘州区食品药品监督管理局）。

一审法院审理查明，原告系从事食品加工销售的个体工商户。2017年1月16日，被告在原告店内进行食品安全监督抽检时，抽取了原告生产的4个

“肉松饼”，经被告委托甘肃中商食品质量检验检测有限公司检验，“肉松饼”中苯甲酸及钠盐检测项目不符合糕点类食品国家标准，检验结论为不合格。被告向原告送达检验报告后，对原告涉嫌超限量使用食品添加剂的行为进行立案调查。经询问原告负责人，其之前使用的食品原料都是总公司配送，加工后的食品检测都是合格的；由于近期食品原料未及时配送到位，使用了自己购进的沙拉酱。2017年7月27日，被告向原告送达听证告知书，拟对原告处以50000元的罚款，后原告依法要求进行听证，在听证会上原告提出苯甲酸及其钠盐被检出是生产所用配料“美味沙拉酱”带入，并非原告自主添加，原告制作的肉松饼一个约包含300g配料，包括鸡蛋60g、白砂糖30g、面粉18g、蛋糕油1.8g、泡打粉0.4g、牛奶7g、沙拉酱75g、原味肉松35g、水72g。2017年8月28日，被告以原告制作的肉松饼经检验苯甲酸及其钠盐为0.11g/kg，不符合GB 2760－2014《食品安全国家标准　食品添加剂使用标准》糕点类食品的标准要求，认定为不合格食品，认为原告的行为违反了《中华人民共和国食品安全法》第三十四条第一款第（四）项生产经营“超范围、超限量使用食品添加剂的食品”的规定。依据《中华人民共和国食品安全法》第一百二十四条第一款第（三）项的规定，作出（甘区）食药监食罚（2017）74号行政处罚决定书，给予原告50000元罚款。另查明，原告制作肉松饼的过程为，将白砂糖、鸡蛋、面粉、蛋糕油、牛奶、泡打粉等搅拌均匀发酵，入烤盘烘焙制成蛋糕胚；以3片蛋糕胚为一组，沾沙拉酱、沾肉松后，叠放在一起制成肉松饼成品。

【审判】

甘肃省高台县人民法院认为：被告作为食品安全管理监督机关，对本行政区域内食品生产经营行为有权进行监督管理，并作出行政处理。本案中争议的焦点为原告制作的糕点肉松饼所用配料沙拉酱中含有防腐剂苯甲酸及其钠盐，是否适用食品添加剂的带入原则，允许在其终产品肉松饼中带入苯甲酸及其钠盐。根据GB 2760－2014《食品安全国家标准　食品添加剂使用标准》，糕点类食品不得检出防腐剂苯甲酸及其钠盐，被告向甘肃中商食品质量检验检测有限责任公司委托检验时交付的检验样品为原告生产制作的终产品，未提交产品配料表，检测机构不能确定配料是否含有食品添加剂，因原告生产制作的肉松饼经检测苯甲酸及其钠盐含量为0.11g/kg，其仅对送检的肉松饼按照糕点类标准要求出具检验结论。根据原告提交的肉松饼制作流程图，配料沙拉酱使用方式为以烘焙制成的蛋糕胚3片为一组，沾沙拉酱、沾肉松后，叠放在一起制成肉松饼成品。配料沙拉酱中允许添加一定限量的防腐剂苯甲酸及其钠盐，苯甲酸及其钠盐在沙拉酱中已发挥其工艺作用，原告使用沙拉酱制作肉松饼，其沙拉酱中所含的苯甲酸及其钠盐在整个成品中未发挥其防腐工艺作用，依据原告陈述的配料情况、制作流程图和检测报告中的检验结果，制作的肉松饼符合GB 2760－2014《食品安全国家标准　食品添加剂使用标准》3.4.1条规定的食品添加剂可以通过食品配料带入食品的情形，本案应适用食品添加剂的带入原则。被告对本案原告是否存在违反GB 2760－2014《食品安全国家标准　食品添加剂使用标准》3.4.1条规定的食品添加剂可以通过食品配料带入食品的情形未能提供证据，其不适用带入原则的意见不予采纳；现被告认定原告超范围、超限量使用食品添加剂缺乏证据证实，被告作出的行政处罚决定认定事实不清、证据不足、适用法律错误，应予以撤销。综上，案经合议庭评议，依据《中华人民共和国行政诉讼法》第七十条第（一）项、第（二）项之规定，判决如下：撤销被告甘州区食品药品监督管理局作出的（甘区）食药监食罚（2017）74号行政处罚决定。

甘州区食品药品监督管理局不服一审判决，提起上诉。

甘肃省张掖市中级人民法院认为：上诉人甘州区食品药品监督管理局依照《中华人民共和国食品安全法》规定，对本行政区域内食品生产经营活动实施监督管理。

2017年1月16日，上诉人甘州区食药监局在监督检查时抽取被上诉人滋美蛋糕店自制的热加工糕点肉松饼。经检验抽取的肉松饼苯甲酸及其钠盐含量为0.11g/kg，不符合GB 2760－2014《食品安全国家标准　食品添加剂使用标准》标准要求，其检验结论为不合格。被上诉人认为肉松饼抽检出苯甲酸及其钠盐超标是由产品生产所用配料“美味沙拉酱”带入，并非自主添加，应适用带入原则。本院认为，GB 2760－2014《食品安全国家标准　食品添加剂使用标准》食品分类中肉松饼归类于07.02糕点。该标准中食品添加剂的使用规定A1规定了食品添加剂的允许使用品种、使用范围以及最大使用量或残留量。苯甲酸及其钠盐作为防腐剂允许使用的食品品种中并不包括07.02糕点。GB 2760－2014《食品安全国家标准　食品添加剂使用标准》

“3.4 带入原则 3.4.1 在下列情况下食品添加剂可以通过食品配料带入食品中：a）根据本标准，食品配料中允许使用食品添加剂”。食品允许使用某种添加剂是适用带入原则的前提，根据本标准，糕点类食品不允许使用苯甲酸及其钠盐作为添加剂，故本案涉及的肉松饼中含有苯甲酸及其钠盐并不适用带入原则。经检验被上诉人滋美蛋糕店自制的肉松饼苯甲酸及其钠盐含量为 0.11g/kg，违反《中华人民共和国食品安全法》第三十四条第（四）项“（四）超范围、超限量使用食品添加剂的食品”的规定。上诉人在监督检查及抽验中发现被上诉人违法行为后立案调查处理，通过询问调查当事人、检验、听证、听取当事人陈述、申辩，认定被上诉人滋美蛋糕店超范围使用食品添加剂，货值金额共计 36 元，未获取违法所得。依据《中华人民共和国食品安全法》第一百二十四条第一款第（三）项之规定，作出（甘区）食药监食罚（2017）74 号行政处罚决定书，对被上诉人滋美蛋糕店作出罚款 50000 元的行政处罚。该处罚认定事实清楚，适用法律正确，并未超过法律规定处罚幅度，程序合法。被上诉人要求撤销该处罚决定的请求不能成立，本院不予支持。一审判决认定事实错误，判处不当，应予以撤销。案经合议庭评议，依照《中华人民共和国食品安全法》第三十四条第（四）项、第一百二十四条第一款第（三）项和《中华人民共和国行政诉讼法》第六十九条、第八十九条第一款第（二）项之规定，判决如下：一、撤销甘肃省高台县人民法院（2017）甘 0724 行初 56 号行政判决；二、驳回张掖市甘州区滋美蛋糕西饼店的诉讼请求。

张掖市甘州区滋美蛋糕西饼店不服二审判决，向甘肃省高级人民法院提出再审申请。

甘肃省高级人民法院经审查认为：本案争议的焦点是，再审申请人甘州区滋美蛋糕西饼店所制作的肉松饼检出苯甲酸及其钠盐是否适用食品添加剂的带入原则。

《中华人民共和国食品安全法》第三十四条规定，“禁止生产经营下列食品、食品添加剂、食品相关产品：……（四）超范围、超限量使用食品添加剂的食品……”第四十条第二款规定：“食品生产经营者应当按照食品安全国家标准使用食品添加剂。”我国《食品安全国家标准　食品添加剂使用标准》（GB 2760－2014）规定，食品添加剂使用时的基本要求包括：不应对人体产生任何健康危害；在达到预期效果的前提下尽可能降低在食品中的使用量。该标准关于食品添加剂的使用范围在表 A.1 中以食品分类号和食品名称表示，其中关于苯甲酸及其钠盐的使用范围并不包括肉松饼等焙烤食品。本案中，再审申请人甘州区滋美蛋糕西饼店所制作的肉松饼，不符合食品添加剂苯甲酸及其钠盐的使用范围。然而，本案被抽检的肉松饼经甘肃中商食品质量检验检测有限公司检验，检验结果是苯甲酸及其钠盐含量为 0.11g/kg，检验结论为不合格，违反了上述规定。

关于再审申请人提出其所用“美味沙拉酱”在正常工艺中作为食品配料加入肉松饼中不违反带入原则的问题。《食品安全国家标准 食品添加剂使用标准》（GB 2760－2014）规定了食品添加剂的“带入原则”，在 3.4.1 条中明确要求在下列情况下食品添加剂可以通过食品配料（含食品添加剂）带入食品中：a）根据本标准，食品配料中允许使用该食品添加剂；b）食品配料中该添加剂的用量不应超过允许的最大使用量；c）应在正常生产工艺条件下使用这些配料，并且食品中该添加剂的含量不应超过由配料带入的水平；d）由配料带入食品中的该添加剂的含量应明显低于直接将其添加到该食品中通常所需要的水平。本案中，虽然申请人所用食品配料“美味沙拉酱”中允许使用食品添加剂苯甲酸及其钠盐，但食品中该添加剂的含量不应超过上述 c）规定的由配料带入的水平。根据一、二审法院审理查明，再审申请人制作的肉松饼一个 300g，配料中使用“美味沙拉酱” 75g。根据再审申请人在询问调查笔录中的陈述，其使用的沙拉酱的苯甲酸及其钠盐含量为 0.4g/kg，计算得出 75g 沙拉酱在一个肉松饼中苯甲酸及其钠盐含量为 0.1g/kg。也就是说，配料 75g 沙拉酱带入添加剂的水平为 75g × 0.4g/kg ÷ 300g = 0.1g/kg，而肉松饼中经检验苯甲酸及其钠盐含量为 0.11g/kg，该肉松饼中添加剂的含量已经超过了配料 75g 沙拉酱可以带入的 0.1g/kg 的水平，违反了食品添加剂“带入原则”的第三个条件，即“食品中该添加剂的含量不应超过由配料带入的水平”的规定。故申请人主张适用“带入原则”的理由不能成立。

根据《中华人民共和国食品安全法》第一百二十四条第一款第（三）项的规定，“违反本法规定，有下列情形之一，尚不构成犯罪的，由县级以上人民政府食品安全监督管理部门没收违法所得和违法生产经营的食品、食品添加剂，并可以没收用于违法生产经营的工具、设备、原料等物品；违法生产经营的食品、食品添加剂货值金额不足一万元的，并处五万元以上十万元以下罚款……（三）生产经营超范围、超限量使用食品添加剂的食品”。原甘州区食品药品监督管理局据此作出（甘区）食药监食罚（2017）74号行政处罚决定书，认定事实清楚，适用法律正确，按照处罚下限处以50000元罚款并无不当。二审判决结果正确。综上，张掖市甘州区滋美蛋糕西饼店的再审申请不符合《中华人民共和国行政诉讼法》第九十一条规定的情形，依照《最高人民法院关于适用〈中华人民共和国行政诉讼法〉的解释》第一百一十六条第二款之规定，裁定如下：

驳回张掖市甘州区滋美蛋糕西饼店的再审申请。

【评析】

食品安全事关人民群众的身体健康和生命安全，是重大的民生问题。《中华人民共和国食品安全法》的立法目的就是贯彻中央关于建立最严格的食品安全监管制度这一总体要求，保证食品安全，保障公众身体健康和生命安全。食品生产经营者应当严格依照法律、法规和食品安全标准从事生产经营活动，保证食品安全，诚信自律，对社会和公众负责。其中，食品添加剂的使用是食品安全的重要一环，与人民群众的身体健康息息相关。对行政机关依法查处食品添加剂领域的违法行为，人民法院应当依法予以支持。

一、食品添加剂的利弊和使用原则

食品添加剂是为改善食品品质和色、香、味，以及为防腐、保鲜和加工工艺的需要而加入食品中的人工合成或者天然物质。由于食品添加剂的适当使用能够明显改善食品的品质和色香味，能显著提高食品的防腐和保鲜能力，有效地满足了食品加工工艺的需要，因而食品添加剂深受食品生产经营者重视并有着广泛的使用范围，各种功能和效果不同的食品添加剂已深深地融入人民群众日常的饮食文化中。[①] 虽然我们的日常生活中早已离不开食品添加剂，但是食品添加剂多属于化学合成物质，如果使用不当或者过量使用，将会给人体健康带来危害。以本案中涉及的食品添加剂——苯甲酸及其钠盐为例，苯甲酸及其钠盐是食品工业中一种常见的防腐保鲜剂，对霉菌、酵母和细菌有较好的抑制作用。苯甲酸及其钠盐的安全性较高，少量苯甲酸对人体无毒害，可随尿液排出体外，在人体内不会蓄积。若长期过量食用苯甲酸超

---

① 林力：《食品添加剂使用中的“带入原则”值得尊重和执行》，载《管理观察》2009年10月。

标的食品可能会对肝脏功能产生一定影响。[①] 尤其是对于生长发育期的儿童，长期食用添加剂超标的食品会对智力和身体发育造成影响。

鉴于食品添加剂可能给人体健康带来的危害，食品生产经营者必须按照《中华人民共和国食品安全法》和食品安全国家标准的要求使用食品添加剂。《中华人民共和国食品安全法》第三十四条规定："禁止生产经营下列食品、食品添加剂、食品相关产品：……（四）超范围、超限量使用食品添加剂的食品；……"第四十条规定："食品添加剂应当在技术上确有必要且经过风险评估证明安全可靠，方可列入允许使用的范围；……食品生产经营者应当按照食品安全国家标准使用食品添加剂。"我国《食品安全国家标准 食品添加剂使用标准》（GB 2760－2014）明确规定，食品添加剂使用时的基本要求包括：不应对人体产生任何健康危害；不应掩盖食品腐败变质；不应掩盖食品本身或加工过程中的质量缺陷或以掺杂、掺假、伪造为目的而使用食品添加剂；不应降低食品本身的营养价值；在达到预期效果的前提下尽可能降低在食品中的使用量。食品生产经营者在从事食品生产经营活动中必须遵守上述规定，本着对社会和公众负责的精神，在规定范围和限量内添加使用食品添加剂，切实承担起维护食品安全的社会责任。

《食品安全国家标准 食品添加剂使用标准》（GB 2760－2014）关于食品添加剂的使用范围在表 A. 1 中以食品分类号和食品名称表示，其中关于苯甲酸及其钠盐的使用范围包括风味冰、冰棍类、果酱（罐头除外）、蜜饯凉果、复合调味料、半固体复合调味料等。因此，苯甲酸及其钠盐的允许使用范围并不包括肉松饼等焙烤食品。本案中，甘州区滋美蛋糕西饼店所制作的肉松饼不符合食品添加剂苯甲酸及其钠盐的使用范围。然而，本案被抽检的肉松饼经甘肃中商食品质量检验检测有限公司检验，检验结果是苯甲酸及其钠盐含量为0. 11g/kg，检验结论为不合格，违反了上述规定。

二、食品添加剂带入原则的理解和适用

关于食品添加剂带入原则的理解是本案处理的焦点和核心。《食品安全国家标准 食品添加剂使用标准》（GB 2760－2014）在 3. 4. 1 条中规定了食品添加剂的带入原则，从该规定可以看出，食品添加剂的带入原则是指某种食

---

① 参见《国家市场监督管理总局通告2018 年第45 号——关于11 批次食品不合格情况的通告》附件"部分不合格项目的小知识"。

品添加剂不是直接加入食品中的，而是由于使用了其他含有该种食品添加剂的食品配料带进的。带入原则是食品添加剂使用原则中的一项重要内容，只有同时符合四个条件才能适用带入原则。[①] 结合本案具体分析如下：

1. 甘州区滋美蛋糕西饼店所用食品配料“美味沙拉酱”是沙拉酱的一种，属于半固体复合调味料，因此，沙拉酱中允许使用食品添加剂苯甲酸及其钠盐，符合食品添加剂带入原则的第一个条件。

2. 根据《食品安全国家标准　食品添加剂使用标准》（GB 2760－2014），半固体复合调味料中苯甲酸及其钠盐的最大使用量是1.0g/kg。本案中甘州区滋美蛋糕西饼店的经营者在询问调查笔录中陈述，其使用的沙拉酱的苯甲酸及其钠盐含量为0.4g/kg，并未超过最大使用量，也符合食品添加剂带入原则的第二个条件。

3. 根据一、二审法院审理查明，甘州区滋美蛋糕西饼店制作的肉松饼一个300g，配料中使用“美味沙拉酱”75g。按照其经营者陈述，“美味沙拉酱”的苯甲酸及其钠盐含量为0.4g/kg，计算得出75g“美味沙拉酱”在一个肉松饼中苯甲酸及其钠盐含量为0.1g/kg。也就是说，配料75g沙拉酱可以带入添加剂的水平为75g×0.4g/kg÷300g＝0.1g/kg，而肉松饼中经检验苯甲酸及其钠盐含量为0.11g/kg，该肉松饼中添加剂的含量已经超过了配料75g沙拉酱可以带入的0.1g/kg的水平，违反了食品添加剂带入原则的第三个条件。

4. 涉案肉松饼中经检验苯甲酸及其钠盐含量为0.11g/kg，低于“美味沙拉酱”苯甲酸及其钠盐的含量0.4g/kg，符合食品添加剂带入原则的第四个条件。

综上，适用食品添加剂带入原则必须同时符合GB 2760－2014中3.4.1条的四个条件，才允许食品添加剂通过食品配料带入食品中，否则不适用带入原则的规定。本案虽符合食品添加剂带入原则第一、二、四条的要求，但违反了带入原则的第三个条件，即“食品中该添加剂的含量不应超过由配料带入的水平”的规定。因此，本案甘州区滋美蛋糕西饼店主张适用“带入原则”的理由不能成立。

三、本案例的关联问题和指导意义

1. 关联问题

从国家市场监督管理总局和各地发布的众多不合格食品通告可以看出，

---

① 曾竞晖：《从监督检验角度谈食品添加剂带入原则》，载《质量技术监督研究》2014年第1期。

近年来食品安全监督管理部门对于苯甲酸及其钠盐等食品添加剂使用中存在的问题持密切监管和从严查处的态度。本案中，甘州区滋美蛋糕西饼店的经营者在调查询问时称，以前的食品原料都是总公司统一配送，加工使用后检测都是合格的，由于近期食品配料未及时配送到位，使用了自己购进的沙拉酱。该蛋糕西饼店作为专门从事食品加工销售的个体工商户，其经营者清楚地知道关于食品安全的严格监管政策，应该严把各类食品配料的质量关，并准确计量，在达到预期效果的前提下尽可能降低食品添加剂在食品中的使用量，避免出现食品添加剂超范围添加或超限量使用的情况，以尽可能减少对人体尤其是青少年身体健康的损害。2018 年 7 月 20 日，原甘州区食品药品监督管理局在二审庭审后向甘肃中商食品质量检验检测有限公司发函，申请该公司就检验报告和带入原则予以解释说明。2018 年 7 月 23 日，甘肃中商食品质量检验检测有限公司予以函复，认为肉松饼里不能含有苯甲酸及其钠盐，沙拉酱中带入苯甲酸及其钠盐的含量应为 0.1g/kg，肉松饼检验结果是苯甲酸及其钠盐的含量为 0.11g/kg，不适用带入原则。

2. 指导意义

当前，我国食品安全面临严峻的形势，违反食品安全标准的违法行为层出不穷，部分违法行为比较隐蔽，很容易被消费者忽视。在当前对食品安全实行"最严谨的标准、最严格的监管、最严厉的处罚、最严肃的问责"的背景下，对于食品安全监督管理部门依法查处食品添加剂领域的违法行为，人民法院应当依法予以支持，以维护人民群众"舌尖上的安全"。人民法院在审查涉及食品添加剂的行政处罚案件时，应严格按照《中华人民共和国食品安全法》和《食品安全国家标准 食品添加剂使用标准》（GB 2760－2014）的相关规定进行审查，对于当事人提出其生产经营的食品被检出食品添加剂应适用食品添加剂的带入原则，要按照上述国家标准关于带入原则的 3.4.1 条规定的四个条件，逐一审核是否符合，只有同时符合四个条件，才允许食品添加剂通过食品配料带入食品中，否则不适用带入原则的规定。由于食品添加剂的带入原则专业性较强，在具体判断的过程中，一要细致审查涉案食品添加剂的允许使用品种、使用范围以及最大使用量或残留量；二要对于食品检验机构按照食品安全标准和检验规范所作出的检验报告予以尊重，对于食品生产经营者未提出异议并申请复检的检验报告可以直接作为定案依据；三要结合涉案产品相关配料的用量和相关案件事实，准确计算食品配料可以带入添加剂的水平，判断食品中该添加剂的含量是否超过由配料带入的水平。本案关于食品添加剂的带入原则的细致解读，不仅有利于增进食品生产经营者和行政执法人员对带入原则的理解和认识，规范带入原则相关规定的执行和适用，对于人民法院审理同类案件也具有一定的参考和引导作用。

（作者单位：甘肃省高级人民法院）

【优秀裁判文书】一等奖

北海市乃志海洋科技有限公司诉北海市海洋与渔业局海洋行政处罚案①

承办人：熊　梅

【裁判要旨】

涉非法围填海的海洋行政处罚案件中，对于围填海行为性质认定，以及在同一海域内存在两个以上违法主体时，应综合分析不同主体实施违法行为的时间、方式、范围、目的等因素，判断是否属于“同一违法行为”。

【案情介绍】

2013年6月1日，北海市渔沣海水养殖有限公司（以下简称渔沣公司）与北海市铁山港区兴港镇石头埠村小组签订《农村土地租赁合同》，约定石头埠村小组将位于石头埠村海边的空地租给渔沣公司管理使用，租期自2013年5月至2028年5月30日，该地块位于石头埠村海边，左邻避风港，右靠北林码头，前边与海堤公路平齐，沿街边100米，沿海进深145米，共21.78亩，作为海产品冷冻场地。合同涉及租用的海边空地实际为浅海滩涂，属于海域，位置在海岸线之外。

2013年7月至9月，渔沣公司雇请他人抽取海沙填至涉案海域，形成沙

① 本案入选最高人民法院发布的“2019年度人民法院环境资源典型案例”。

堆，但没有采取防止沙流失或被海水冲走的措施。

2016 年 5 月 12 日，北海市乃志海洋科技有限公司（以下简称乃志公司）与渔沣公司签订《土地承包合同转让协议》，约定渔沣公司将《农村土地租赁合同》转让给乃志公司，转让价格为 120 万元，乃志公司取得渔沣公司在原合同中的权利。2016 年 7 月至 9 月，乃志公司将渔沣公司在该片海域上吹填的沙堆进行了平整，并利用机械和车辆从外运来泥土、建筑废料进行场地平整，建设码头（俗称临时码头），形成陆域，准备建设冷冻厂。

2017 年 10 月 8 日，北海市海洋与渔业局（以下简称海洋渔业局）对该围填海施工行为进行立案查处。2018 年 1 月 16 日，海洋渔业局向乃志公司发出北海渔责〔2017〕09 号责令停止违法行为通知书、北海渔检〔2017〕09 号检查通知书，责令乃志公司立即停止非法占用海域的行为；告知乃志公司从当日起对其在石头埠村占用海域的行为进行检查，要求乃志公司配合检查。经北海市海洋与渔业综合执法支队委托广西壮族自治区地理国情监测院对乃志公司及林某占用海域面积进行测量鉴定，广西壮族自治区地理国情监测院出具《北海乃志海洋科技有限公司违法占海临时码头海域勘测定界报告》，测定乃志公司用海海域面积为 0. 3804 公顷。海洋渔业局经会审委员会讨论，并听取乃志公司的陈述和申辩，组织行政处罚听证会等程序，于 2018 年 4 月 8 日作出北海渔处罚〔2017〕09 号行政处罚决定书（以下简称 09 号行政处罚决定），对乃志公司作出如下行政处罚：责令退还非法占用海域，恢复海域原状，并处非法占用海域期间内该海域面积应缴纳海域使用金 15 倍，计人民币贰佰伍拾陆万柒仟柒佰元整（256. 77 万元）的罚款。要求乃志公司在收到处罚决定书之日起 15 日内缴纳罚款。

【裁判文书】

广西壮族自治区高级人民法院
行政判决书

（2018）桂行终 1163 号

上诉人（一审原告）：北海市乃志海洋科技有限公司。

法定代表人：李某，该公司总经理。

被上诉人（一审被告）：北海市海洋与渔业局。

一审第三人：北海市渔沣海水养殖有限公司。

法定代表人：赵某，该公司总经理。

上诉人北海市乃志海洋科技有限公司（以下简称乃志公司）因与被上诉人北海市海洋与渔业局（以下简称海洋渔业局），一审第三人北海市渔沣海水养殖有限公司（以下简称渔沣公司）海洋行政处罚一案，不服北海海事法院（2018）桂72行初2号行政判决，向本院提出上诉。本院受理后依法组成合议庭，于2018年12月27日公开开庭审理了本案。上诉人乃志公司、被上诉人海洋渔业局到庭参加诉讼。一审第三人渔沣公司经本院依法传唤，无正当理由拒不到庭参加诉讼，本院依法对其进行缺席审理。本案现已审理终结。

一审法院审理查明，2013年6月1日，渔沣公司与北海市铁山港区兴港镇石头埠村小组签订《农村土地租赁合同》，约定石头埠村小组将位于石头埠村海边的空地租给渔沣公司管理使用，租期自2013年5月至2028年5月30日，该地块位于石头埠村海边，左邻避风港，右靠北林码头，前边与海堤公路平齐，沿街边100米，沿海进深145米，共21.78亩，作为海产品冷冻场地。该合同还约定了租赁费用等双方的相关权利义务。合同涉及租用的海边空地实际为浅海滩涂，属于海域，位置在海岸线之外（见海洋渔业局提交的证据第50页，蓝色线条为海岸线）。同年7月至9月，渔沣公司雇请他人抽取海沙填到涉案海域，形成沙堆，但没有采取防止沙流失或被海水冲走的措施，沙堆在大潮时有部分露出水面。2016年5月12日，乃志公司与渔沣公司签订《土地承包合同转让协议》，约定渔沣公司将上述合同转让给乃志公司，转让价格为120万元，乃志公司取得渔沣公司在原合同中的权利。转让协议签订时，原渔沣公司吹填的沙堆有部分被海水冲走。2016年7月至9月，乃志公司将渔沣公司在该片海域上吹填的沙堆进行了平整，并利用机械和车辆从外运来泥土、建筑废料进行场地平整，建设码头（俗称临时码头），形成了海洋渔业局查处本案时的现状，准备建设冷冻厂。

2016年11月和12月，海洋渔业局相继收到中国海监第九支队关于铁山港海域执法检查情况通报、北海市人大常委会办公室信访处理笺，反映石头埠村附近海域有一处新填海造地项目，涉嫌未取得海域使用权非法占用海域。2017年10月8日，海洋渔业局对该围填海施工行为进行立案查处。2016年

10月20日至2018年1月19日，海洋渔业局为查清上述涉嫌违反《中华人民共和国海域使用管理法》的行为，开展了调查工作。其中对乃志公司的法定代表人李某、铁山港区石头埠社区党总支书李某景和相关人员许某、林某、李某光进行了调查询问，并制作了询问笔录。2018年1月16日，海洋渔业局向乃志公司发出北海渔责〔2017〕09号责令停止违法行为通知书、北海渔检〔2017〕09号检查通知书，责令乃志公司立即停止非法占用海域的行为；告知乃志公司从当日起对其在石头埠村占用海域的行为进行检查，要求乃志公司配合检查。同日，海洋渔业局由其下属的北海市海洋与渔业综合执法支队委托广西壮族自治区地理国情监测院对乃志公司及林某占用海域面积进行测量鉴定，要求测量工程改变海域用途的实际面积，并标明具体位置。1月22日，广西壮族自治区地理国情监测院出具《北海乃志海洋科技有限公司违法占海临时码头海域勘测定界报告》，测定乃志公司用海海域面积为0.3804公顷，并附乃志公司违法占海临时码头用海勘测图。1月20日，海洋渔业局办案人员制作案件调查终结报告，建议对乃志公司处以“责令退还非法占用海域，并处非法占用海域期间内该海域面积应缴纳海域使用金10倍人民币壹佰柒拾壹万壹仟捌佰元整（171.18万元）的罚款”的行政处罚。1月26日，海洋渔业局组织海洋违法案件会审委员会对该案行政处罚进行了会审，讨论结果为对乃志公司拟处以“责令退还非法占用海域，恢复海域原状，并处非法占用海域期间内该海域面积应缴纳海域使用金15倍，即人民币贰佰伍拾陆万柒仟柒佰元整（256.77万元）罚款”的行政处罚。1月31日，海洋渔业局制作行政处罚意见审批表，承办人员处罚意见与1月26日的会审意见一致，审查人员、审批人员均拟同意该处罚意见。同日，海洋渔业局制作北海渔听告〔2017〕09号行政处罚听证告知书，告知乃志公司在收到该告知书之日起三日内有权进行陈述申辩、申请听证。2月1日，海洋渔业局将该告知书送达乃志公司，并听取了该公司的陈述和申辩，制作了陈述申辩笔录。2月5日，乃志公司向海洋渔业局提交听证申请书。3月6日，海洋渔业局召开听证会，调查人员提出乃志公司涉嫌违法的事实、证据和行政处罚建议，乃志公司进行了申辩和质证。3月9日，听证主持人、听证员制作了行政处罚听证会报告书。3月23日，海洋渔业局组织海洋违法案件会审委员会对本案行政处罚进行了第二次会审，认为乃志公司违法事实清楚，证据确凿，程序合法，适用法律正确，处罚裁量得当，乃志公司提出的事实理由和证据不成立，不予采纳，拟作出与第一次会审相同的行政处罚意见。4 月 8 日，海洋渔业局作出北海渔处罚〔2017〕09 号行政处罚决定书（以下简称 09 号行政处罚决定），对乃志公司作出如下行政处罚：责令退还非法占用海域，恢复海域原状，并处非法占用海域期间内该海域面积应缴纳海域使用金 15 倍，计人民币贰佰伍拾陆万柒仟柒佰元整（256.77 万元）的罚款。要求乃志公司在收到处罚决定书之日起 15 日内缴纳罚款。但至开庭审理时，乃志公司并未按处罚决定缴纳罚款。乃志公司不服该行政处罚，遂诉至该院，诉请撤销海洋渔业局作出的 09 号行政处罚决定。

一审法院认为：本案系乃志公司认为海洋渔业局违法作出涉及海域使用的行政处罚而提起的行政诉讼，属海洋行政处罚纠纷。综合各方当事人的诉辩意见，本案争议焦点为：一、乃志公司是否实施围海填海行为并占用涉案海域；二、海洋渔业局对涉案海域进行勘测定界是否违反法定程序，海洋渔业局作出的行政处罚是否违反法定程序；三、如果乃志公司存在违法围填和占用涉案海域的行为，海洋渔业局对其处以应缴海域使用金 15 倍的罚款是否明显不当；四、海洋渔业局是否存在选择性执法，对渔沣公司的行为是否存在行政不作为。

一、关于乃志公司是否实施围海填海行为并占用涉案海域的问题。乃志公司实施了围海填海行为并占用涉案海域，理由如下：第一，乃志公司与渔沣公司签订《土地承包合同转让协议》，取得了渔沣公司与石头埠村小组签订的《农村土地租赁合同》中的相关权利，就是为了取得渔沣公司对涉案海域的实际使用权，目的是下一步进行改造后建设冷冻厂之用。实际上，乃志公司取得和接管了渔沣公司的工作成果，即 2013 年渔沣公司抽沙吹填形成的沙堆，并实际使用和管理该海域，构成占用海域的行为。第二，乃志公司法定代表人李某在海洋渔业局调查过程中，多次承认其公司使用自己的铲车、勾机等机械，从外运来泥土和建筑废料，对渔沣公司吹填形成的沙堆进行了平整、充实，形成临时码头，并在临时码头西南面新填了部分海域，建造了临时码头北面靠海一侧的沙袋围堰和护岸设施。乃志公司平整填充场地以及围堰护岸等行为，是对渔沣公司吹沙填海行为的延续与巩固，并最终形成陆地现状。这一事实，有中国海监第九支队的执法检查通报、北海市海域使用动态监管中心的疑点疑区核查报告、李某陈述和其他多个证人的证言、现场照片等证据相互印证，也与该院现场勘察核实的情形一致，这表明乃志公司存在填海行为。第三，从平整和填海的结果看，乃志公司组织实施围堰和外运泥土、建筑废料平整场地施工形成了目前的陆域现状。根据国海管字〔2008〕273号《国家海洋局关于印发〈海域使用分类体系〉和〈海籍调查规范〉的通知》“2.5 填海造地——指筑堤围割海域填成土地，并形成有效岸线的用海方式”的定义，其平整、填海和围堰行为，构成“填海造地”。第四，乃志公司填海和平整场地形成陆地，改变了涉案海域的海洋环境，使该海域性质发生变化，原有海洋功能丧失，就已实际占用了该海域。其虽未进一步建设冷冻厂，但至少在2016年6月至2018年1月，乃志公司使用了该场地，先是用3个月时间平整和填土，被海洋渔业局责令停工后，又利用该场地进行渔排修理（见海洋渔业局提交证据的第18－19页），其占用海域的行为处于持续状态。

二、关于海洋渔业局对涉案海域进行勘测定界是否违反法定程序，海洋渔业局作出的行政处罚是否违反法定程序的问题。乃志公司认为，海洋渔业局于2018年1月19日组织对涉案海域的勘测定界，事前未通知该公司，构成程序严重违法，乃志公司的该主张不成立。第一，《中华人民共和国行政处罚法》没有关于勘验的程序规定。《海洋行政处罚实施办法》第十五条规定：“海洋监察人员调查案件或者进行检查时，不得少于两人，并应当向当事人出示执法证件，可以采取以下方式：（一）进入现场进行勘验、检查，查阅或者复制有关资料，对现场进行摄像、照相等。有关勘验、检查情况应当制作笔录，并由被勘验者被检查者或者见证人签名或者盖章。……（三）测量、监测、检验或者鉴定等专业性、技术性事项，可以委托有资质的机构出具报告，所出具的报告可以作为证据。”因此，海洋行政处罚实施机关进行勘验测量前，并没有事先通知当事人的法定义务。第二，2018年1月16日，海洋渔业局向乃志公司发出北海渔检〔2017〕09号检查通知书，已明确要求乃志公司配合检查；次日，被告办案人员对其法定代表人李某制作的询问笔录中，问及李某是否愿意到现场指界，但其以没有时间为由拒绝。可见，乃志公司并没有主动配合勘验工作。第三，海洋渔业局在勘验时邀请林某作为见证人指认了界址，实际使用管理涉案海域的只有乃志公司及林某，海洋渔业局邀请林某作为见证人，合法合理。而李某也在当日勘验结束后不久在海洋渔业局对其所作的询问笔录中认可了林某的指界。乃志公司认为林某不知道要求其指出该公司围填和占用海域的界址的主张也不成立。涉案海域及相邻海域只有乃志公司和林某实际使用和管理，林某清楚两者之间的分界；而且，勘验的现场笔录中已明确测量的分别是林某管理使用范围、李某（乃志公司）管理使用范围和林某围塘养虾范围三个区域，最终测定乃志公司的围填和占用海域的面积也已经扣除了已办有相关土地证件的面积。根据勘测定界报告，乃志公司围填和占用海域面积为 0.3804 公顷。

乃志公司认为海洋渔业局对本案查处没有依法立案，该主张与事实不符。2017 年 10 月 8 日，海洋渔业局对乃志公司围填海施工行为进行立案查处，虽然当时的立案审批表上记录的当事人为李某，但随着调查的深入，海洋渔业局已将乃志公司变更为案件当事人，这也符合客观情况。乃志公司认为海洋渔业局于 2018 年 1 月 31 日已经作出行政处罚决定，没有告知其依法享有的陈述、申辩以及要求听证的权利，处罚依法不成立，该主张与事实不符。1 月 31 日，海洋渔业局制作行政处罚意见审批表，只是内部的拟处罚意见，未对外作出，尚未产生外部法律效力，海洋渔业局于 4 月 8 日才作出行政处罚决定。海洋渔业局也已经保障了乃志公司依法享有的陈述、申辩以及听证的权利，均制作有相应笔录。乃志公司认为听证会结束后主持人没有制作书面处罚意见，海洋渔业局两次集体讨论的主持人、参加人员、行政处罚的审核人员不符合法律规定，第二次集体讨论后主持人指定有关人员下达处罚决定书属越权行为，该系列主张均不成立。海洋渔业局补充提交的证据 20，系听证会主持人和听证员作出的行政处罚听证会报告书，该报告已在 2018 年 3 月 23 日的第二次案件会审中进行汇报。海洋渔业局于 1 月 26 日组织的第一次案件会审和 3 月 23 日组织的第二次案件会审系《海洋行政处罚实施办法》第二十一条规定的重大海洋行政违法案件的会审，根据《海洋行政处罚实施办法》和中国海监总队的有关海洋行政执法指导意见，案件会审是对《中华人民共和国行政处罚法》第三十八条第二款规定的行政机关负责人集体讨论的具体细化规定。而《海洋行政处罚实施办法》第三条规定："县级以上各级人民政府海洋行政主管部门是海洋行政处罚实施机关（以下简称实施机关）。实施机关设中国海监机构的，海洋行政处罚工作由所属的中国海监机构具体承担；未设中国海监机构的，由本级海洋行政主管部门实施。中国海监机构以同级海洋行政主管部门的名义实施海洋行政处罚。"海洋渔业局于 2017 年 12 月 29 日下发北海渔发〔2017〕46 号《北海市海洋与渔业局关于调整海洋违法案件会审委员会成员的通知》，确定了该局会审委员会的成员，该通知即该局对重大海洋违法案件会审职权的授权。会审委员会成员的构成，符合国家海洋局国海办字〔2003〕202号《重大海洋违法案件会审工作规则》规定的精神。因机构改革，原中国海监北海市支队与北海市渔政渔港监督支队合并为北海市海洋与渔业综合执法支队，挂中国海监北海市支队牌子，原中国海监北海市支队的有关领导虽尚未在北海市海洋与渔业综合执法支队中任职，但仍承担原海洋行政执法的相应领导职责，仍为北海市海监机构的相关负责人。李某利作为北海市海监支队的负责人和会审委员会的副主任，主持会审符合法律规定。因而，海洋渔业局的重大海洋违法案件会审委员会成员包括了该局分管海洋行政执法的副职负责人、承办行政处罚的海监机构的负责人、参与分管的负责人，人员构成符合《中华人民共和国行政处罚法》第三十八条第二款的规定。海洋渔业局由其所属的北海市海洋与渔业综合执法支队支队长卫某于2018年1月31日在行政处罚意见审批表审查意见处签署了审查意见，拟同意承办人员的处罚意见，已完成了海洋渔业局负责人作出处罚决定前的审核程序。卫某长期担任北海市渔政渔港监督支队支队长职务，北海市海洋执法和渔政执法部门合并后，现任北海市海洋与渔业综合执法支队支队长，并非初次从事行政处罚决定审核的人员，海洋渔业局对行政处罚的审核符合《中华人民共和国行政处罚法》第三十八条第三款的规定。第二次案件会审结束时，主持人李某利要求案件承办人员根据会审结果按照法定程序对当事人下达行政处罚决定书合法合理，不存在乃志公司所称的越权行为。

三、关于如果乃志公司存在违法围填和占用涉案海域的行为，海洋渔业局对其处以应缴海域使用金15倍的罚款是否明显不当的问题。乃志公司在2016年平整和围填涉案海域后，占用海域面积为0.3804公顷，其行为改变了海洋环境原貌，破坏了海洋生态环境，影响了当地渔民生产生活，乃志公司被查处后并未主动采取措施减轻或消除其围填海造地的危害后果。海洋渔业局依据《中华人民共和国海域使用管理法》第四十二条规定的并处占用海域使用金10倍以上20倍以下罚款，决定按15倍处罚，未违反《中华人民共和国行政处罚法》第四章关于行政处罚适用的相关规定，符合中国海监总队《关于进一步规范海洋行政处罚裁量权行使的若干意见》对于行政处罚幅度中的一般处罚，并非从重处罚。海洋渔业局对乃志公司并处应缴海域使用金15倍的罚款并无不当。且其依照财综〔2007〕10号《财政部、国家海洋局关于加强海域使用金征收管理的通知》计算的罚款数额正确无误。

四、关于海洋渔业局是否存在选择性执法，对渔沣公司的行为存在行政不作为的问题。海洋渔业局已于 2017 年 8 月 10 日对赵某进行了立案查处，不存在选择性执法的问题，且该问题与海洋渔业局对渔沣公司的行为是否存在行政不作为，不是本案审查的范围。

综上所述，本案被诉行政行为系海洋行政处罚，乃志公司在未取得海域使用权的情况下，实施围海、填海活动，非法占用海域 0.3804 公顷，海洋渔业局享有海洋行政处罚职权，其作出的 09 号行政处罚决定认定的事实清楚，证据确凿，适用法律、法规正确，符合法定程序，该院依照《中华人民共和国行政诉讼法》第六十九条、《最高人民法院关于适用〈中华人民共和国行政诉讼法〉的解释》第七十九条第二款的规定，判决：驳回乃志公司的诉讼请求。案件受理费 100 元，由乃志公司负担。

乃志公司不服一审判决，上诉称：（一）09 号行政处罚决定认定乃志公司在未取得海域使用权的情况下，在石头埠村占用海域并实施围填海 0.3804 公顷的事实，缺乏证据证实。首先，涉案海域的围填事实发生在 2013 年 6 月 1 日至 2016 年 5 月 12 日，围填行为人为渔沣公司。渔沣公司于 2013 年 6 月 1 日与石头埠村民小组签订《农村土地租赁合同》后便对涉案海域进行了围填。而乃志公司与渔沣公司于 2016 年 5 月 12 日签订《土地承包合同转让协议》后并未进行任何的围填行为。海洋渔业局提供的 2015 年和 2017 年的航拍图可以直观地反映上述事实，两份航拍图的主要区别为以下方面：一是 2017 年航拍图向内海方向围填面积比原来大，但该部分属于持有合法使用权的海域，非本案处罚的范围。二是渔沣公司围填形成的深坑及涉案海域北面的一个小尖角被填平了，但均是林某所填。其次，涉案海域被围填后已成道路和公共活动场所，任何单位和个人均可自由通过使用，根据国海管字〔2008〕273 号《海域使用分类体系》关于海域使用的定义是指持续使用特定海域三个月以上的排他性用海活动，但海洋渔业局并未能提供相应的证据证明乃志公司存在上述违法用海行为。海洋渔业局仅根据李某的陈述和李某景、许某、李某光和林某等人的证言，便认定乃志公司存在围填海 0.3804 公顷的事实，证据不足。（二）一审判决关于乃志公司占用围填海事实的认定，属于对本案事实的再认定，有违行政案件审理的规定。首先，一审主办人开庭前曾组织双方当事人到现场进行勘察，但未依法制作现场勘验笔录，但其在一审判决的事实认定中却载明“也与本院现场勘查核实的情形一致”。其次，一审判决认定渔沣公司在本案中不存在非法填围的事实，而认为乃志公司接管了渔沣公司的工作成果，并实施围填海的行为，均系一审主办人的主观臆断。（三）即使本案存在非法占用围填海 0.3804 公顷的事实，海洋渔业局也应对所有实施非法占用围填海的行为人进行处罚，但海洋渔业局在明知渔沣公司也存在违法行为的情况下，却要求乃志公司承担非法占用围填海的全部法律责任，是错误的，也是不公正的。（四）海洋渔业局作出本案处罚决定，程序重大违法。首先，从海洋渔业局提交的调查终结报告、集体讨论笔录和行政处罚意见审批表等证据看，本案行政处罚决定是 2018 年 1 月 31 日作出的，但海洋渔业局在作出处罚决定之前，没有依法告知乃志公司依法享有的有关权利，违反《中华人民共和国行政处罚法》第三十一条、第三十二条的规定，依据该法第四十一条的规定，处罚决定不成立。其次，海洋渔业局由李某利主持集体讨论，违反《中华人民共和国行政处罚法》第三十八条的规定。根据该条规定，处罚应当由海洋渔业局的负责人进行审查并组织集体讨论决定，而本案是工作人员李某利主持集体讨论决定；听证会结束后，主持人没有依法作出书面处罚意见，违反《海洋行政处罚实施办法》第三十四条的规定；第二次集体讨论结束后，主持人李某利直接指定有关人员下达处罚通知书，属于越权行为，根据《中华人民共和国行政处罚法》第三十八条、第四十三条的规定，应当是听证之后才能作出处罚决定。最后，参加集体讨论并作决定的组成人员不符合法律规定。根据《中华人民共和国行政处罚法》第三十八条规定，参加行政处罚集体讨论决定的人员应当为行政机关的领导班子成员，实践中一般由领导班子成员和主要案件承办人员组成。参加集体讨论决定的人员中，除林某汉为海洋渔业局领导班子成员和关某明为主要承办人员符合规定外，其他参加人员的身份正当性没有说明清楚；海洋渔业局代理人参加了第二次集体讨论，程序上存在瑕疵；修改后的《中华人民共和国行政处罚法》第三十八条增加了第三款规定，海洋渔业局也没有说明行政处罚审核人员是否已经通过国家统一法律职业资格考试取得了法律职业资格。此外，涉案海域勘测定界报告程序重大违法，不能作为定案依据。勘测机构应当由业主即乃志公司的有关人员指界，林某是在不知情的情况下，经海洋渔业局工作人员要求指界的，其不知道该局工作人员要求其指出乃志公司围填和占用海域的界址，其在现场笔录中的指界是其自认为乃志公司受让渔沣公司合同权利所涉海域的界址，并非乃志公司围填和占用海域的界址。

勘测机构以林某所指定的界址测定的乃志公司非法围填海域的面积显然是错误的。一审判决认为09号行政处罚决定程序合法，有违事实和法律的规定。综上，请求：1. 撤销一审判决；2. 撤销海洋渔业局作出的09号行政处罚决定。

海洋渔业局答辩称：（一）乃志公司认为海洋渔业局的09号行政处罚决定认定其实施围填海行为没有事实依据，与客观事实不符，不应采信。根据李某光、李某景、许某、林某、赵某等人的证言可以证实，渔沣公司于2013年6月与石头埠村小组签订《农村土地租赁合同》后，雇用李某光组织抽沙填海，填海方式为使用抽砂机械从海洋中抽取海砂围填海，并在现场形成由海砂堆成的沙堆，没有形成可使用的场地，渔沣公司的抽砂填海行为于2013年9月停止。2016年5月，乃志公司与渔沣公司签订《土地承包合同转让协议》后，承接了渔沣公司的土地承租人的权利义务，并实施了新的围填海违法行为，其从外面运来泥土、建筑垃圾围填海，并使用胶布铺垫围填海场地边沿，形成围海围堰的事实。乃志公司的法定代表人李某的陈述也与上述证人的证言相互印证，上述事实也与实地勘察、检查的土地现状相符。（二）海洋渔业局作出的09号行政处罚决定未违反法定程序。首先，海洋渔业局在作出本案处罚决定前，分别于2018年1月26日进行集体讨论及2018年1月31日制作《行政处罚意见审批表》，是对拟定处罚结论的讨论、确定而形成的文书，海洋渔业局其后于2018年2月1日向乃志公司送达了《行政处罚听证告知书》，告知其拟作出的处罚决定，并告知其享有陈述申辩、申请听证的权利。其后，海洋渔业局依乃志公司的申请实际组织了听证。听证会后，海洋渔业局再次于2018年3月23日组织集体讨论，才最终作出本案的处罚决定，并于2018年4月8日重新审批签发。乃志公司认为海洋渔业局系于2018年1月31日就已经作出，未依法告知其申辩和听证权利的主张，无事实依据。其次，乃志公司认为由李某利主持集体讨论违反法定程序，无相应的法律依据。根据国家海洋局《关于中国海监集中实施海洋行政处罚权的通知》第一条及《海洋行政处罚实施办法》第三条的规定，海洋渔业局为海洋行政处罚机关，而具体的海洋行政处罚工作则由中国海监北海市支队承担，依法履行执法程序职责的也应该是中国海监北海市支队及其执法人员。因机构改革，原中国海监北海市支队与北海市渔政渔港监督支队合并为北海市海洋与渔业综合执法支队，仍挂中国海监北海市支队牌子，因此，在履行集体讨论程序中，中国海监北海市支队支队长李某利作为支队正职负责人，组织本支队领导人员、其他执法人员、中国海监其他机构执法人员及海洋渔业局的负责人参加讨论，并以表决的方式形成了处罚意见，符合《中华人民共和国行政处罚法》关于集体讨论的程序性规定。最后，乃志公司认为参加集体讨论的人员不符合法律规定，无任何法律依据。《中华人民共和国行政处罚法》第三十八条仅规定了集体讨论程序，并未规定参加人员的组成，由谁参加讨论及何时讨论属行政机关内部事务。事实上海洋渔业局组织的两次集体讨论均召集了具备海洋执法丰富经验的工作人员，还邀请了广西总队的领导以及其他海监单位海监九支队的执法人员参加，对案件的事实、证据、处罚依据等问题展开了充分的讨论，为行政机关负责人作出决定提供了充分的参考意见。（三）海洋渔业局作出的09号行政处罚决定事实清楚、证据确凿、程序合法、适用法律正确，应予维持。海洋渔业局对本案的查处适用一般行政处罚的一般程序，依法履行了立案、调查、勘察、检查、委托鉴定、集体讨论、告知相对人权利、预告知拟处罚结论、告知听证、再次集体讨论等程序，查清了整个案件事实，依法保障了乃志公司的合法权利，处罚程序符合《中华人民共和国行政处罚法》第三十一条、第三十六条至第四十一条、第四十二条、第四十三条，《海洋违法案件查处期限暂行规定》第十二条以及《海洋行政处罚实施办法》的相关规定，实体处理有事实及法律依据。一审判决查明事实清楚，程序合法，适用法律正确。综上，请求驳回乃志公司的上诉，维持原判。

一审第三人渔沣公司未到庭参加诉讼，亦未向本院提交书面答辩意见。

二审庭审中，上诉人乃志公司对一审判决查明的事实提出如下异议：1. 认定“同年7月至9月，渔沣公司雇请他人抽取海沙填到涉案海域，形成沙堆，但没有采取防止沙流失或被海水冲走的措施，沙堆在大潮时有部分露出水面”错误，主张该认定无相应证据予以证明，实际上渔沣公司所堆填的沙堆高出水面3米至4米；2. 认定“转让协议签订时，原渔沣公司吹填的沙堆有部分被海水冲走”错误，主张没有证据证明沙堆被海水冲走；3. 认定“2016年7月至9月，乃志公司将渔沣公司在该片海域上吹填的沙堆进行了平整，并利用机械和车辆从外运来泥土、建筑废料进行场地平整，建设码头（俗称临时码头），形成了海洋渔业局查处本案时的现状，准备建设冷冻厂”错误，主张该认定无相应证据证明，且乃志公司并未从外运来泥土及建筑废料进行场地平整；4. 认定“海洋渔业局由其下属的北海市海洋与渔业综合执法支队委托广西壮族自治区地理国情监测院对乃志公司及林某占用海域面积进行测量鉴定”错误，主张不存在其公司占用海域的行为；5. 认定“海洋渔业局组织海洋违法案件会审委员会对该案行政处罚进行了会审，讨论结果为对乃志公司拟处以‘责令退还非法占用海域，恢复海域原状，并处非法占用海域期间内该海域面积应缴纳海域使用金15倍，即人民币贰佰伍拾陆万柒仟柒佰元整（256.77万元）罚款’的行政处罚”错误，主张讨论结果中并没有“拟”字；6. 认定“拟作出与第一次会审相同的行政处罚意见”错误，主张会审笔录中并无上述记载，系一审法院自行认定。

本院经审查认为，关于乃志公司提出的第1点、第2点异议，海洋渔业局在一审中提交的其对赵某、李某光、李某景等人的调查笔录可以证明，渔沣公司于2013年7月至9月曾雇用李某光等人以抽取海沙方式吹填涉案海域，形成沙堆，但没有实施其他行为。但一审判决认定“沙堆在大潮时有部分露出水面”以及“转让协议签订时，原渔沣公司吹填的沙堆有部分被海水冲走”则无相关证据予以佐证，乃志公司亦未在调查中予以认可，该两项异议部分成立。关于乃志公司提出的第3点异议，有海洋渔业局对乃志公司法定代表人李某的调查笔录可以证实，李某本人多次承认其公司于2016年7月至9月将渔沣公司在该片海域上吹填的沙堆进行了平整，并利用机械和车辆从外运来泥土、建筑废料进行场地平整，建设码头（俗称临时码头），准备建设冷冻厂。一审判决认定上述事实符合客观情况。关于乃志公司提出的第4点异议，一审判决仅是客观载明鉴定委托的具体内容，并无不当，故乃志公司的该项异议不成立。关于乃志公司提出的第5点异议，因1月26日的讨论结果属于内部会审结论，并非最终对外发生效力的行政行为，一审判决将其表述为“拟处以”并无不当，该事实异议不成立。关于乃志公司提出的第6点异议，2018年3月23日，海洋渔业局组织对本案行政处罚进行第二次会审，并形成案件会审（听证后集体讨论）笔录，该笔录第七条“处理意见”（一）拟处罚意见为“……责令退还非法占用海域，恢复海域原状，并处非法占用海域期间内该海域面积0.3084公顷应缴纳海域使用金15倍，计人民币贰佰伍拾陆万柒仟柒佰元整（256.77万元）的罚款”，该拟处罚意见与海洋渔业局在2018年1月26日第一次会审时讨论的处罚意见一致，故乃志公司的该项异议不成立。

二审中，双方当事人均未提交新的证据。本院确认一审判决认定的证据合法有效，可以作为本案定案的依据。但一审以现有证据作出“沙堆在大潮时有部分露出水面”以及“转让协议签订时，原渔沣公司吹填的沙堆有部分被海水冲走”的认定，依据不足，对此本院不予确认。除此之外，一审法院查明的事实与本院查明的一致，本院依法予以确认。

本案二审的争议焦点是：海洋渔业局作出涉案的09号行政处罚决定是否合法。

本院认为：一、关于海洋渔业局作出09号行政处罚决定认定事实是否清楚、证据是否充分的问题

关于违法主体的认定。《中华人民共和国海域使用管理法》第三条第二款规定：“单位和个人使用海域，必须依法取得海域使用权”，第四条第二款规定：“国家严格管理填海、围海等改变海域自然属性的用海活动。”本案中，乃志公司与渔沣公司2016年5月12日签订《土地承包合同转让协议》后，在未取得海域使用权的情况下，于2016年7月至9月，组织人员利用机械和车辆从外运来泥土、建筑废料，对渔沣公司在涉案海域上吹填的沙堆进行填充平整和围堰，形成临时码头，拟建冷冻厂并持续使用直至海洋渔业局发出停工通知。以上事实，有海洋渔业局提交的李某、赵某、林某、李某光、李某景等人的询问笔录、现场笔录、《土地承包合同转让协议》等证据证实。其中，乃志公司的法定代表人李某在海洋渔业局对其所作的询问笔录中，已多次认可该公司对涉案海域进行平整和围填的事实。故乃志公司主张涉案海域系渔沣公司围填，其并非实施非法占用海域行为的主体的理由不成立。海洋渔业局认定乃志公司为涉案海洋行政违法主体，证据充分。乃志公司还主张即使其存在填占海域的违法行为，因渔沣公司在同一海域内亦有非法吹填的行为，损害后果系两者共同行为导致，不应由其承担全部行政法律责任。对此，本院认为，渔沣公司系以抽沙方式填入涉案海域，形成沙堆，并未形成岸线，且无证据证明渔沣公司实施了平整及围堰的行为，渔沣公司与乃志公司签订转让协议后，未再使用涉案海域，而乃志公司则是自签订转让协议后开始实施平整、围填等占用海域的行为，其采用外运泥土及建筑废料的方式对涉案海域进行充填、平整及围堰，两者实施行为的时间、方式及性质不同，并非共同实施“同一违法行为”。渔沣公司、乃志公司在主观上并无共同实施行为的违法故意，客观上属于两个独立的行为，应当分别进行处理。涉及渔沣公司的问题，海洋渔业局亦已另行立案调查。因此，09号行政处罚

决定确定乃志公司承担行政法律责任，对其违法主体的认定是正确的。乃志公司的上述主张没有法律依据，本院不予采信。

关于违法行为的性质及占用面积的认定。乃志公司使用外运泥土及建筑废料对涉案海域上的沙堆进行平整、充实形成临时码头，并在该码头靠海一侧设置围堰和护岸设施，最终使涉案海域形成目前的陆域现状。根据国海管字〔2008〕273号《国家海洋局关于印发〈海域使用分类体系〉和〈海籍调查规范〉的通知》“2.5 填海造地——指筑堤围割海域填成土地，并形成有效岸线的用海方式”的定义，乃志公司平整、填海和围堰的用海方式，构成“填海造地”。经广西壮族自治区地理国情监测院勘测定界，乃志公司非法填占海域面积为0.3084公顷，该认定已扣除了办理相关土地证件的面积。故海洋渔业局对违法行为的性质及占填海域面积的认定事实清楚，证据确凿充分。

二、关于海洋渔业局作出09号行政处罚决定的程序是否合法的问题

海洋渔业局在处理本案行政处罚过程中，依法履行了立案、调查、勘察、检查、调查询问、委托鉴定、告知相对人权利、预告知拟处罚结论、组织听证、集体讨论等程序，符合《中华人民共和国行政处罚法》及《海洋行政处罚实施办法》中关于海洋行政处罚的相关程序性规定。乃志公司主张海洋渔业局勘测定界程序违法。对此，本院认为，《海洋行政处罚实施办法》第十五条规定：“海洋监察人员调查案件或者进行检查时，不得少于两人，并应当向当事人出示执法证件，可以采取以下方式：（一）进入现场进行勘验、检查，查阅或者复制有关资料，对现场进行摄像、照相等。有关勘验、检查情况应当制作笔录，并由被勘验者被检查者或者见证人签名或者盖章。……（三）测量、监测、检验或者鉴定等专业性、技术性事项，可以委托有资质的机构出具报告，所出具的报告可以作为证据。”因此，海洋行政处罚实施机关在勘验测量前，并无事先通知当事人的法定义务。首先，2018年1月16日，海洋渔业局向乃志公司发出北海渔检〔2017〕09号检查通知书，已明确要求乃志公司配合检查；次日，海洋渔业局办案人员对该公司法定代表人李某进行询问时，问及李某是否愿意到现场指界，但其以没有时间为由拒绝。可见，乃志公司并没有主动配合勘验工作。其次，海洋渔业局在勘验时邀请林某作为见证人指认了界址，实际使用管理涉案海域的只有乃志公司及林某，林某作为本案的见证人，并未违反有关法律规定。而李某在海洋渔业局对其进行询问时也认可了林某的指界。2018年1月16日，海洋渔业局下属的北海

市海洋与渔业综合执法支队委托广西壮族自治区地理国情监测院对乃志公司及林某占用海域面积进行测量鉴定，并出具《北海乃志海洋科技有限公司违法占海临时码头海域勘测定界报告》，认定乃志公司非法占用海域的面积为0.3084公顷。海洋渔业局的执法程序符合《海洋行政处罚实施办法》第十五条的规定。

关于海洋渔业局在作出处罚决定前是否依法保障乃志公司获得陈述、申辩及听证权利的问题。乃志公司主张海洋渔业局于2018年1月31日已经作出行政处罚决定，未依法保障其陈述、申辩及听证的权利。对此，本院认为，海洋渔业局于2018年1月26日经过第一次会审后，于2018年1月31日制作《行政处罚意见审批表》，该审批表所载明的处罚意见仅属于海洋渔业局内部的拟处罚意见，不属于对外发生法律效力的文书。海洋渔业局于同日向乃志公司送达了《行政处罚听证告知书》，告知其海洋渔业局拟对其作出的行政处罚决定，并告知其依法享有陈述、申辩及听证的权利。2018年2月1日，海洋渔业局听取了乃志公司的法定代表人李某的陈述和申辩，并制作了《陈述、申辩笔录》。2018年3月6日，海洋渔业局依乃志公司的申请组织听证，并制作了《行政处罚听证笔录》，依法听取了办案人员和乃志公司陈述意见。2018年3月23日海洋渔业局进行第二次会审，2018年4月8日作出09号行政处罚决定，并于同日送达给乃志公司。故乃志公司提出上述主张，并无事实依据，本院不予支持。

关于海洋渔业局的集体讨论是否违反法定程序的问题。乃志公司主张听证会结束后主持人没有制作书面处罚意见，海洋渔业局集体讨论的主持人、组成人员、行政处罚的审核人员违反《中华人民共和国行政处罚法》第三十八条的规定，第二次集体讨论后主持人指定有关人员下达处罚决定书属越权行为。对此，本院认为，海洋渔业局提交的《行政处罚听证会报告书》系听证会后作出的书面意见，并在2018年3月23日的第二次案件会审中进行了汇报。因被诉行政行为属于海洋行政处罚行为，应适用《中华人民共和国行政处罚法》及《海洋行政处罚实施办法》等法律法规。《海洋行政处罚实施办法》第三条规定："县级以上各级人民政府海洋行政主管部门是海洋行政处罚实施机关（以下简称实施机关）。实施机关设中国海监机构的，海洋行政处罚工作由所属的中国海监机构具体承担；未设中国海监机构的，由本级海洋行政主管部门实施。中国海监机构以同级海洋行政主管部门的名义实施海洋行政处罚。”第二十一条规定：“决定给予海洋行政处罚的案件，属于情节复杂或者本办法第四十一条规定的重大海洋违法案件的，实施机关应当实行会审。”结合中国海监总队的有关海洋行政执法指导意见，上述规定的案件会审是对《中华人民共和国行政处罚法》第三十八条第二款规定的行政机关负责人集体讨论的具体细化。根据以上规定，中国海监机构具有承担海洋行政处罚工作的职责，李某利作为北海市海监支队的负责人和会审委员会的副主任，主持会审（集体讨论），并未违反《中华人民共和国行政处罚法》第三十八条的规定。海洋渔业局于2017年12月29日下发北海渔发〔2017〕46号《北海市海洋与渔业局关于调整海洋违法案件会审委员会成员的通知》，确定了该局会审委员会的成员，该通知即该局对重大海洋违法案件会审职权的授权。会审委员会成员的构成，符合国家海洋局国海办字〔2003〕202号《重大海洋违法案件会审工作规则》的规定。海洋渔业局由其所属的北海市海洋与渔业综合执法支队支队长卫某于2018年1月31日在行政处罚意见审批表“审查意见”一栏签署了审查意见，拟同意承办人员的处罚意见，已完成了海洋渔业局负责人作出处罚决定前的审核程序，并无证据表明卫某系初次从事海洋行政处罚决定审核人员。乃志公司未能提供证据证明集体讨论主持人、组成人员、审核人员违反《中华人民共和国行政处罚法》第三十八条的规定，对其主张不予采信。第二次案件会审结束时，主持人要求案件承办人员根据会审结果依照法定程序对当事人下达行政处罚决定书合法合理，不存在乃志公司所称的越权行为。

三、关于海洋渔业局作出的09号行政处罚决定适用法律法规是否正确，处罚结果是否适当的问题

《中华人民共和国海域使用管理法》第四十二条规定：“未经批准或者骗取批准，非法占用海域的，责令退还非法占用的海域，恢复海域原状，没收违法所得，并处非法占用海域期间内该海域面积应缴纳的海域使用金五倍以上十五倍以下的罚款；对未经批准或者骗取批准，进行围海、填海活动的，并处非法占用海域期间内该海域面积应缴纳的海域使用金十倍以上二十倍以下的罚款。”该条是关于非法占用海域，违法填海、围海行为应当承担行政法律责任的规定。对非法进行填海、围海的行为规定较重的处罚，是因为填海、围海活动会对海域的自然形状、环境、功能等属性产生直接的影响。本案中，乃志公司2016年平整和围填涉案海域，占填海域面积为0.3804公顷，其行

为改变了该海域的自然属性。乃志公司被查处后并未主动采取措施减轻或消除其围填海造地的危害后果，不存在从轻或减轻处罚的情形。海洋渔业局依据《中华人民共和国海域使用管理法》第四十二条规定的并处占用海域使用金十倍以上二十倍以下罚款，决定按十五倍处罚，未违反《中华人民共和国行政处罚法》第四章关于行政处罚适用的相关规定，符合中国海监总队《关于进一步规范海洋行政处罚裁量权行使的若干意见》对于行政处罚幅度中的一般处罚，并非从重处罚。海洋渔业局对乃志公司并处应缴纳海域使用金十五倍的罚款并无不当。且其依照财综〔2007〕10号《财政部、国家海洋局关于加强海域使用金征收管理的通知》计算的罚款数额正确无误，处罚适当，不存在适用法律、法规错误的情形。

综上，一审判决认定事实清楚，适用法律正确，程序合法。上诉人乃志公司的上诉理由不成立，本院不予支持。依照《中华人民共和国行政诉讼法》第八十九条第一款第（一）项的规定，判决如下：

驳回上诉，维持原判。

二审案件受理费100元，由上诉人北海市乃志海洋科技有限公司负担。

本判决为终审判决。

审 判 长　张　辉
审 判 员　蒋新江
审 判 员　熊　梅
二〇一九年六月二十六日
法官助理　彭绍征
书 记 员　罗雨珊

（作者单位：广西壮族自治区高级人民法院）

成都蜀粹坊食品有限公司诉成都市市场监督管理局、成都市人民政府工商行政处罚案

承办人：蒋　茜

【裁判要旨】

蜀粹坊公司商品与张飞公司商品均使用了戏剧脸谱作为商品包装、装潢的构成部分，虽然戏剧脸谱是社会公共财富，不能由某个主体单独享有使用权。但是脸谱在产品中的尺寸、使用方式以及构图方法应有较大的自由度。蜀粹坊公司商品与张飞公司商品所使用的脸谱均来自赵梦林创作、朝华出版社出版的《中国京剧脸谱》画册，虽然蜀粹坊公司是经过正当途径购买使用，但即使是不同人物的脸谱，同一个作者在创作风格上也存在相似性，并且戏剧脸谱并非大众十分了解的文化，仅以消费者的一般注意力难以观察到两个脸谱之间的差别。即使两个商品使用的名称不同，但是由于戏剧脸谱所特有的夸张描绘手法以及鲜明的色彩，消费者往往首先是观察到脸谱的设计，并容易将两种商品混淆。同时，在脸谱的使用方法和使用比例上，两者的脸谱图案均在包装上被显著使用，且整体结构近似，故蜀粹坊公司商品的包装、装潢与张飞公司的商品应属近似。

【案情介绍】

成都市市场监督管理局（原成都市工商行政管理局）认定蜀粹坊公司在其牛肉类产品的包装装潢上使用与四川张飞牛肉有限公司牛肉类产品特有包装装潢近似的脸谱图案，构成《中华人民共和国反不正当竞争法》第二十一条第二款规定的不正当竞争行为，遂作出没收违法所得 9042.35 元，罚款 27000 元的行政处罚。后成都市政府复议维持。一审法院判决驳回蜀粹坊公

司诉讼请求。二审法院判决撤销一审判决，撤销成都市工商行政管理局成工商处字〔2016〕01021 号《行政处罚决定书》，撤销成都市人民政府〔2016〕668 号《行政复议决定书》。本院再审撤销四川省成都市中级人民法院（2017）川 01 行终 569 号行政判决，维持四川省成都市武侯区人民法院（2016）川 0107 行初 116 号行政判决。

【裁判文书】

四川省高级人民法院
行政判决书

（2019）川行再 9 号

再审申请人（一审被告、二审被上诉人）：成都市市场监督管理局。

被申请人（一审原告、二审上诉人）：成都蜀粹坊食品有限公司。

一审被告、二审被上诉人：成都市人民政府。

再审申请人成都市市场监督管理局（以下简称市市场监督局）因成都蜀粹坊食品有限公司（以下简称蜀粹坊公司）诉其工商行政处罚、成都市人民政府（以下简称市政府）行政复议一案，不服四川省成都市中级人民法院（2017）川 01 行终字第 569 号行政判决书，向本院申请再审。本院于 2019 年 3 月 27 日作出（2018）川行申 167 号行政裁定，对本案进行提审。本院依法组成合议庭审理了本案，现已审理终结。

一审法院经审理查明，2015 年 9 月 23 日，四川张飞牛肉有限公司（以下简称张飞公司）向原四川省工商行政管理局（以下简称省工商局）投诉称，蜀粹坊公司生产的牛肉休闲系列商品和双流兔头休闲系列商品包装袋与张飞公司商品包装袋相似，涉嫌不正当竞争。省工商局反垄断与反不正当竞争执法处当日将该投诉材料转原成都市工商行政管理局（以下简称市工商局）处理。市工商局执法人员对位于成都市武侯区武青西四路的蜀粹坊公司进行检查，发现蜀粹坊公司销售的蜀粹坊系列牛肉产品外包装涉嫌擅自使用张飞公司产品特有的包装。2015 年 11 月 10 日，市工商局对蜀粹坊公司予以立案调查。同年 12 月 8 日，市工商局对蜀粹坊公司总经理温某彬进行询问调查。同年12月22日，市工商局向成都市消费者协会（以下简称市消协）发出《委托消费调查函》，调查蜀粹坊公司系列牛肉商品与张飞公司商品是否造成购买者混淆。2016年1月11日，市消协回复《关于委托开展消费调查工作的复函》，记录了调查时间、人员、地点、调查方式、调查内容、受访人员情况以及调查结果。同年1月25日，市工商局对蜀粹坊公司代理人赵仪律师进行询问调查，告知其市消协《关于委托开展消费调查工作的复函》的内容。同年3月14日，蜀粹坊公司向市工商局提交《蜀粹坊牛肉系列销售明细》，市工商局认定蜀粹坊公司截至2016年3月14日的违法所得为9042.35元。同年3月16日，市工商局就上述销售明细中涉及产品的完税情况对蜀粹坊公司的业务员温某进行询问调查。同日，省工商局发出川工商挂督字〔2016〕06号《大要案件挂牌督办通知书》，将该案确定为省工商局挂牌督办案件。市工商局于同年3月28日向蜀粹坊公司送达成工商公听字〔2016〕001301号《行政处罚听证告知书》，蜀粹坊公司在法定期限内向市工商局提出听证申请。同年4月20日，在市工商局举行“成都蜀粹坊食品有限公司擅自使用知名商品特有的包装装潢案”听证会。听证后，市工商局认为蜀粹坊公司的行为构成使用与知名商品近似的包装装潢，蜀粹坊公司的申辩理由不成立，同意案件调查人员对本案的处罚意见。同年5月17日，市工商局作出成工商处字〔2016〕01021号行政处罚决定，责令蜀粹坊公司停止违法行为，并没收违法所得9042.35元，罚款27000元，于同年5月19日送达蜀粹坊公司。

蜀粹坊公司不服市工商局的行政处罚决定，于2016年6月20日向市政府申请行政复议，市政府依法受理。同年6月24日，市政府向市工商局发《行政复议答复通知书》，同年6月29日，市工商局回复《行政复议答复书》。同年8月9日，市政府作出〔2016〕668号行政复议决定，维持了市工商局的行政处罚决定，并送达蜀粹坊公司。蜀粹坊公司不服，于同年8月23日向一审法院提起行政诉讼，请求撤销市工商局作出的成工商处字〔2016〕01021号行政处罚决定及市政府作出的〔2016〕668号行政复议决定。

一审法院另查明，一、张飞公司享有第8373375号脸谱图形注册商标的商标专用权，该注册商标核定使用商品为第29类，包括肉、肉罐头，有效期至2022年4月20日；二、蜀粹坊公司享有第8076127号“蜀粹坊”文字注册商标的商标专用权，该注册商标核定使用商品为第29类，包括肉、鱼肉干、肉罐头、腌水果、腌制蔬菜、蛋、牛奶制品、精制坚果仁、干食用菌、豆腐制品，有效期至2021年4月6日。

一审法院认为，根据《中华人民共和国反不正当竞争法》（以下简称反不正当竞争法）第三条关于“县级以上人民政府工商行政管理部门对不正当竞争行为进行监督检查”以及《工商行政管理机关行政处罚程序规定》第五条、第六条关于“行政处罚由违法行为发生地的县级以上（含县级，下同）工商行政管理机关管辖”“县（区）、市（地、州）工商行政管理机关依职权管辖本辖区内发生的案件”，市工商局对本案有管辖权，具有作出行政处罚的行政职权。

市工商局在接收张飞公司的投诉材料后，依法对蜀粹坊公司进行现场检查，决定对蜀粹坊公司立案调查、并陆续对相关人员进行调查询问。之后，市工商局根据调查情况，依照行政案件处理程序向蜀粹坊公司送达了《行政处罚听证告知书》，告知了拟作出行政处罚的事实、理由、依据、处罚内容以及听证权利，经蜀粹坊公司申请，市工商局依法举行了听证会，蜀粹坊公司参加听证会并进行了陈述和申辩，市工商局在其后作出行政处罚决定，并依法送达蜀粹坊公司，故市工商局作出的处罚决定符合法定程序。蜀粹坊公司不服行政处罚决定，向市政府提起行政复议申请，市政府依法受理后，作出行政复议决定，并依法送达蜀粹坊公司，故市政府作出的复议决定符合法定程序。

一审法院认为，本案的争议焦点是蜀粹坊公司在其涉案牛肉系列商品使用的包装、装潢是否违反反不正当竞争法第五条第（二）项的规定。

第一，关于张飞公司商品是否属于知名商品。根据国家工商行政管理局发布的《关于禁止仿冒知名商品特有的名称、包装、装潢的不正当竞争行为的若干规定》，县级以上工商行政管理机关有权对知名商品和特有的名称、包装、装潢予以认定。本案中，张飞公司持有的“张飞及图”注册商标，于2012年经省工商局推荐，由国家工商行政管理总局商标局认定为驰名商标，且其商品在四川省尤其是成都区域范围内，已经拥有较高的市场知名度，故市工商局及市政府结合个案情况认定张飞公司商品为知名商品符合法律规定，认定事实清楚。

第二，关于张飞公司商品包装是否具有特有性。市工商局明确主张蜀粹坊公司侵犯的是张飞公司所有牛肉商品的整体包装、装潢。张飞牛肉产品包装均印有戏剧脸谱图案，但展现形式呈多样性（包括：一个脸谱作为底版铺满整个包装封面；多个脸谱整齐排列作为底版铺满整个包装封面；整张脸谱印制；正面显示仅有部分脸谱；脸谱占包装正面二分之一甚至三分之二以上版面；脸谱仅占包装正面六分之一以下版面等多种形式），所有产品包装的统一风格为均使用其注册为商标的戏剧脸谱图案，并配有“張飛”字样。其中，脸谱来源于中国传统戏剧文化，本身具有丰富的文化内涵，且根据普通公众的一般注意力标准判断无法区分同类型人物（如都是武将）的不同脸谱，因此仅仅是在包装上印制脸谱的使用形式，不宜为特定的市场经营者所独占。张飞公司使用的脸谱图案始终显著配有“張飛”字样，张飞为张飞公司字号，脸谱图案及“張飛”字样共同在包装上构成显著特征，能够达到区别商品来源的目的，该院认为属于反不正当竞争法保护的特有包装、装潢。

第三，关于是否构成近似和造成混淆。蜀粹坊公司与张飞公司在产品包装上显著使用的脸谱图案，均为京剧中的武将脸谱，合议庭认为从普通公众的一般注意力标准判断，无法区分两个脸谱之间的区别。虽然包装上还有其他文字及图案，但脸谱图案形象夸张，颜色对比强烈，能够吸引消费者大部分的注意力，使消费者忽略包装上的其他要素，故蜀粹坊公司牛肉系列产品与张飞牛肉产品的包装构成近似。虽然蜀粹坊公司牛肉系列产品包装上亦显著印有蜀粹坊公司商标等表明商品来源的信息，但鉴于张飞公司牛肉产品及脸谱图案商标在四川地区的知名度，以及蜀粹坊公司将脸谱图片使用在与张飞公司同类型产品的包装上，足以使消费者对商品来源产生误认，误认为蜀粹坊公司与张飞公司具有许可使用、关联企业关系等特定联系，故蜀粹坊公司的行为能够导致混淆。

综上，市工商局和市政府认定蜀粹坊公司实施了不正当竞争行为，市工商局责令蜀粹坊公司停止违法行为并处以没收违法所得及罚款，认定事实清楚，适用法律正确。

关于本案行政处罚的幅度。依据本案查明的事实，蜀粹坊公司向市工商局提交了《蜀粹坊牛肉系列销售明细》，显示蜀粹坊公司截至2016年3月14日涉案牛肉系列产品的经营利润为9042.35元，市工商局将其认定为违法所得并无不当。根据反不正当竞争法第二十一条第二款“经营者擅自使用知名商品特有的名称、包装、装潢，或者使用与知名商品近似的名称、包装、装潢，造成和他人的知名商品相混淆，使购买者误认为是该知名商品的，监督检查部门应当责令停止违法行为，没收违法所得，可以根据情节处以违法所得一倍以上三倍以下罚款；情节严重的，可以吊销营业执照；销售伪劣商品，构成犯罪的，依法追究刑事责任”，以及《四川省工商行政管理规范行政处罚行政强制裁量权实施办法》第十二条第一款第（九）项“当事人有下列情形之一的，应当依法从重处罚：（九）侵犯知名商品特有的名称、包装、装潢的”规定，市工商局处以罚款27000元，幅度并无不当。

综上，市工商局对蜀粹坊公司作出责令其停止违法行为并处没收违法所得9042.35元、罚款27000元的行政处罚决定，事实清楚，证据确凿，适用法律法规正确、符合法定程序、处罚幅度适当；市政府作出的行政复议决定程序合法，复议事实清楚、证据充分、法律适用正确。蜀粹坊公司的诉讼请求无事实及法律依据，该院不予支持。依照《中华人民共和国行政诉讼法》第六十九条、《最高人民法院关于适用〈中华人民共和国行政诉讼法〉若干问题的解释》第九条的规定，判决：驳回成都蜀粹坊食品有限公司的诉讼请求。一审案件受理费50元，由原告成都蜀粹坊食品有限公司负担。

蜀粹坊公司不服，向四川省成都市中级人民法院提起上诉。

二审经审理查明的事实与原审一致，该院予以确认。同时查明，市工商局行政处罚决定书载明：“……2015年11月5日本局对当事人经营场所检查时发现，当事人销售的蜀粹坊系列牛肉产品外包装与四川张飞牛肉有限公司的张飞牛肉产品外包装主体部分相似，足以构成混淆，违反《中华人民共和国反不正当竞争法》第五条相关规定……上述事实，由以下主要证据证明：一、四川张飞牛肉有限公司投诉书一套，四川省工商行政管理局反垄断与反不正当竞争执法处案件转交函（〔2015〕竞转案字第25号）一份，证明案件来源；二、当事人营业执照复印件，证明当事人主体资格；三、当事人委托书，被委托人身份证复印件，证明被委托人资格；四、现场检查一份，证明现场检查情况；五、蜀粹坊系列牛肉干外观照片，证明蜀粹坊系列牛肉干产品外观包装情况；六、四川张飞牛肉有限公司提供的国家工商总局商标局《关于认定“张飞及图”商标为驰名商标的批复》（商标驰字〔2012〕252号）、《商标注册证》《外观设计专利证书》等材料，证明四川张飞牛肉有限公司使用在先，并且是知名商品；七、被委托人询问笔录两份，证明当事人外包装相关情况及销售情况；八、当事人提供的蜀粹坊牛肉系列销售明细，证明当事人违法所得。本局认为：当事人销售的蜀粹坊系列牛肉干产品外包装使用了与四川张飞牛肉有限公司的产品近似的包装、装潢，造成和四川张飞牛肉有限公司产品相混淆，使购买者误认为是四川张飞牛肉有限公司的产品。……当事人销售的产品外包装与四川张飞牛肉有限公司的产品外包装均出自由赵梦林创作、朝华出版社出版的《中国京剧脸谱》画册中的京剧脸谱，虽然脸谱名称不同，但普通消费者并不能对此进行区分，当事人销售的商品足以使购买者在购买时施以普通注意力而不免产生混同或误认。……根据《中华人民共和国反不正当竞争法》第二十一条第二款的规定，责令当事人立即停止违法行为，并对当事人作出如下行政处罚：一、没收违法所得9042.35元；二、罚款27000元。”

二审法院认为，《中华人民共和国行政处罚法》第二十条规定“行政处罚由违法行为发生地的县级以上地方人民政府具有行政处罚权的行政机关管辖。法律、行政法规另有规定的除外”。反不正当竞争法第三条第二款规定“县级以上人民政府工商行政管理部门对不正当竞争行为进行监督检查；法律、行政法规规定由其他部门监督检查的，依照其规定”。据此，被上诉人市工商局具有对其辖区内不正当竞争行为进行查处的法定职权。《中华人民共和国行政复议法》第十二条第一款规定：“对县级以上地方各级人民政府工作部门的具体行政行为不服的，由申请人选择，可以向该部门的本级人民政府申请行政复议，也可以向上一级主管部门申请行政复议。”据此，被上诉人市政府具有行政复议的法定职权。

二审法院认为，本案的争议焦点为市工商局作出的行政处罚决定及市政府作出的行政复议决定的合法性问题，主要涉及被上诉人市工商局和市政府认定蜀粹坊公司与张飞公司牛肉商品包装、装潢构成近似、造成混淆，并作出行政处罚和行政复议的行为是否合法。具体涉及以下问题：

第一，关于被上诉人认定张飞公司商品为知名商品是否合法的问题。

上诉人上诉称，市工商局认定张飞公司商品系知名商品事实不清，证据不足。被上诉人答辩称，知名商品的认定是市工商局自由裁量权的范畴。张飞公司系列牛肉商品属于知名商品。

该院认为，国家工商行政管理总局《关于禁止仿冒知名商品特有的名称、包装、装潢的不正当竞争行为的若干规定》第六条规定“县级以上工商行政管理机关在监督检查仿冒知名商品特有的名称、包装、装潢的不正当竞争行为时，对知名商品和特有的名称、包装、装潢一并予以认定”。据此，市工商局有权在监督检查涉嫌不正当竞争行为时结合个案具体情况对知名商品进行认定。市工商局向一、二审法院提交了“关于认定‘张飞及图’商标为驰名商标的批复”“商标注册证”“外观设计专利证书”等证据。该院认为，张飞公司持有的“张飞及图”注册商标已被国家工商行政管理总局商标局认定为驰名商标，同时结合张飞公司在四川省的知名度以及本案的证据来看，张飞公司商品在四川省包括成都地区已为相关公众普遍知晓，拥有较高的市场知名度。据此，被上诉人结合个案情况认定张飞公司商品为知名商品，符合法律规定，认定事实清楚，证据充分，程序合法。一审法院对于该部分事实认定清楚，应予维持。上诉人的该上诉理由不予支持。

第二，关于被上诉人委托市消协开展的消费调查程序是否合法，能否作为证据使用的问题。

上诉人上诉称，市工商局委托市消协开展的消费调查违反全面、公开、公正的调查取证原则，调查对象范围过窄，调查方法缺乏科学性，调查结果不能作为本案证据予以采信。被上诉人答辩称，作出的行政处罚程序合法、处罚幅度适当，委托市消协的调查并非法定程序，且调查结果并未作为认定混淆的证据。

二审法院认为，市工商局根据蜀粹坊公司的申请委托市消协开展消费调查，并将市消协作出的《关于委托开展消费调查工作的复函》内容告知蜀粹坊公司。从行政处罚决定书罗列的证据可知，市工商局在作出行政处罚决定时共引用了八组证据，但并未将消费调查结果作为证据使用。行政机关应行政相对人的申请委托第三方开展调查，虽不属于行政处罚的法定程序，但本案涉及的消费调查是一种普遍适用的调查方法，且市工商局并未将市消协的消费调查结果作为行政处罚的证据使用。同时，市工商局开展了调查工作、召开了听证会，蜀粹坊公司派员参加了听证会并进行了陈述和申辩。因此，市工商局作出的行政处罚程序合法，一审法院对于该部分事实认定清楚，应予维持。上诉人上诉称市工商局将消费调查结果作为证据使用不实，该上诉理由不予支持。

第三，关于被上诉人作出行政处罚和行政复议的事实证据问题，即被上诉人认定上诉人与张飞公司商品包装、装潢构成近似、造成混淆的主要事实是否清楚，主要证据是否充分。

上诉人上诉称，其公司生产的系列牛肉商品包装、装潢与张飞公司系列牛肉商品的包装、装潢不构成近似，两公司使用的文字内容明显不同，京剧脸谱图案存在很大差异。从两公司包装、装潢的文字、图案、色彩等整体来看，不可能误导一个具有基本判断能力的正常消费者。被上诉人答辩称，张飞公司商品包装、装潢在显著位置突出使用京剧人物脸谱，系知名商品特有的包装、装潢。蜀粹坊公司商品包装、装潢与之构成近似，普通消费者无法区分，同时鉴于张飞公司商品在四川地区的知名度，足以使消费者对蜀粹坊公司商品来源产生误认。二审法院认为，判断商品包装、装潢是否构成近似、造成混淆，应当结合个案情况综合认定，具体而言，可以从判断对象、判断标准、判断主体和判断方法等方面综合认定。

关于判断对象。本案主要涉及蜀粹坊公司商品包装、装潢与张飞公司这一知名商品特有的包装、装潢是否构成近似、造成混淆的问题，因此，判断对象应为商品的包装、装潢。最高人民法院发布的第47号指导性案例“意大利费列罗公司诉蒙特莎（张家港）食品有限公司、天津经济技术开发区正元行销有限公司不正当竞争纠纷案”第二点裁判要点认为，“反不正当竞争法所保护的知名商品特有的包装、装潢，是指能够区别商品来源的盛装或者保护商品的容器等包装，以及在商品或者其包装上附加的文字、图案、色彩及其排列组合所构成的装潢”。据此，包装、装潢具有不同的内涵和外延，包装是指能够区别商品来源的盛装或者保护商品的容器等，装潢是指在商品或者其包装上附加的文字、图案、色彩及其排列组合所构成的整体。本案中，市工商局行政处罚决定书载明，“蜀粹坊系列牛肉产品外包装与四川张飞牛肉有限公司的张飞牛肉产品外包装主体部分相似，足以构成混淆”，在认定事实部分将包装和装潢两个概念混同。同时，市工商局通过认定两公司商品局部包装、装潢，即所使用的京剧人物脸谱部分相似，继而认定两公司商品包装、装潢整体近似的行为，存在判断对象不适当的问题。虽然京剧脸谱在两公司商品的包装、装潢上占有一定比例，但京剧脸谱属于中华传统戏剧艺术的传承，上诉人上诉称“京剧脸谱是社会共同财富，不能因某一企业在产品包装、装潢上使用了某一幅京剧脸谱，就不加区别地禁止所有其他企业合法、正当使用所有的京剧脸谱作品”的理由具有一定合理性，但在涉及知名商品特有的包装、装潢时应当遵循合法、正当的使用原则，注意突出自身特色，不得故意攀附或模仿。两公司选用的京剧脸谱均出自由赵梦林创作、朝华出版社出版的《中国京剧脸谱》画册，且京剧脸谱仅是包装、装潢的一部分。对是否近似的认定，不能仅对包装、装潢上的京剧脸谱进行比对认定，还应当对两公司包装、装潢的文字、图案、色彩及其排列组合所构成的整体进行综合比对和认定。本案中，市工商局并未对两公司的包装、装潢进行全面的综合比对，其判断对象不全面。

关于判断标准。本案主要涉及两公司商品的包装、装潢是否构成近似、造成混淆，因此，判断标准是正确处理本案的重要因素。反不正当竞争法第二十一条第二款规定“经营者擅自使用知名商品特有的名称、包装、装潢，或者使用与知名商品近似的名称、包装、装潢，造成和他人的知名商品相混淆，使购买者误认为是该知名商品的，监督检查部门应当责令停止违法行为……”《最高人民法院关于审理不正当竞争民事案件应用法律若干问题的解释》第四条第一款、第二款规定“足以使相关公众对商品的来源产生误认，包括误认为与知名商品的经营者具有许可使用、关联企业关系等特定联系的，应当认定为反不正当竞争法第五条第（二）项规定的‘造成和他人的知名商品相混淆，使购买者误认为是该知名商品’。在相同商品上使用相同或者视觉上基本无差别的商品名称、包装、装潢，应当视为足以造成和他人知名商品相混淆”。前述最高人民法院发布的第47号指导性案例第三点裁判要点认为，“对他人能够区别商品来源的知名商品特有的包装、装潢，进行足以引起市场混淆、误认的全面模仿，属于不正当竞争行为”。据此，判断是否构成近似、造成混淆的标准，应当是已经使购买者误认为是该知名商品或者足以造成和他人知名商品相混淆。这与商标是否构成近似、造成混淆的判断标准不同。《中华人民共和国商标法》第五十七条第（二）项规定“有下列行为之一的，均属侵犯注册商标专用权：（二）未经商标注册人的许可，在同一种商品上使用与其注册商标近似的商标，或者在类似商品上使用与其注册商标相同或者近似的商标，容易导致混淆的”。据此，商标是否构成近似、造成混淆的判断标准系“容易”导致混淆。由此可知，商标因其实行注册制，保护力度更大，而包装、装潢是否近似的判断标准相对商标而言门槛更高，需达到使购买者已经混淆或者足以混淆的程度才能认定为构成近似、造成混淆。《中华人民共和国行政诉讼法》第三十四条规定“被告对作出的行政行为负有举证责任，应当提供作出该行政行为的证据和所依据的规范性文件。被告不提供或者无正当理由逾期提供证据，视为没有相应证据”；第三十七条规定：“原告可以提供证明行政行为违法的证据。原告提供的证据不成立的，不免除被告的举证责任。”本案中，市工商局行政处罚决定书认定，“当事人销售的蜀粹坊系列牛肉干产品外包装使用了与四川张飞牛肉有限公司产品近似的包装、装潢，造成和四川张飞牛肉有限公司产品相混淆，使购买者误认为是四川张飞牛肉有限公司的产品”，但从其行政处罚决定书罗列的证据看，并无证明蜀粹坊公司商品的包装、装潢已经或者足以使购买者误认为是张飞公司商品的充分证据。

关于判断主体。判断两公司商品的包装、装潢是否构成近似、造成混淆的主体，根据反不正当竞争法第二十一条第二款的规定，应当为“购买者”。对于“购买者”的理解，根据《最高人民法院关于审理不正当竞争民事案件应用法律若干问题的解释》第四条第一款的规定，“购买者”应当理解为“相关公众”。同时，国家工商行政管理总局《关于禁止仿冒知名商品特有的名称、包装、装潢的不正当竞争行为的若干规定》第五条第一款进一步规定“对使用与知名商品近似的名称、包装、装潢，可以根据主要部分和整体印象相近，一般购买者施以普通注意力会发生误认等综合分析认定”。据此，判断主体应当为一般购买者，这里的一般购买者，既非行政执法人员，也非司法工作人员或者具有专业知识的人员。从行政处罚决定书所载明的市工商局据以作出行政处罚决定的证据来看，市工商局虽然委托市消协开展了消费调查，但并未作为证据使用，因此，市工商局并无相应证据证明系根据一般购买者的认识和判断作出两公司商品包装、装潢构成近似的结论。

关于判断方法。判断两公司商品的包装、装潢是否构成近似、造成混淆的方法，包括社会调查、隔离比对、直接观察等多种形式。《最高人民法院关于审理不正当竞争民事案件应用法律若干问题的解释》第四条第三款规定“认定与知名商品特有名称、包装、装潢相同或者近似，可以参照商标相同或者近似的判断原则和方法”。《最高人民法院关于审理商标民事纠纷案件适用法律若干问题的解释》第九条第二款规定“商标法第五十二条第（一）项规定的商标近似，是指被控侵权的商标与原告的注册商标相比较，其文字的字形、读音、含义或者图形的构图及颜色，或者其各要素组合后的整体结构相似，或者其立体形状、颜色组合近似，易使相关公众对商品的来源产生误认或者认为其来源与原告注册商标的商品有特定的联系”、第十条规定“人民法院依据商标法第五十二条第（一）项的规定，认定商标相同或者近似按照以下原则进行：（一）以相关公众的一般注意力为标准；（二）既要进行对商标的整体比对，又要进行对商标主要部分的比对，比对应当在比对对象隔离的状态下分别进行；（三）判断商标是否近似，应当考虑请求保护注册商标的显著性和知名度”。据此，判断是否与知名商品特有包装、装潢构成近似，可以参照商标相同或者近似的判断原则和方法。对于商标是否构成近似、造成混淆的判断方法主要采用隔离比对法，即在比对对象进行隔离的状态下，以相关公众的一般注意力为标准，既对商标的整体进行比对，同时又对商标的主要部分进行比对，还应考虑注册商标的显著性和知名度，从而综合判断其是否达到“容易”使相关公众造成混淆的程度。对于包装、装潢是否构成近似、造成混淆的判断方法，根据国家工商行政管理总局《关于禁止仿冒知名商品特有的名称、包装、装潢的不正当竞争行为的若干规定》第五条第一款的规定，“可以根据主要部分和整体印象相近，一般购买者施以普通注意力会发生误认等综合分析认定”。由此可知，商标与包装、装潢是否构成近似、造成混淆的判断方法基本相同，但商标的比对对象相对单一，主要为文字、图形或文字与图形的组合，而包装、装潢的比对对象相对更为复杂，主要为包装及包装上附加的文字、图案、色彩及其排列组合所构成的整体。本案中，两公司系列牛肉商品包装、装潢均呈现多种风格，不宜笼统比对。市工商局行政处罚决定书认定，“……虽然脸谱名称不同，但普通消费者并不能对此进行区分，当事人销售的商品足以使购买者在购买时施以普通注意力而不免产生混同或误认”，但并无充分证据证明这一结论。同时，该行政处罚决定书认定，“当事人销售的蜀粹坊系列牛肉干产品外包装使用了与四川张飞牛肉有限公司的产品近似的包装、装潢，造成和四川张飞牛肉有限公司产品相混淆，使购买者误认为是四川张飞牛肉有限公司的产品”。由此可知，市工商局是通过笼统比对，并未对风格近似的商品包装、装潢的主要部分和整体印象进行逐一比对和综合分析判断，其判断方法失当。

综上，被上诉人市工商局作出的行政处罚和市政府作出的行政复议所依据的主要证据不足。根据《中华人民共和国行政诉讼法》第七十条第（一）项关于“行政行为有下列情形之一的，人民法院判决撤销或者部分撤销，并可以判决被告重新作出行政行为：（一）主要证据不足的”规定，被上诉人的行政行为因其主要证据不足应予撤销。上诉人关于“请求撤销原审判决”的上诉理由该院予以支持。原审法院认定部分事实不清，适用法律错误。据此，依照《中华人民共和国行政诉讼法》第八十九条第一款第（二）项、第七十条第（一）项之规定，判决：一、撤销成都市武侯区人民法院（2016）

川0107行初116号行政判决；二、撤销成都市工商行政管理局成工商处字〔2016〕01021号行政处罚决定；三、撤销成都市人民政府〔2016〕668号行政复议决定。本案一审案件受理费50元，二审案件受理费50元，由成都市工商行政管理局和成都市人民政府共同负担。

市工商局申请再审称：第一，二审法院认定市工商局作出的行政处罚和市政府作出的行政复议所依据的证据不足，属于事实认定错误，依法应予再审，市工商局有作出行政处罚的职权，以及对不正当竞争行为的认定权，市政府有行政复议的法定职权。行政判决仅对作出行政处罚时的种类证据的形式要件是否齐备、程序是否合法作出评判，而不应对行政机关的业务能力、业务水平作出评判，司法机关应当尊重行政机关基于相关法律法规的规定，结合长期的执法实践所形成的判断结论。市工商局在认定是否构成侵权时，根据收集的证据以及自身的执法经验、业务能力，站在普通消费者的视角，经综合分析判断后认定构成侵权，即可作出处罚决定，无须其他额外证据。至于是否认定构成侵权，属于认识问题或者说判断标准的问题，而非证据是否充分的问题。《关于禁止仿冒知名商品特有的名称、包装、装潢的不正当竞争行为的若干规定》第五条规定“对使用与知名商品近似的名称、包装、装潢，可以根据主要部分和整体印象相近，一般购买者施以普通注意力会发生误认等综合分析认定”。二审判决并未对市工商局的判断结论予以否定，也未说明市工商局在作出行政处罚时缺乏何种证据，而是阐述了自己的判断对象、判决标准、判决主体、判决方法，认为市工商局的思维、方式与自己不一样，就认定市工商局作出处罚的主要证据不足，实质将司法的认定方式套用在行政执法上，剥夺了行政执法部门的认定权。第二，申请人作出行政处罚决定时，证据充分，程序合法。修改前的反不正当竞争法第二十一条规定“经营者擅自使用知名商品特有的名称、包装、装潢，或者使用与知名商品近似的名称、包装、装潢，造成和他人的知名商品相混淆，使购买者误认为是该知名商品的，监督检查部门应当责令停止违法行为，没收违法所得，可以根据情节处以违法所得一倍以上三倍以下的罚款；情节严重的，可以吊销营业执照；销售伪劣商品，构成犯罪的，依法追究刑事责任”。张飞牛肉作为驰名商标、知名商品，其脸谱标识深入人心，蜀粹坊公司将与张飞牛肉相似的脸谱作为产品包装、装潢，作为普通消费者，很难区分两张相似的脸谱，会造成混淆，使购买者误认。该处的购买者，为一般购买者，并非特定的某一个人，这是一个法律概念，而非事实概念，而应是行政执法者、司法审判者站在普通消费者的角度，依常识进行判决。二审判决理解为一个事实概念。同时，蜀粹坊公司曾是张飞公司的代理商，熟知其市场动作模式、产品包装、装潢的特点，因此蜀粹坊公司在张飞公司脸谱著作权人购买了同属武将的脸谱用于产品包装，主观上具有傍名牌的故意。市工商局委托市消协作出的调查报告，并不是法定程序，是印证执法者判断的佐证。新的反不正当竞争法认为，使用与他人有一定影响的包装、装潢等相同或近似的标识，该行为本身就是一种混淆行为，即构成不正当竞争。张飞牛肉的脸谱具有非常明显的显著性，在四川地区有很大影响力，蜀粹坊公司使用与之相似脸谱，属于混淆行为，构成不正当竞争，理应受到制裁。第三，一、二审程序没有通知与本案处理结果有利害关系的第三人张飞公司参加庭审，程序违法，依法应当再审。张飞公司系投诉人，与被申请人系市场竞争关系，本案的处理结果直接影响到张飞公司的投诉处理结果，张飞公司是本案明显的有利害关系的第三人。请求撤销二审法院（2017）川01行终569号行政判决；驳回蜀粹坊公司的一审诉讼请求；蜀粹坊公司承担全部诉讼费用。

一、二审判决记载了各方当事人提交证据情况及对证据的质证意见。经审查，一审法院采信的证据符合行政诉讼证据有关真实性、合法性和关联性的要求，本院予以确认。

再审审查中，因政府机构改革，组建成都市市场监督管理局，整合原成都市工商行政管理局等的职责。

本院认为，本案的争议焦点为：1. 张飞公司商品是否属于知名商品；2. 市市场监督局是否有权对知名商品进行认定；3. 被诉的行政处罚决定和行政复议决定认定事实是否清楚、证据是否充分。具体分析如下：

一、张飞公司商品是否属于知名商品。

根据《最高人民法院关于审理不正当竞争民事案件应用法律若干问题的解释》第一条在中国境内具有一定的市场知名度，为相关公众所知悉的商品，应当认定为知名商品的规定，认定相关商品是否为知名商品，应当结合该商品的销售时间、销售区域、销售额和销售对象，进行任何宣传的持续时间、程度和地域范围，作为知名商品受保护的情况等因素，进行综合判断。本案中，张飞公司于2004年7月21日起取得第3471308号商标注册证，并于2014年7月21日核准续展，享有对“戏剧脸谱及张飞”商标的专用权。该公司又于2012年4月21日起取得第8373375号商标注册证，享有对“戏剧脸谱”商标的专用权。两种商标分别经过15年及7年的历史积淀，目前在四川省已有较高的知名度，并在2012年经省工商局推荐，“张飞及图”注册商标被国家工商行政管理总局商标局认定为驰名商标。因此，张飞公司商品应属于知名商品。一、二审法院对此认定正确，本院予以确认。

二、市市场监督局是否有权对知名商品进行认定。

根据修订前的反不正当竞争法第四条规定，县级以上人民政府履行工商行政管理职责的部门对不正当竞争行为进行查处。以及国家工商行政管理总局《关于禁止仿冒知名商品特有的名称、包装、装潢的不正当竞争行为的若干规定》第六条规定，县级以上工商行政管理机关在监督检查仿冒知名商品特有的名称、包装、装潢的不正当竞争行为时，对知名商品和特有的名称、包装、装潢一并予以认定。因此，市市场监督局在履行反不正当竞争与反垄断的职责时，对涉嫌仿冒知名商品的不正当竞争行为进行监督检查的同时，也有权对被仿冒商品是否属于知名商品进行认定。本案中，市市场监督局对张飞公司的商品是否是知名商品进行认定属于其法定职责范围。一、二审法院对此认定正确，本院予以确认。

三、被诉的行政处罚决定和行政复议决定认定事实是否清楚、证据是否充分。

根据修订前的反不正当竞争法第五条第（二）项“经营者不得采用下列不正当手段从事市场交易，损害竞争对手：（二）擅自使用知名商品特有的名称、包装、装潢，或者使用与知名商品近似的名称、包装、装潢，造成和他人的知名商品相混淆，使购买者误认为是该知名商品”的规定，判断蜀粹坊公司的行为是否属于仿冒知名商品的不正当竞争行为时，应当将争议商品的名称、包装、装潢与张飞公司的商品进行比较，分析蜀粹坊公司是否擅自使用了张飞公司的名称、包装、装潢或者使用了与张飞公司近似的名称、包装、装潢，从而造成蜀粹坊公司商品与张飞公司商品混淆，使购买者误认为蜀粹坊公司的商品是张飞公司的商品。在认定办法上，依据《最高人民法院关于审理不正当竞争民事案件应用法律若干问题的解释》第四条“足以使相关公众对商品的来源产生误认，包括误认为与知名商品的经营者具有许可使用、关联企业关系等特定联系的，应当认定为反不正当竞争法第五条第（二）项规定的‘造成和他人的知名商品相混淆，使购买者误认为是该知名商品’。在相同商品上使用相同或者视觉上基本无差别的商品名称、包装、装潢，应当视为足以造成和他人知名商品相混淆。认定与知名商品特有名称、包装、装潢相同或者近似，可以参照商标相同或者近似的判断原则和方法”以及《最高人民法院关于审理商标民事纠纷案件适用法律若干问题的解释》第九条“商标法第五十二条第（一）项规定的商标相同，是指被控侵权的商标与原告的注册商标相比较，二者在视觉上基本无差别。商标法第五十二条第（一）项规定的商标近似，是指被控侵权的商标与原告的注册商标相比较，其文字的字形、读音、含义或者图形的构图及颜色，或者其各要素组合后的整体结构相似，或者其立体形状、颜色组合近似，易使相关公众对商品的来源产生误认或者认为其来源与原告注册商标的商品有特定的联系”及第十条“人民法院依据商标法第五十二条第（一）项的规定，认定商标相同或者近似按照以下原则进行：（一）以相关公众的一般注意力为标准；（二）既要进行对商标的整体比对，又要进行对商标主要部分的比对，比对应当在比对对象隔离的状态下分别进行；（三）判断商标是否近似，应当考虑请求保护注册商标的显著性和知名度”的规定来进行认定。本案中，蜀粹坊公司商品与张飞公司商品均使用了戏剧脸谱作为商品包装、装潢的构成部分，虽然戏剧脸谱是社会公共财富，不能由某个主体单独享有使用权。但是脸谱在产品中的尺寸、使用方式以及构图方法应有较大的自由度。蜀粹坊公司商品与张飞公司商品所使用的脸谱均来自赵梦林创作、朝华出版社出版的《中国京剧脸谱》画册，虽然蜀粹坊公司是经过正当途径购买使用，但即使是不同人物的脸谱，同一个作者在创作风格上也存在相似性，并且戏剧脸谱并非大众十分了解的文化，仅以消费者的一般注意力难以观察到两个脸谱之间的差别。即使两个商品使用的名称不同，但是由于戏剧脸谱所特有的夸张描绘手法以及鲜明的色彩，消费者往往首先是观察到脸谱的设计，并容易将两种商品混淆。同时，在脸谱的使用方法和使用比例上，两者的脸谱图案均在包装上被显著使用，且整体结构近似，故蜀粹坊公司商品的包装、装潢与张飞公司的商品应属近似。市市场监督局依据其工作经验和专业知识，依据《关于认定“张飞及图”商标为驰名商标的批复》《商标注册证》《外观设计专利证书》等证据，通过比对蜀粹坊公司与张飞公司的商品外包装，认定蜀粹坊公司的行为属于不正当竞争行为，其认定事实清楚，依据的证据充分。故被诉的行政处罚决定和行政复议决定事实清楚，证据充分。二审法院对此认定错误，本院予以纠正。

综上，一审判决认定事实清楚，适用法律正确，本院予以确认；二审判决认定事实部分不清，适用法律部分不当，本院予以纠正。依照《最高人民法院关于适用〈中华人民共和国行政诉讼法〉的解释》第一百一十九条、第一百二十二条的规定，判决如下：

一、撤销四川省成都市中级人民法院（2017）川01行终569号行政判决；

二、维持四川省成都市武侯区人民法院（2016）川0107行初116号行政判决。

本案一、二审案件受理费各50元，共计100元，由成都蜀粹坊食品有限公司负担。

本判决为终审判决。

审 判 长 蒋 茜
审 判 员 朱 珠
审 判 员 王凤红
二〇一九年八月五日
书 记 员 廖珍珑

（作者单位：四川省高级人民法院）

张某诉陇南市武都区人民政府、陇南市人民政府房屋征收决定案

承办人：姚振勇

【裁判要旨】

在涉及被征收户较多的征收项目中，县级人民政府应当根据《国有土地上房屋征收与补偿条例》第十二条的规定，作出《社会稳定风险评估报告》并经政府常务会议讨论决定，未经政府常务会议讨论决定的《社会稳定风险评估报告》不能作为征收补偿程序合法的证据使用。

【案情介绍】

2018年5月22日，陇南市发展和改革委员会作出《关于滨江体育场棚户区改造项目可行性研究报告的批复》。同日，武都区发展和改革局作出《关于陇南市滨江体育场升级改造项目可行性研究报告的批复》。2018年6月20日，陇南市武都区发展和改革局出具了《陇南市武都区国民经济和社会发展第十三个五年规划》并纳入全区棚户区改造计划的说明。2018年4月25日，陇南市武都区房屋征收办公室（以下简称武都区征收办）发出公告，决定对《房屋征收补偿方案》进行公开听证。2018年5月5日，对上述方案进行了公开听证，又于2018年5月21日、23日、25日、27日分别进行了听证座谈，听证期间，武都区征收办向180余位被征收住户发放《房屋征收补偿方案听证意见征求表》，公开征求了被征收住户的意见，同时武都区征收办利用"棚户区工作改造宣传车"在征收范围内对征收与补偿工作进行流动宣传。2018年4月、5月，武都区征收办对被征收人的房屋权属、区位、用途、建筑面积等情况进行入户调查摸底，一一登记，并公布了调查结果。武都区住

建局对实施案涉项目的社会稳定风险进行了评估。陇南市武都区住房和城乡建设局、武都区城市建设经营投资公司出具了征收补偿资金足额到位的相关凭证。2018 年 7 月 16 日，武都区政府同意《陇南市武都区城区国有土地上房屋征收补偿办法》《陇南市武都区国有土地上房屋征收调查认定和处理办法（暂行）》《陇南市武都区国有土地上房屋征收范围内特殊群体补助办法（暂行）》。2018 年 7 月 20 日，武都区政府作出《关于陇南市武都区滨江体育场棚户区改造项目国有土地上房屋征收决定书》，并进行了公告，公告载明了征收范围、征收单位及征收补偿方案和行政复议、行政诉讼权利等事项。棚户区区域共涉及被征收人 199 户，截至目前已签订补偿协议的达 185 户，原告所在的体育大厦共有 99 户，仅有包括原告在内的两户未签订征收补偿协议。张某等住户不服征收决定，向市政府申请复议，市政府复议后作出《行政复议决定书》，并送达。2019 年 1 月 4 日，张某提起诉讼。

【裁判文书】

甘肃省高级人民法院
行政判决书

（2019）甘行终 372 号

上诉人（原审原告）：张某。

被上诉人（原审被告）：陇南市武都区人民政府。

被上诉人（原审被告）：陇南市人民政府。

上诉人张某因诉被上诉人陇南市武都区人民政府（以下简称武都区政府）、被上诉人陇南市人民政府（以下简称陇南市政府）房屋征收决定及行政复议一案，不服甘肃省定西市中级人民法院（2019）甘 11 行初 11 号行政判决，向本院提起上诉，本院受理后依法组成合议庭公开开庭审理了本案，上诉人张某，被上诉人武都区政府的委托代理人，被上诉人陇南市政府的委托代理人到庭参加了诉讼。本案现已审理终结。

一审法院审理查明，2018 年 5 月 22 日，陇南市发展和改革委员会给武都区发展和改革局作出《关于滨江体育场棚户区改造项目可行性研究报告的批复》（陇发改投资〔2018〕190号），批复同意了武都区发展和改革局上报的关于案涉项目可行性研究报告，同日，武都区发展和改革局给陇南市武都区城投房地产开发有限公司作出《关于陇南市滨江体育场升级改造项目可行性研究报告的批复》（武发改发〔2018〕129号），就案涉项目建设规模及内容、投资估算及资金来源等事项进行了批复。2017年12月28日陇南市武都区第十六届人民代表大会第二次会议批准了《陇南市武都区人民政府关于2017年国民经济和社会发展计划执行情况及2018年国民经济和社会发展计划（草案）的报告》，该报告将包括武都区滨江体育场在内的1500户城市棚户区改造项目纳入2018年国民经济和社会发展计划。2018年6月20日，陇南市武都区发展和改革局出具了案涉项目符合《陇南市武都区国民经济和社会发展第十三个五年规划》并纳入全区棚户区改造计划的说明。武都区国土资源局出具案涉项目符合武都区城关镇土地利用总体规划的说明，并附武都区城关镇2010－2020年土地利用总体规划图、武都区政府征拨土地文件（武政土建发〔2015〕52号《关于滨江体育场棚户区改造项目建设用地的批复》、国有土地使用证。陇南市规划局武都分局出具了关于案涉项目符合城市规划的证明，颁发了《建设用地规划许可证》《建设工程规划许可证》和《建设项目选址意见书》。房屋征收部门拟定了征收补偿方案并予以公布。2018年4月25日，陇南市武都区房屋征收办公室（以下简称武都区征收办）发出公告，决定对《房屋征收补偿方案》进行公开听证。2018年5月5日，对上述方案进行了公开听证，又于2018年5月21日、23日、25日、27日分别进行了听证座谈，听证期间，武都区征收办向180余位被征收住户发放案涉项目《房屋征收补偿方案听证意见征求表》，公开征求了被征收住户的意见，同时武都区征收办利用"棚户区工作改造宣传车"在征收范围内对征收与补偿工作进行流动宣传。2018年4月、5月，武都区征收办对被征收人的房屋权属、区位、用途、建筑面积等情况进行入户调查摸底，一一登记，并在房屋征收范围内公布了调查结果。武都区征收办给武都区规划局、税务局、房管局、工商局、公安派出所等部门发送了对案涉项目征收范围内房屋暂停办理相关手续的通知。武都区住建局对实施案涉项目的社会稳定风险进行了评估，评估结果为总体社会稳定风险为低风险，可能引发社会不稳定的风险较小，并上报武都区政法委，武都区政法委维护稳定工作领导小组审查后作出区委政法〔2018〕62号批复，认为评估报告客观真实，符合实际，社会稳定风险综合评价结论准确，同意按有关程序申报、实施。陇南市武都区住房和城乡建设局、武都区城市建设经营投资公司出具了征收补偿资金足额到位的相关凭证。2018 年7 月16 日，武都区政府召开区政府常务会议，审议并原则同意《陇南市武都区城区国有土地上房屋征收补偿办法》《陇南市武都区国有土地上房屋征收调查认定和处理办法（暂行）》《陇南市武都区国有土地上房屋征收范围内特殊群体补助办法（暂行）》。2018 年 7 月 20 日，武都区政府作出武政征决字〔2018〕1 号《关于陇南市武都区滨江体育场棚户区改造项目国有土地上房屋征收决定书》，并进行了公告，公告载明了征收范围、征收单位及征收补偿方案和行政复议、行政诉讼权利等事项。庭审中，被告武都区政府说明，棚户区区域共涉及被征收人 199 户，截至目前已签订补偿协议的达 185 户，原告所在的体育大厦共有 99 户，仅有包括原告在内的两户未签订征收补偿协议。

张某等四十五位住户不服武都区政府作出的上述征收决定，于 2018 年 9 月 19 日向市政府申请复议，市政府经审查认为符合受理标准，于 2018 年 11 月 14 日分别向张某等复议代表人、武都区政府送达了受理通知书、行政复议答复通知书。武都区政府提交了答辩状及相关证据材料。市政府复议后，于 2018 年 12 月 7 日作出陇政复决字〔2018〕06 号《行政复议决定书》，并依法向当事人进行了送达，张某于 2018 年 12 月 28 日收到复议决定书，2019 年 1 月 4 日提起行政诉讼。

一审法院审理认为，（一）关于原、被告主体资格问题。

原告张某在案涉征收范围内拥有建筑物，其对《房屋征收决定》不服，有权以原告身份提起行政诉讼，符合法定起诉条件。《国有土地上房屋征收与补偿条例》（以下简称《征收与补偿条例》）第四条第一款、第二款规定：“市、县级人民政府负责本行政区域的房屋征收与补偿工作。市、县级人民政府确定的房屋征收部门（以下称房屋征收部门）组织实施本行政区域的房屋征收与补偿工作。”武都区政府作为县级人民政府具有作出本案被诉房屋征收决定的法定职权。《中华人民共和国行政复议法》第十三条第一款规定：“对地方各级人民政府的具体行政行为不服的，向上一级地方人民政府申请行政复议。”市政府作为武都区政府的上一级人民政府，有作出复议决定的法定职权。

（二）关于被告武都区政府作出案涉征收决定是否符合公共利益及法律

依据问题。案涉项目是为了解决武都区城市规划区内房屋质量差，建筑安全隐患多，使用功能不完善，配套设施不健全等问题而实施的，棚户区改造范围由市、县人民政府结合当地实际情况确定。由市人民代表大会批准的《陇南市武都区2017年国民经济和社会发展计划执行情况及2018年国民经济和社会发展计划（草案）的报告》已将案涉地段房屋列入棚户区改造范围，符合《征收与补偿条例》第八条第（五）项规定的公共利益的需要。国有土地上房屋征收决定影响众多被征收人合法权益，事关建设项目顺利推进和社会和谐稳定，人民法院对征收决定的审查，应当按照《征收与补偿条例》的规定依法进行。人民法院一般应审查建设项目是否基于公共利益的需要、建设活动是否符合一系列规划、征收补偿方案是否已经公布，是否已进行社会稳定风险评估，征收补偿费用是否足额到位、专户存储、专款专用。由于公共利益属于典型的不确定法律概念，建设项目是否符合公共利益的需要，一方面，应主要由立法判断，即只有立法明确列举的建设项目才属于公共利益的需要；另一方面，对于立法规定不明确或者可能认识有分歧的，则宜尊重通过正当程序而形成的判断，地方人大及其常委会、绝大多数被征收居民同意的建设项目，应当认为属于公共利益的需要，尤其是以征收形式进行的棚户区改建，既交织公共利益与商业开发，也涉及城市更新，更应尊重拟征收范围内被征收人的改建意愿，大多数或者绝大多数被征收人同意改建方案的，即可以认为建设项目符合公共利益的需要。本案中，案涉项目涉及的被征收人199户，已有185户签订了征收补偿协议，充分证明案涉项目反映了公共利益。案涉项目已根据《征收与补偿条例》的规定，事先被纳入国民经济和社会发展年度计划，武都区政府在庭审中也提供了建设符合相关规划的证据材料。武都区政府对征收补偿方案进行公布，通过听证、宣传车宣传公开征求了公众意见，进行了社会稳定风险评估，对征收范围内房屋权属建筑面积等情况进行入户调查，相关房屋征收补偿资金已足额存入专户，因此，案涉房屋征收决定符合《征收与补偿条例》的规定。

1.《征收与补偿条例》第九条规定：“依照本条例第八条规定，确需征收房屋的各项建设活动，应当符合国民经济和社会发展规划、土地利用总体规划、城乡规划和专项规划。保障性安居工程建设、旧城区改建，应当纳入市、县级国民经济和社会发展年度计划。”本案中，陇南市武都区发展和改革局出具了案涉项目符合陇南市武都区国民经济和社会发展第十三个五年规划并纳入全区棚户区改造计划的情况说明，陇南市武都区第十六届人民代表大会第二次会议审议并批准的《陇南市武都区2017年国民经济和社会发展计划执行情况及2018年国民经济和社会发展计划（草案）的报告》将案涉项目纳入2018年国民经济和社会发展计划，证明案涉项目符合国民经济和社会发展规划；武都区国土资源局出具案涉项目符合武都区城关镇土地利用总体规划的说明及所附武都区城关镇2010－2020年土地利用总体规划图、土地征拨文件及《建设用地规划许可证》，证明案涉项目符合土地利用总体规划；《建设工程规划许可证》《建设项目选址意见书》及陇南市规划局武都分局关于案涉项目符合城市规划的证明，证明案涉项目符合城乡规划和专项规划。故本案征收决定符合《征收与补偿条例》第九条的规定。

2. 房屋征收部门武都区住房和城乡建设局拟定了征收补偿方案，征收实施单位武都区征收办组织召开五次听证会及听证座谈会，书面征求了180余位被征收户对补偿方案的意见，最终作出并公布了补偿方案，符合《征收与补偿条例》第十条、第十一条的规定。

3. 武都区住房和城乡建设局对案涉项目的社会稳定风险进行了评估并上报武都区政法委维护稳定工作领导小组审查批复，武都区政府提交的相关凭证证明案涉征收补偿费用已足额到位，专户存储，符合《征收与补偿条例》第十二条的规定。

4. 征收决定作出后，武都区政府及时进行了公告，公告载明了征收补偿方案和行政复议、行政诉讼权利等事项，并专门设置“棚户区工作改造宣传车”在征收范围内对征收与补偿工作进行流动宣传，符合《征收与补偿条例》第十三条的规定。

5. 武都区征收办对被征收人的房屋权属、区位、用途、建筑面积等情况进行了入户调查摸底，一一登记，并在房屋征收范围内公布了调查结果，符合《征收与补偿条例》第十五条的规定。

6. 武都区征收办给武都区规划局、税务局、房管局、工商局、公安派出所等部门发送了对案涉项目征收范围内房屋暂停办理相关手续的通知，符合《征收与补偿条例》第十六条的规定。

（三）关于市政府行政复议行为合法性问题。市政府自收到张某等人的复议申请后，依法受理并向双方当事人送达了相关复议文书，并对武都区政府提交的答辩状及相关证据材料进行审查后作出行政复议决定，复议决定作出后给双方当事人依法送达并告知了诉权，作出复议决定符合《中华人民共和国行政复议法》的相关规定。

综上所述，被诉房屋征收决定认定事实清楚、程序符合《征收与补偿条例》的相关要求，适用法律正确。关于原告张某提出的规划设计存在问题、体育大厦不应列入征收范围、补偿标准过低、听证会举行过程中存在的问题、房屋面积置换比例不公平等问题不属本案房屋征收决定合法性的审查范围，故对原告要求撤销武都区政府征收决定的诉讼请求不予支持；复议机关市政府在法定期限内受理，根据武都区政府提供的相关证据查明事实并作出复议决定，依法向当事人送达了相关通知和复议决定书，告知了救济途径，程序合法，所作的复议决定认定事实清楚，证据确凿，适用法律正确，内容适当，对原告要求撤销复议决定的请求亦不予支持。原告提出其代表体育大厦62户住户和27个商铺产权人进行起诉没有事实依据。据此，依照《中华人民共和国行政诉讼法》第六十九条之规定，判决驳回原告张某要求撤销被告武都区政府作出的武政征决字〔2018〕1号《关于陇南市武都区滨江体育场棚户区改造项目国有土地上房屋征收决定书》和要求撤销市政府作出的陇政复决字〔2018〕06号《行政复议决定书》的诉讼请求。案件受理费50元，由原告张某负担。

上诉人张某上诉称：1. 滨江体育场棚户区改造项目不符合国民经济和社会发展规划的要求，不属于公共利益，侵占公共空间，把原有400米跑道的标准体育场设计为200米跑道的非标准体育场，不符合公共利益的要求，更不符合滨江体育场全体拆迁户公共利益的要求。2. 入户摸底表和《规划设计方案》及《房屋征收补偿方案》征求意见表资料造假内容不实，听证程序和内容严重违法。涉案的入户摸底表、会议签到册、会议记录上签名造假。入户户数和同意户数两项有效证据和统计结果是否达到了法定要求。3. 项目审批程序严重违法，关键证据造假。项目违反基本建设程序和听证会程序，武都区政府为规避省发改委对项目的管辖权和审批权，将滨江体育场棚户区改造项目这一个项目进行分解，按地上和地下两个项目进行审批违法，却颁发了两证一书。滨江体育场棚户区改造项目用地为体育用地，不属于商业住宅用地，不符合陇南市总体规划（2008－2020）。4. 一审判决认定事实错误，采用非法证据进行判决。一审法院在庭审之后还让武都区政府提供证据。判决中出现了武都区政府征拨地文件《关于体育场棚户区改造项目建设用地批复》和国有土地使用证。《房屋征收补偿方案》征求意见表庭审提供72份，判决是180份。5. 存在其他违法行为。一审法院认定涉案项目被征收户199户，已签订征收补偿协议185户没有事实根据。评估机构选定程序和内容违法，评估价格政府定价，限制公平交易，侵害拆迁户利益。此项目是商业开发项目，不应当走征收程序。被上诉人武都区政府以恐吓、威胁和欺骗的手段逼迫拆迁户达成拆迁协议，损害了拆迁户的权益。涉案土地用地规划是体育用地，改为建设用地违法。武都区政府没有建设审批权限，武都区政府颁发两证一书违法。上诉请求：1. 撤销甘肃省定西市中级人民法院（2019）甘11行初11号行政判决；2. 依法撤销武都区人民政府作出的武政征决字〔2018〕1号《关于陇南市武都区滨江体育场棚户区改造项目国有土地上房屋征收决定书》；3. 依法撤销市政府作出的陇政复决字〔2018〕06号《行政复议决定书》；4. 本案的诉讼费和律师费由两被告承担。

被上诉人武都区政府答辩称：1. 一审法院认定事实清楚，证据充分，适用法律正确，应当依法予以维持。2. 陇南市武都区人民政府关于滨江体育场棚户区改造项目是严格按照法律法规的规定进行，征收程序符合法律规定，依法应予以支持。3. 被答辩人完全否定答辩人提交的证据材料没有事实依据，诉请的相关事实与理由不属于人民法院审查的范围。答辩人于2018年12月20日组织相关专业人员就被答辩人提出的问题进行了专题研讨，认定规划设计符合相关规定，并且安置规划涉及方案不属于人民法院审查的范围。4. 征收决定严格按照法律法规的规定进行，程序合法。5. 被答辩人认为滨江体育场棚户区改造项目既不符合国民经济和社会发展规划的要求，也不符合滨江体育场全体拆迁户公共利益的要求的理由不成立。二审请求：驳回上诉人的诉讼请求，维持原判。

被上诉人陇南市政府答辩称：1. 一审判决认定事实清楚，适用法律、法规正确，应当依法驳回上诉、维持原判。答辩人作出的陇政复决字〔2018〕06号行政复议决定书程序合法。答辩人在法定期限内受理、作出行政复议决定书并向当事人进行了送达，告知相应救济途径，程序合法。答辩人作出的陇政复决字〔2018〕06号行政复议决定书认定事实清楚，证据确凿，适用依据正确，内容适当。2. 被答辩人存在恶意诉讼，浪费司法资源的故意。二审请求：驳回上诉，维持原判。

上诉人张某在二审庭审过程中提交证据1份：陇南市城市总体规划图

（2008－2020）。证据来源：陇南市政府网站下载，证明目的：涉案项目应当是体育用地，而市政府用作建设用地。

经二审庭审质证，武都区政府发表的质证意见：真实性有异议，不能确认真假，不予质证。陇南市政府发表的质证意见：1. 证据来源不合法；2. 真实性有异议，无法确定真假；3. 不属于新证据，不予质证。

被上诉人武都区政府在二审庭审中提交证据4份：1. 陇南市武都区滨江体育场棚户区改造项目安置补偿资金支付明细；2. 陇南市武都区滨江体育场棚户区改造项目进展情况；3. 陇南市武都区滨江体育场棚户区改造项目现状照片；4. 上诉人所属住宅及商铺搬离的情况说明。证据来源：武都区政府提供，证明目的：改造项目已经拆除完毕，进入建设施工阶段，上诉人自动配合拆迁工作。

经审查，本院对上诉人张某提交的证据1份：即陇南市城市总体规划图（2008－2020），因该证据为复印件，无法与原件核实，且该证据在一审庭前已经存在，不属于新证据，不予认定。本院对被上诉人武都区政府提交的4份证据：证据1、证据2、证据3，不属于新证据，不予质证。证据4，与本案无关联性，不予质证。

二审经审理查明的事实与一审判决认定的事实一致，予以确认。另查明：2018年5月15日，武都区征收办发布《陇南市滨江体育场棚户区改造项目公开报名房地产价格评估机构的公告》，对符合甘肃省住建厅房屋征收评估机构名录的评估机构于2018年5月18日至5月24日在武都区征收办报名。2018年7月27日，武都区征收办作出《关于选定房地产价格评估机构的通知》，经初步资格审查，确认6家符合条件的评估机构为候选房地产价格评估机构。自本通知发布之日起5个工作日内，由房屋征收工作人员分组入户，组织被征收人以填写表格的方式协调选定房地产价格评估机构。项目范围内被征收人参与协商选定工作达到百分之六十以上协商意见一致的，确定为房地产价格评估机构。如被征收人本次协商无法达成一致意见的，房屋征收部门将采取抽签方式随机选定房地产价格评估机构。2018年8月10日，武都区征收办作出《陇南市滨江体育场棚户区改造项目房地产价格评估机构选定结果公告》，该公告选定本项目的房地产价格评估机构为：甘肃华瑞房地产评估有限公司。2018年6月29日，中国建设银行股份有限公司陇南盘旋路支行分别向武都区征收办支付2018年棚户改造资金1826万元和600万元，共计2426万元。2018 年 10 月 8 日，陇南市武都区城市建设经营投资公司分别向武都区征收办支付体育场拆迁安置费 900 万元、900 万元、200 万元，共计 2000 万元。2018 年 10 月 9 日，陇南市武都区城市建设经营投资公司向武都区征收办转账 2000 万元。涉案的陇南市武都区滨江体育场棚户区改造项目涉及被征收户共计 199 户，其中被征收住户 194 户，被征收单位 5 户，现仅有上诉人 1 户未达成补偿协议，其他被征收单位和住户已全部达成征收补偿协议。上述事实有：《陇南市滨江体育场棚户区改造项目公开报名房地产价格评估机构的公告》《关于选定房地产价格评估机构的通知》《陇南市滨江体育场棚户区改造项目房地产价格评估机构选定结果公告》、中国人民银行支付系统专用凭证、农村信用合作社进账单、甘肃省行政事业单位资金往来结算票据、一审庭审笔录、二审庭审笔录佐证。

本院认为，本案系国有土地上房屋征收引起的行政纠纷，争议的焦点是：武都区政府作出的武政征决字〔2018〕1 号《关于陇南市武都区滨江体育场棚户区改造项目国有土地上房屋征收决定》行政行为是否符合《征收与补偿条例》等法律法规的规定；陇南市政府作出的陇政复决字〔2018〕06 号行政复议决定是否合法。

一、关于武都区政府作出的武政征决字〔2018〕1 号《关于陇南市武都区滨江体育场棚户区改造项目国有土地上房屋征收决定》行政行为是否符合《征收与补偿条例》等法律法规的规定问题，从以下几个方面分析：

（一）关于本案征收项目是否属于公共利益的问题。《征收与补偿条例》第八条规定，为了保障国家安全、促进国民经济和社会发展等公共利益的需要，有下列情形之一，确需征收房屋的，由市、县级人民政府作出房屋征收决定：（一）国防和外交的需要；（二）由政府组织实施的能源、交通、水利等基础设施建设的需要；（三）由政府组织实施的科技、教育、文化、卫生、体育、环境和资源保护、防灾减灾、文物保护、社会福利、市政公用等公共事业的需要；（四）由政府组织实施的保障性安居工程建设的需要；（五）由政府依照城乡规划法有关规定组织实施的对危房集中、基础设施落后等地段进行旧城区改建的需要；（六）法律、行政法规规定的其他公共利益的需要。本案中，2018 年 5 月 22 日，陇南市发展和改革委员会给武都区发展和改革局作出《关于滨江体育场棚户区改造项目可行性研究报告的批复》（陇发改投资〔2018〕190 号），批复同意了武都区发展和改革局上报的关于案涉项目可行性研究报告。同日，武都区发展和改革局给陇南市武都区城投房地产开发有限公司作出《关于陇南市滨江体育场升级改造项目可行性研究报告的批复》（武发改发〔2018〕129号），就案涉项目建设规模及内容、投资估算及资金来源等事项进行了批复。该批复中“主要建设内容”第1项为：地面市民健身中心。从批复内容看，属于政府组织的公共事业的建设，符合《征收与补偿条例》第八条第（三）项的规定，武都区政府作出的武政征决字〔2018〕1号《关于陇南市武都区滨江体育场棚户区改造项目国有土地上房屋征收决定书》，该征收行为属于公共利益的需要。

（二）关于本案征收项目是否符合“四规划一计划”。《征收与补偿条例》第九条规定，依照本条例第八条规定，确需征收房屋的各项建设活动，应当符合国民经济和社会发展规划、土地利用总体规划、城乡规划和专项规划。保障性安居工程建设、旧城区改建，应当纳入市、县级国民经济和社会发展年度计划。该条规定的国民经济和社会发展规划、土地利用总体规划、城乡规划和专项规划称为“四规划”，保障性安居工程建设、旧城区改建，应当纳入市、县级国民经济和社会发展年度计划称为“一计划”。本案中，2017年12月28日，陇南市武都区第十六届人民代表大会第二次会议批准了《陇南市武都区人民政府关于2017年国民经济和社会发展计划执行情况及2018年国民经济和社会发展计划（草案）的报告》，该报告将包括武都区滨江体育场在内的1500户城市棚户区改造项目纳入2018年国民经济和社会发展计划。2018年6月20日，陇南市武都区发展和改革局出具了案涉项目符合《陇南市武都区国民经济和社会发展第十三个五年规划》并纳入全区棚户区改造计划的说明。武都区国土资源局出具案涉项目符合武都区城关镇土地利用总体规划的说明，并附武都区城关镇2010－2020年土地利用总体规划图、武都区政府征拨土地文件（武政土建发〔2015〕52号）《关于滨江体育场棚户区改造项目建设用地的批复》、国有土地使用证。陇南市规划局武都分局出具了关于案涉项目符合城市规划的证明，颁发了《建设用地规划许可证》《建设工程规划许可证》和《建设项目选址意见书》。本案武都区政府及相关部分按照《征收与补偿条例》第八条关于征收房屋应当符合国民经济和社会发展规划、土地利用总体规划、城乡规划和专项规划的规定，履行了“四规划一计划”的职责。关于上诉人提出陇南市规划局武都分局不能作出《建设用地规划许可证》《建设工程规划许可证》和《建设项目选址意见书》，该上诉理由没有事实根据和法律依据，本院不予支持。

（三）关于本案征收项目是否拟定房屋征收补偿方案和征求意见的问题。《征收与补偿条例》第十条规定，房屋征收部门拟定征收补偿方案，报市、县级人民政府。市、县级人民政府应当组织有关部门对征收补偿方案进行论证并予以公布，征求公众意见。征求意见期限不得少于30日。《征收与补偿条例》第十一条规定，市、县级人民政府应当将征求意见情况和根据公众意见修改的情况及时公布。因旧城区改建需要征收房屋，多数被征收人认为征收补偿方案不符合本条例规定的，市、县级人民政府应当组织由被征收人和公众代表参加的听证会，并根据听证会情况修改方案。本案中，2018年5月5日，武都区征收办对《陇南市武都区滨江体育场棚户区改造项目国有土地上房屋征收补偿方案》（意见征求稿）组织被征收人听证。2018年5月21日、23日、25日、27日，武都区征收办组织被征收人分别进行了听证座谈。在听证期间武都区征收办向180余位被征收住户发放案涉项目《房屋征收补偿方案听证意见征求表》，公开征求了被征收住户的意见。根据上述规定，制订和发布征收补偿方案系行政法规赋予征收行政机关的法定职权，征收部门在不违背上位法规定的征收补偿原则的前提下，在制订征收补偿方案的内容时具有一定的裁量权，可以根据本地经济发展实际、项目规划设计、被征收房屋的具体情况等，并结合多数被征收人的意见对征收补偿方案作出具体规定。本案武都区政府在不违背《征收与补偿条例》规定的前提下，结合当地经济发展、项目规划设计、被征收房屋的具体情况等，并结合多数被征收人的意见制定《征收补偿方案》并无不当。关于上诉人提出征收方案征求意见表造假的问题，因其未提供证据予以证实，故该上诉理由不能成立。

（四）关于制定的社会风险评估报告是否经过区政府常务会讨论的问题。《征收与补偿条例》第十二条第一款规定，市、县级人民政府作出房屋征收决定前，应当按照有关规定进行社会稳定风险评估；房屋征收决定涉及被征收人数量较多的，应当经政府常务会议讨论决定。本案中，2018年7月20日，武都区住建局作出《滨江体育场棚户区改造项目及滨江场升级改造项目社会稳定风险评估报告》，对实施案涉项目的社会稳定风险进行了评估，评估结果为总体社会稳定风险为低风险，可能引发社会不稳定的风险较小，并上报武都区政法委。2018年9月5日，武都区政法委维护稳定工作领导小组审查后作出区委政法〔2018〕62号《陇南市武都区维护稳定工作领导小组关于对滨江体育场棚户区改造项目及滨江场升级改造项目〈社会稳定风险评估报告〉的批复》，认为评估报告客观真实，符合实际，社会稳定风险综合评价结论准确，同意按有关程序申报、实施。但本案被上诉人武都区政府对陇南市武都区住房和城乡建设局作出的《滨江体育场棚户区改造项目及滨江场升级改造项目社会稳定风险评估报告》和武都区政法委维护稳定工作领导小组作出的《陇南市武都区维护稳定工作领导小组关于对滨江体育场棚户区改造项目及滨江场升级改造项目〈社会稳定风险评估报告〉的批复》是否提交区政府常务会议讨论，没有相关证据证实。

（五）关于补偿安置资金是否足额到位的问题。《征收与补偿条例》第十二条第二款规定，作出房屋征收决定前，征收补偿费用应当足额到位、专户存储、专款专用。要由金融机构出具证明。本案中，2018 年 6 月 29 日，中国建设银行股份有限公司陇南盘旋路支行分别向武都区征收办支付 2018 年棚户改造资金 1826 万元和 600 万元，共计 2426 万元。2018 年 10 月 8 日，陇南市武都区城市建设经营投资公司分别向武都区征收办支付体育场拆迁安置费 900 万元、900 万元、200 万元，共计 2000 万元。2018 年 10 月 9 日，陇南市武都区城市建设经营投资公司向武都区征收办转账 2000 万元。根据上述法规规定，武都区政府作出房屋征收决定前应当将征收补偿费用足额到账并专户存储、专款专用。但是，从本案查明的事实看，除中国建设银行股份有限公司陇南盘旋路支行向武都区征收办支付的 2018 年棚户改造资金 2426 万元，在被诉征收决定作出前到账并专户存储、专款专用的证据外（2018 年 7 月 20 日前），其余体育场拆迁安置费均在被诉征收补偿决定作出后转入专款专用账户，故涉案征收补偿费用在征收决定作出前并未足额到位，不符合上述法律规定。

（六）关于征收决定是否给予被征收人对被征收房屋评估权、对选定评估机构选择权和房屋评估结果的复核权的问题。《征收与补偿条例》第二十条规定，房地产价格评估机构由被征收人协商选定；协商不成的，通过多数决定、随机选定等方式确定，具体办法由省、自治区、直辖市制定。房地产价格评估机构应当独立、客观、公正地开展房屋征收评估工作，任何单位和个人不得干预。《征收与补偿条例》第十九条第二款规定，对评估确定的被征收房屋价值有异议的，可以向房地产价格评估机构申请复核评估。对复核结果有异议的，可以向房地产价格评估专家委员会申请鉴定。本案中，2018

年5月15日，武都区征收办发布《陇南市滨江体育场棚户区改造项目公开报名房地产价格评估机构的公告》，对符合甘肃省住建厅房屋征收评估机构名录的评估机构于2018年5月18日至5月24日在武都区征收办报名。2018年7月27日，武都区征收办作出《关于选定房地产价格评估机构的通知》，经初步资格审查，确认6家符合条件的评估机构为候选房地产价格评估机构。自本通知发布之日起5个工作日内，由房屋征收工作人员分组入户，组织被征收人以填写表格的方式协调选定房地产价格评估机构。项目范围内被征收人参与协商选定工作达到百分之六十以上协商意见一致的，确定为房地产价格评估机构。如被征收人本次协商无法达成一致意见的，房屋征收部门将采取抽签方式随机选定房地产价格评估机构。2018年8月10日，武都区征收办作出《陇南市滨江体育场棚户区改造项目房地产价格评估机构选定结果公告》，该公告选定本项目的房地产价格评估机构为：甘肃华瑞房地产评估有限公司。《征收与补偿条例》第二十条的规定，将协商选择评估机构的方式作为评估机构选择方式的第一顺位，系尽可能保护所有被征收人的选择意思，增强评估机构评估结果的公信力。据此，本案武都区征收办通过与被征收人协商选定涉案房地产补偿价格的评估机构程序合法。虽然，本案上诉人张某提出评估机构选定程序违法，但其既未提供武都区征收办在选定“甘肃华瑞房地产评估有限公司”为涉案房地产价格评估机构程序违法相关证据，也未在法定期限内对房屋评估申请复核，故上诉人认为评估程序违法的理由不能成立。

（七）征收决定是否给予被征收人的补偿方式选择权的问题。《征收与补偿条例》第二十一条规定，被征收人可以选择货币补偿，也可以选择房屋产权调换。被征收人选择房屋产权调换的，市、县级人民政府应当提供用于产权调换的房屋，并与被征收人计算、结清被征收房屋价值与用于产权调换房屋价值的差价。因旧城区改建征收个人住宅，被征收人选择在改建地段进行房屋产权调换的，作出房屋征收决定的市、县级人民政府应当提供改建地段或者就近地段的房屋。本案中，《陇南市武都区滨江体育场棚户区改造项目国有土地上房屋征收补偿方案》第六条征收补偿办法中规定货币补偿安置办法和产权调换补偿安置办法。按照该补偿方案的规定，武都区政府采取货币补偿和房屋产权调换两种方式供被征收人选择，涉案征收决定符合法律规定。

通过对以上问题的分析，武都区政府作出的武政征决定字〔2018〕1号《陇南市武都区人民政府关于陇南市武都区滨江体育场棚户区改造项目国有土地上房屋征收决定》的行政行为，虽然符合《征收与补偿条例》关于征收行为公共利益、“四规划一计划”、拟定房屋征收补偿方案和征求意见等相关规定，但是，武都区住建局作出《滨江体育场棚户区改造项目及滨江场升级改造项目社会稳定风险评估报告》，该报告仅经过武都区政法委维护稳定工作领导小组审查后作出批复，未经过武都区政府常务会讨论通过决定；被诉征收决定作出前仅有部分棚户改造资金到账并专户存储、专款专用的证据。据此，被诉征收决定违反了《征收与补偿条例》第十二条第一款、第二款的规定，属于程序违法。根据《中华人民共和国行政诉讼法》第七十四条第一款第（一）项规定，行政行为依法应当撤销，但撤销会给国家利益、社会公共利益造成重大损害的，人民法院判决确认违法，但不撤销行政行为。鉴于本案被诉的武政征决定字〔2018〕1号《陇南市武都区人民政府关于陇南市武都区滨江体育场棚户区改造项目国有土地上房屋征收决定》存在程序违法，且该征收决定涉及的被征收户共计199户，目前只有上诉人张某1户未达成补偿协议，其余全部达成补偿安置协议，由于涉案项目用于滨江体育场棚户区改造，属于社会公共利益范畴，若被诉征收决定撤销将会给社会公共利益造成损害，据此，应依法确认被诉征收决定违法。

二、关于陇南市政府作出的陇政复决字〔2018〕06号行政复议决定是否合法的问题。

《中华人民共和国行政诉讼法》第七十九条规定，复议机关与作出原行政行为的行政机关为共同被告的案件，人民法院应当对复议决定和原行政行为一并作出裁判。根据《中华人民共和国行政复议法》第二十八条第一款第（三）项第3目的规定，行政复议机关负责法制工作的机构应当对被申请人作出的具体行政行为进行审查，提出意见，经行政复议机关的负责人同意或者集体讨论通过后，具体行政行为程序违法的，决定撤销、变更或者确认该具体行政行为违法。但是，本案武都区政府作出的武政征决定字〔2018〕1号《陇南市武都区人民政府关于陇南市武都区滨江体育场棚户区改造项目国有土地上房屋征收决定》存在程序违法，根据上述法律规定行政复议机关应当撤销、变更或者确认该行为违法，据此，陇南市政府作出被诉的行政复议决定维持武都区政府作出的征收决定，属于适用法律错误，依法应当纠正。根据《中华人民共和国行政诉讼法》第七十条第一款第（二）项之规定，撤销陇政复决字〔2018〕06号行政复议决定。

综上，被诉征收决定程序违法，依法应予以确认。被诉复议决定未对征收决定程序违法予以审查，属于适用法律错误，依法应当撤销。虽然一审判决认定事实清楚，但适用法律和裁判结果错误，依法应予以纠正。依照《中华人民共和国行政诉讼法》第八十九条第一款第（二）项、第七十四条第一款第（一）项、第七十条第一款第（二）项之规定，判决如下：

一、撤销甘肃省定西市中级人民法院（2019）甘11行初11号行政判决；

二、确认陇南市武都区人民政府作出武政征决定字〔2018〕1号《陇南市武都区人民政府关于陇南市武都区滨江体育场棚户区改造项目国有土地上房屋征收决定》的行政行为违法；

三、撤销陇南市人民政府作出的陇政复决字〔2018〕06号行政复议决定。

一、二审案件受理费各50元，由被上诉人陇南市武都区人民政府负担。

本判决为终审判决。

审　判　长　陈金瑞
审　判　员　姚振勇
审　判　员　赵静莉
二〇一九年十二月十一日
法官助理　张云霞
书　记　员　戴蕴鹏

（作者单位：甘肃省高级人民法院）

武某诉云南中医药大学教育管理行政处罚案

承办人：赵鸿章

【裁判要旨】

普通高等学校所作开除学籍处分决定，属于行政诉讼受案范围。对教育部规章《普通高等学校学生管理规定》第五十二条第（四）项规定的可开除学籍情形——“考试中使用通讯设备作弊”，宜理解为“使用通讯设备的通讯功能作弊”，故并非所有使用通讯设备作弊情形均可开除学籍。对于学生将存储有学习资料的手机带入考场进行抄袭的作弊行为，学校应结合考试的类型和等级、作弊的具体方式、危害后果等，依照《行政处罚法》“过罚相当”的原则作出处理。

【案情介绍】

武某是云南中医药大学（原云南中医学院）的学生。2019 年 1 月 10 日下午，原告武某在学校参加《计算机组成原理与系统结构》课程期末考试时，将相关学习资料存储于手机上并将手机带入考场，在考试中武某使用手机偷看、抄袭学习资料时被监考老师当场查获。

云南中医药大学经调查，认定武某的作弊属于“使用通讯设备作弊”，故根据《云南中医学院学生违纪处分办法》第二十八条第（三）项，间接适用了教育部规章《普通高等学校学生管理规定》第五十二条第（四）项“学生有下列情形之一，学校可以给予开除学籍处分：……（四）代替他人或者让他人代替自己参加考试、组织作弊、使用通讯设备或其他器材作弊、向他人出售考试试题或答案牟取利益，以及其他严重作弊或扰乱考试秩序行为的……”［学校的违纪处分办法相关条文与《普通高等学校学生管理规定》第五十二条第（四）项完全一致]，作出《关于给予武某同学开除学籍处分的决定》，开除了武某的学籍。

武某不服开除学籍处分的决定，故以云南中医药大学为被告，向昆明市呈贡区人民法院起诉请求撤销处分决定。诉讼中，双方对作弊的事实并无争议，核心争议是“作弊情形是否属于教育部规章规定的‘使用通讯设备作弊’”及“处罚是否过重”。一审法院以“手机是通讯设备是众所周知的事实，手机中附带了存储功能的软件不会改变手机作为通讯设备的属性”为由，驳回原告武某的诉讼请求。武某上诉后，二审法院通过历史解释、体系解释等方式，进一步明确了规章在适用于本案时，“使用通讯设备作弊”应限于使用通讯设备的通讯功能作弊，本案中并无使用手机通讯功能作弊的事实，在考虑武某作弊的具体情节和危害后果后，二审法院改判撤销了云南中医药大学所作的开除学籍处分决定。

【裁判文书】

云南省昆明市中级人民法院
行政判决书

（2020）云01行终12号

上诉人（原审原告）：武某。

被上诉人（原审被告）：云南中医药大学。

上诉人武某因与被上诉人云南中医药大学教育管理行政处罚一案，不服昆明市呈贡区人民法院（2019）云0114行初53号行政判决，向本院提起上诉。本院于2020年1月8日受理后，依法组成合议庭进行审理，经调查询问及合议庭评议，本案现已审理终结。

一审法院查明以下案件事实：2017年5月10日被告云南中医药大学（原云南中医学院）印发《云南中医学院考试违规认定与处理办法》，该办法自发布之日起施行，该办法第四条规定的作弊情形包括“（四）在考试过程中使用通讯设备”。2017年6月15日被告云南中医药大学印发《云南中医学院学生违纪处分办法》，该办法自2017年9月1日起执行，该办法第二十八条第（三）项规定“代替他人或者让他人代替自己参加考试、组织作弊、使用通讯设备或者其他器材作弊、向他人出售考试试题或答案牟取利益，以及其他严重作弊或扰乱考试秩序行为的，给予开除学籍处分”。2007年6月12日被告云南中医药大学印发《关于成立云南中医学院学生申诉处理委员会的通知》及《云南中医学院学生申诉处理办法（试行)》。原告武某系被告云南中医药大学信息学院2016级医学信息工程班学生。2019年1月10日下午，原告武某在云南中医药大学呈贡校区2207教室参加《计算机组成原理与系统结构》课程期末考试时，将相关学习资料存储于手机上并将手机带入考场。在考试中，原告武某使用手机偷看抄袭学习资料时被监考老师当场查获。监考人员向考试巡视检查小组请示，经考试巡视检查小组确认，原告武某被监考人员带离考场。被告云南中医药大学经调查后，根据《云南中医学院学生违纪处分办法》第二十八条第（三）项之规定，决定给予武某开除学籍处分，于2019年1月21日印发了云中校学字〔2019〕3号《关于给予武某同学开除学籍处分的决定》，于1月22日邮寄送达给原告武某。原告武某不服被告云南中医药大学作出的上述决定于2019年1月28日向被告云南中医药大学提出申诉。云南中医药大学学生申诉处理委员会于2019年3月20日作出《申诉处理决定书》，对上述给予武某同学开除学籍的处分决定予以维持。原告武某不服上述处理决定，向云南省教育厅提出申诉。在申诉审查期间，原告武某于2019年5月8日申请撤回申诉。云南省教育厅于2019年5月16日作出《云南省教育厅学生申诉处理决定书》，对申诉人申诉中止审查。武某不服开除学籍处分的决定，向一审法院起诉请求：一、请求撤销被告云南中医药大学（原云南中医学院）作出的云中校学字〔2019〕3号《关于给予武某同学开除学籍处分的决定》；二、恢复原告武某学籍；三、由被告承担本案的诉讼费。

一审法院认为：本案的争议焦点是被告云南中医药大学作出的云中校学字〔2019〕3号《关于给予武某同学开除学籍处分的决定》是否有事实及法律依据，程序是否合法。首先，《中华人民共和国教育法》第二十二条规定：“国家实行学业证书制度。经国家批准设立或者认可的学校及其他教育机构按照国家有关规定，颁发学历证书或者其他学业证书。”第二十九条规定了学校及其他教育机构行使包括按照章程自主管理，组织实施教育教学活动，对受教育者进行学籍管理、实施奖励或者处分等权利。《中华人民共和国高等教育法》第十八条第一款规定："高等教育由高等学校和其他高等教育机构实施。"第二十条规定："接受高等学历教育的学生，由所在高等学校或者经批准承担研究生教育任务的科学研究机构根据其修业年限、学业成绩等，按照国家有关规定，发给相应的学历证书或者其他学业证书。"第三十四条规定："高等学校根据教学需要，自主制定教学计划、选编教材、组织实施教学活动。"《普通高等学校学生管理规定》第六十七条第一款规定："学校应当根据本规定制定或修改学校的学生管理规定或者纪律处分规定，报主管教育行政部门备案（中央部委属校同时抄报所在地省级教育行政部门），并及时向学生公布。"根据上述规定云南中医药大学属于法律法规明确授权的组织，是合法的具有教学管理职能的单位，其根据法律法规的授权有权对学生的教育管理进行细化，制定学校的具体管理制度。其次，原告武某认为自己仅是偷看存储在手机WORD上的资料内容，并没有使用通讯功能进行传输和被传输，作弊的形式属于《云南中医学院考试违规认定处理办法》第四条第（一）项规定携带与考试内容相关的文字材料或者存储有与考试内容相关资料的电子设备参加考试的情形，不属于使用通讯设备作弊的情形，被告云南中医药大学作出开除学籍的处理决定事实认定不清、适用法律错误。我院认为，《普通高等学校学生管理规定》第五十二条第（四）项规定："学生有下列情形之一，学校可以给予开除学籍处分：……（四）代替他人或者让他人代替自己参加考试、组织作弊、使用通讯设备或其他器材作弊、向他人出售考试试题或答案牟取利益，以及其他严重作弊或扰乱考试秩序行为的……"《云南中医学院学生违纪处分办法》第二十八条第（三）项规定："……（三）代替他人或者让他人代替自己参加考试、组织作弊、使用通讯设备或者其他器材作弊、向他人出售考试试题或答案牟取利益，以及其他严重作弊或扰乱考试秩序行为的，给予开除学籍处分。"原告武某作为学生应当遵守法律法规，遵守学生行为规范和学校的各项管理制度，刻苦学习，培养良好的思想品德，掌握较高的科学文化知识和专业技能。被告云南中医药大学在考试前已明确向包括原告在内的考生告知考场纪律，明确告知不得作弊、不得携带手机等通讯工具进入考场，原告武某明知考场纪律仍然在考试前将复习资料存入手机，将手机带入考场，并在考试过程中偷看事先存在手机中的学习资料，其上述一系列行为属于考试作弊，已违反法律法规及学校管理制度。同时，手机是通讯设备是众所周知的事实，手机中附带了存储功能的软件不会改变手机作为通讯设备的属性。原告认为自己在考试时手机处于关机状态，但其提交的通话清单已证明该手机号码当时仍具备呼叫转移功能，该功能是手机具备的通讯功能，故原告的此项主张不能成立，被告云南中医药大学作出的云中校学字〔2019〕3号《关于给予武某同学开除学籍处分的决定》认定事实清楚，适用法律正确。最后，原告武某认为被告作出云中校学字〔2019〕3号《关于给予武某同学开除学籍处分的决定》时未向其告知陈述、申辩的权利，程序不合法。《普通高等学校学生管理规定》第五十五条规定："在对学生作出处分或者其他不利决定之前，学校应当告知学生作出决定的事实、理由及依据，并告知学生享有陈述和申辩的权利，听取学生的陈述和申辩。处理、处分决定以及处分告知书等，应当直接送达学生本人，学生拒绝签收的，可以以留置方式送达；已离校的，可以采取邮寄方式送达；难于联系的，可以利用学校网站、新闻媒体等以公告方式送达。"经审查，本案的证据材料包括有谈话记录、武某书写的申辩书、申诉书，我院认为，虽然被告云南中医药大学在作出处分决定过程中仅采用口头方式向原告告知陈述、申辩的权利，但没有阻碍到原告行使陈述申辩权，属于程序瑕疵，尚不足以撤销被诉行政行为。综上所述，原告武某作为被告云南中医药大学于2018年11月9日作出的云中校学字〔2019〕3号《关于给予武某同学开除学籍处分的决定》的行政相对人，对上述行政行为不服，享有依法起诉的权利。根据《中华人民共和国教育法》《中华人民共和国高等教育法》的规定，被告云南中医药大学是法律法规授权的行使高等教育管理职责的单位，具有行使本案被诉的行政处分决定的权限，是适格的被告。如前所述，原告武某使用通讯设备作弊的行为违反了《普通高等学校学生管理规定》及《云南中医学院学生违纪处分办法》的规定，被告对其给予开除学籍的处分有事实法律依据，应当判决驳回原告的诉讼请求。据此，一审法院依照《中华人民共和国行政诉讼法》第六十三条、第六十九条，《中华人民共和国教育法》第二十二条、第二十九条，《中华人民共和国高等教育法》第十八条、第二十条、第三十四条，参照《普通高等学校学生管理规定》第五十二条、第五十五条、第六十七条等规定以及依照《诉讼费用交纳办法》第十三条第一款第（五）项第2目、第二十九条第一款的规定，判决驳回原告武某的全部诉讼请求。案件受理费50元，由原告武某承担。

宣判后，武某不服一审判决，以"上诉人武某作弊事实成立，但并非

‘使用通讯工作作弊’，而是携带‘复习资料’违纪作弊，只不过复习资料不是抄写在纸张、纸条上，而是以电子形式保存在手机内存上；此时原告的手机已关闭了通讯和对外联络功能，只是一个信息的载体，与纸条、纸张无异，不是通讯工具”为由向本院提起上诉，请求：撤销一审判决，改判支持上诉人的一审诉讼请求；本案全部诉讼费由被上诉人承担。

被上诉人云南中医药大学未提交答辩状。

经审查，一审对证据认定采纳得当，本院予以确认，对一审查明的案件事实，本院亦予以确认。

本院认为：根据《中华人民共和国教育法》第二十九条、《中华人民共和国高等学校教育法》第四十一条，被上诉人云南中医药大学（原云南中医学院）作为法律法规授权组织，是作出被诉云中校学字〔2019〕3号《关于给予武某同学开除学籍处分的决定》的有权行政主体。在作出处分决定前，被上诉人已按教育部令第41号《普通高等学校学生管理规定》第五十五条、第五十六条履行各项程序，依法送达处分决定并告知救济权利，行政程序合法。对于被诉处分决定的基本事实，即“武某在参加学校‘计算机组成原理与系统结构’课程期末考试时，将相关学习资料存储于手机上并将手机带入考场，在考试中，武某使用手机偷看、抄袭学习资料时被监考老师当场查获”，已有充分证据证实且当事人均无争议。

本案争议焦点在于被诉处分决定的法律适用方面，即被上诉人引用《云南中医学院学生违纪处分办法》第二十八条第（三）项“代替他人或者让他人代替自己参加考试、组织作弊、使用通讯设备或者其他器材作弊、向他人出售考试试题或答案牟取利益，以及其他严重作弊或扰乱考试秩序行为的，给予开除学籍处分”，认定上诉人的作弊行为属“使用通讯设备作弊”并予以开除学籍处分，是否符合教育部规章《普通高等学校学生管理规定》（教育部令41号）第五十二条第（四）项“学生有下列情形之一，学校可以给予开除学籍处分：……（四）代替他人或者让他人代替自己参加考试、组织作弊、使用通讯设备或其他器材作弊、向他人出售考试试题或答案牟取利益，以及其他严重作弊或扰乱考试秩序行为的”的规定。因开除学籍的处分决定对上诉人权益产生重大影响，且争议无涉被上诉人所称能排除或限制法院审查的学术自治权，根据《中华人民共和国行政诉讼法》第六十三条第三款“人民法院审理行政案件，参照规章”，本院对被诉处分决定是否正确适用规章予以审查。

首先，根据诉辩意见，对何谓“使用通讯设备作弊”，本案当事人存在“使用通讯设备的通讯功能作弊”与“不限于使用通讯设备的通讯功能作弊，使用其他功能作弊亦是使用通讯设备作弊”两种理解，仅凭文义难以判断，需以其他法律解释方法寻求共识。本院注意到，《普通高等学校学生管理规定》先后有1990年1月20日起施行的国家教委令第7号、2005年9月1日起施行的教育部令第21号、2017年9月1日起施行的教育部令41号三个版本，而关于使用通讯设备作弊的规定首次出现于2005年2月4日通过、当年9月1日起施行的教育部令第21号第五十四条第（四）项“学生有下列情形之一，学校可以给予开除学籍处分：……（四）由他人代替考试、替他人参加考试、组织作弊、使用通讯设备作弊及其他作弊行为严重的”。在2005年该规章制定之前，作为常见通讯设备的手机，其功能主要是通话、短信、联系人存储等，带有拍照功能尚且是少数（首款可拍照国产手机诺基亚7650迟至2002年才出现），此时还未出现开启智能手机时代的初代IPHONE（2007年）、IPHONE3G（2008年）和首款搭载安卓系统的手机T－MOBILE G1（2008年），手机的外接存储和应用程序尚未发展普及，远达不到将TXT、WORD、PPT、PDF等文件在手机上普遍存储使用的程度。据此，在2005年《普通高等学校学生管理规定》首次对“使用通讯设备作弊”作出规定时，可合理推断将“使用通讯设备存储和查看学习资料作弊”规定为“使用通讯设备作弊”不会是立法者的主流认知，对教育部令第21号所称“使用通讯设备作弊”，在立法背景下只宜理解为使用通讯设备的通讯功能作弊。之后，2017年修订施行的《普通高等学校学生管理规定》第五十二条第（四）项，承继了“使用通讯设备作弊”的规定，且将原条款修订为“使用通讯设备作弊或其他器材作弊”，此处的其他器材只可能是通讯器材，否则无理由并列规定，而通讯器材与非通讯器材的差别自然是通讯功能，此种修订可强化对“使用通讯设备或其他器材的‘通讯功能’作弊”的理解，又因规章修订时未作出特别规定，并无理由认为2017年的修订已改变2005年立法关于“使用通讯设备作弊”的立法原意。

其次，体系化解释和基于立法目的的解释有助于法律规则的准确适用，《普通高等学校学生管理规定》第五十二条第（四）项列举了“代替他人或者让他人代替自己参加考试”“组织作弊”“使用通讯设备或其他器材作弊”

“向他人出售考试试题或答案牟取利益”等严重作弊或扰乱考试秩序的违法行为类型，均规定可给予开除学籍处分。因被规定于同一规章的同一条款且规定了同种法律责任，故有理由认为列举的违法行为之间存在性质或危害后果的共性。就此本院认为，该规章条款所列举的替考、组织作弊、出售试题或答案均存在两人以上参与、主体之间交互传递信息的特征，违法行为均具有共谋性、群体性乃至组织性。故对此类行为处以最严重的处分，符合对共谋性、群体性、组织性违法犯罪活动予以从重打击的通行执法、司法政策。此种认知，也可由同属教育考试领域的其他立法例印证：教育部《国家教育考试违规处理办法》第九条第三款、第十二条，即明确对“替考、组织团伙作弊、向考场外发送传递试题信息、使用相关设备接收信息实施作弊、为作弊组织者提供试题信息答案及相应设备等参与团伙作弊行为”处以开除学籍或者解聘等学校管理权限内的最严厉处分，而对其他考试作弊类型则不然。回到本案争议的“使用通讯设备作弊”，只有将其理解为“使用通讯设备的通讯功能作弊”，方能与规章同条款其他作弊行为体现的“两人以上参与、主体之间交互传递信息、共谋性、群体性、组织性”等特征相一致，对其处以开除学籍的最严厉处分方才符合《行政处罚法》所要求的“处罚与违法行为的事实、性质、情节以及社会危害程度相当”原则。

基于上述评析，就本案争议的可引发开除学籍处分的“使用通讯设备作弊”，应理解为“使用通讯设备的通讯功能作弊”，方才符合教育部规章条款的原意与目的。根据无争议的案件事实，上诉人武某将相关学习资料存储于手机上并将手机带入考场，在考试中偷看、抄袭学习资料。因是学校开设课程的期末考试，修读该课程的学生均应参加，上诉人武某并无使用手机通讯功能作弊的便利，也无已查证的使用手机通讯功能作弊的事实，无共谋和主体之间的信息交互，作弊方式与携带含有考试相关内容的书本、纸条等更为类似。被上诉人云南中医药大学认定上诉人武某符合《云南中医学院学生违纪处分办法》中“使用通讯设备作弊”的规定并作出开除学籍的处分决定，属行为定性错误，与教育部规章规定不符，已超出高校行使自主管理权进行裁量的合理范围，对被诉处分决定应予撤销。对所涉作弊事项，可由被上诉人依法重新作出处理。

综上，被诉云中校学字〔2019〕3号《关于给予武某同学开除学籍处分的决定》系由有权行政主体作出，程序合法，主要事实清楚，但适用法规错误。上诉人的上诉理由能够成立，对上诉请求应予支持。一审审判程序合法，认定事实清楚，但适用法律错误，依法应予改判。本院根据《中华人民共和国行政诉讼法》第二条、第六条、第七十条第（二）项、第八十九条第一款第（二）项、第一百零二条，判决如下：

一、撤销昆明市呈贡区人民法院（2019）云0114行初53号行政判决；

二、撤销云南中医药大学（原云南中医学院）所作云中校学字〔2019〕3号《关于给予武某同学开除学籍处分的决定》。

本案一、二审案件受理费共计100元，由云南中医药大学承担。

本判决为终审判决。

审　判　长　赵鸿章
审　判　员　张　锐
审　判　员　颜瑶瑶
二〇二〇年四月三日
书记员　保卓成　叶　倩

（作者单位：云南省昆明市中级人民法院）

张某诉天津市河东区人民政府、天津市人民政府房屋征收决定案

承办人：刘 迪

【裁判要旨】

上诉人提出楼龄较新，不符合棚户区房屋标准进而认为其房屋不应纳入棚户区改造范围。棚户区指向的是具有简易结构房屋较多等特征的区域，即一定区域如满足简易结构房屋较多等特征，即符合城市棚户区的标准，而并不要求该区域内任一具体房屋均符合棚户区的全部特征。基于旧城区改建的总体需要，对棚户区进行改造和建设，并不违反法律规定。关于上诉人主张的征收补偿与周边平房同等标准，补偿过低的问题。上诉人所涉房屋与征收片内其他房屋的评估标准均为周边新建普通商品住房的市场价格，保障了被征收人的合法正当利益。至于征收片内其他平房的补偿标准是否超出其房屋本身价值，不在本案审理范围之内。

【案情介绍】

因天津市河东区工业大学周边棚户区改造（旧城区改建）项目需要，被上诉人天津市河东区人民政府决定征收工业大学周边棚户区，上诉人所有的房屋位于被诉房屋征收决定确定的征收范围内。上诉人不服被上诉人河东区政府作出的河东政征〔2019〕1号《房屋征收决定》，向被上诉人市政府申请行政复议，被上诉人市政府于2019年3月18日收到上诉人的行政复议申请，受理后经审查，于2018年5月5日作出津政复决字〔2019〕2－71号《行政复议决定书》，并邮寄送达上诉人，上诉人不服，向一审法院天津市第二中级人民法院提起行政诉讼。一审法院判决驳回上诉人的诉讼请求，上诉人不服，

向天津市高级人民法院提起上诉。

【裁判文书】

天津市高级人民法院
行政判决书

（2019）津行终322号

上诉人（原审原告）：张某。

被上诉人（原审被告）：天津市河东区人民政府。

被上诉人（原审被告）：天津市人民政府。

上诉人张某因诉被上诉人天津市河东区人民政府（以下简称为河东区政府）房屋征收决定、被上诉人天津市人民政府（以下简称为市政府）行政复议一案，不服天津市第二中级人民法院（2019）津02行初190号行政判决，向本院提起上诉。本院依法组成合议庭，公开开庭审理了本案。上诉人张某的委托代理人，被上诉人天津市河东区人民政府的委托代理人，被上诉人天津市人民政府的委托代理人到庭参加诉讼。本案现已审理终结。

原审法院经审理查明：因天津市河东区工业大学周边棚户区改造（旧城区改建）项目需要，被告河东区政府决定征收工业大学周边棚户区，金盾里、韶山道平房，四至范围为：工业大学周边棚户区第一部分东至红星路、工业大学、南至工大家属院、工业大学、成林道，西至韶山道、河东区实验小学、长征小区，北至韶山道、长征楼现状住宅、红星路178/2、178/1；工业大学周边棚户区第二部分东至规划嘉盛路，南至工业大学、西至工业大学、北至红星路；金盾里、韶山道平房第一部分东至金盾里现状住宅，南至金盾里现状住宅，西至新阔路，北至华昌道；金盾里、韶山道平房第二部分东至韶山道，南至成林道，西至新阔道，北至顺泰公寓现状住宅南侧道路范围内的房屋。原告所有的房屋坐落于天津市河东区长征路18号楼5栋301，位于被诉房屋征收决定确定的征收范围内。原告不服被告河东区政府作出的河东政征〔2019〕1号《房屋征收决定》，向被告市政府申请行政复议，被告市政府于2019年3月18日收到原告的行政复议申请，受理后经审查，于2018年5月5

日作出津政复决字〔2019〕2－71号《行政复议决定书》，并邮寄送达原告，原告不服，向法院提起行政诉讼。

原审法院另查，2017年5月16日，原天津市国土资源和房屋管理局作出津国土房拆函字〔2017〕630号《市国土房管局关于棚户区改造和旧城区改建项目用地情况的函》，函告各有关单位，包括涉诉的工业大学片在内的我市45个成片棚户区地块、119处零散点棚户区地块和11处危险房屋，共175片（处）已纳入市区棚户区改造（旧城区改建）计划，均符合土地利用总体规划，占用土地属于国有建设用地的，项目建设单位可以不办理建设项目用地预审。2018年1月18日天津市河东区第十七届人民代表大会第四次会议作出关于天津市河东区2017年国民经济和社会发展计划执行情况及2018年国民经济和社会发展计划的决议，将工业大学周边棚户区改造列入河东区国民经济和社会发展计划。

2018年1月2日河东区政府（甲方）与天津嘉华房地产经营发展集团有限公司（乙方）签订《政府购买服务协议》，甲方购买乙方负责提供的基本住房保障服务。2018年9月25日原天津市河东区房地产管理局向天津市诚达房屋拆迁中心出具《委托书》，委托其承担房屋征收补偿的具体工作。

2018年9月25日原天津市河东区房地产管理局出具津东房征公字（2018）第2号《房屋征收公告》，将拟定的征收范围及有关部门暂停办理相关手续的情况、期限及不得在房屋征收范围内实施新建、扩建、改建房屋等不当增加补偿费用的行为，在拟定的征收范围内公示。同时函告公安、规划、建设、不动产登记等有关部门。

2018年9月29日原天津市河东区房地产管理局作出《关于对征收范围内未登记建筑进行合法性认定的通知》并在征收范围内进行公示。2018年10月1日原天津市河东区房地产管理局作出《关于工业大学周边棚户区改造（旧城区改建）项目被征收范围内房屋调查结果公示》，就被征收房屋的坐落地点、产别、产权人（承租人）、用途与建筑面积进行公示，并征询被征收人意见，后于2018年12月7日作出《工业大学周边棚户区改造（旧城区改建）项目被征收范围内住宅房屋调查结果更正公示》，对核实后需更正的调查结果予以公示。

2018年9月30日原天津市河东区房地产管理局作出《工业大学周边棚户区改造（旧城区改建）项目选择房地产价格评估机构公告》，并于2018年

10月7日在天津市河东区公证处的监督下，组织被征收人投票选取房地产价格评估机构，选定天津津港房地产咨询评估有限公司和天津倚天房地产土地评估有限公司为工业大学周边棚户区改造（旧城区改建）项目的房地产价格评估机构，同日进行了公示。2018年10月8日原天津市河东区房地产管理局向选定的评估机构出具《房地产评估委托书》，委托评估机构对被征收房屋进行评估。2018年12月20日评估机构就房屋初步评估结果在被征收范围内进行了公示。

2018年12月15日，被告河东区政府公布《关于〈工业大学周边棚户区改造（旧城区改建）项目房屋征收补偿方案〉（征求意见稿）征求意见的通告》，于2018年12月16日至2019年1月15日征求公众意见。同时河东区棚户区改造办公室作出《工业大学周边棚户区改造（旧城区改建）项目自建生活附属用房处理办法》，制定自建生活附属用房的处理标准和处理原则。2018年12月15日被告作出《工业大学周边棚户区改造（旧城区改建）项目房屋征收范围内开展自愿提前封房工作的通知》，于2018年12月20日至2019年1月18日在被征收范围内开展自愿提前封房工作，对自愿提前封房的被征收人或房屋承租人给予提前封房奖励、产权调换补贴和临时安置费。截至2019年1月18日共有1073户居民办理了自愿提前封房手续，约占被征收人的78%。被告河东区政府对收集到的意见和建议进行分析整理，于2019年1月25日作出《关于工业大学周边棚户区改造（旧城区改建）项目房屋征收补偿方案征求意见情况和修改的通告》，并予以公示。

2019年1月22日，被告河东区政府作出《工业大学周边棚户区改造（旧城区改建）项目住宅房屋征收社会稳定风险评估报告》，评定为低风险。2018年9月28日中国工商银行股份有限公司天津市分行、中国农业银行股份有限公司天津市分行、中国银行股份有限公司天津市分行与天津嘉华房地产经营发展集团有限公司签订《银团贷款合同》，由上述银团向天津嘉华房地产经营发展集团有限公司贷款人民币466630万元，用于工业大学周边棚户区改造（旧城区改建）项目。中国工商银行天津十一经路支行及中国农业银行天津河东支行也分别为拆迁实施单位天津市诚达房屋拆迁中心出具资信证明。同时，拆迁实施单位天津市诚达房屋拆迁中心还分别与天津市河东区拆迁中心和天津市保障住房建设投资有限公司签订《安置用房转让协议》及《津南区渌水道B地块公租房（安置类）使用和购置协议》，购买了安置房源。原天津市河东区房地产管理局也向天津金隅津丽房地产开发有限公司购买部分定向安置商品房用于安置房源。根据2019年1月24日河东区政府常务会议纪要（第77次），会议审议并同意对工业大学周边棚户区改造（旧城区改建）项目下达房屋征收决定。

2019年1月26日，被告河东区政府作出河东政征字〔2019〕1号《房屋征收决定》，并附《工业大学周边棚户区改造（旧城区改建）项目住宅房屋征收补偿方案》，决定中载明诉权及起诉期限等相关事项。

原审法院又查，2019年1月9日中共天津市河东区委员会、天津市河东区人民政府作出《关于印发〈天津市河东区机构改革实施方案〉的通知》，将区建设管理委员会的职责和区房地产管理局的职责整合，组建区住房和建设委员会，作为区政府工作部门。不再保留区建设管理委员会、区房地产管理局。

原审法院认为：根据《国有土地上房屋征收与补偿条例》第四条第一款“市、县级人民政府负责本行政区域的房屋征收与补偿工作”的规定，被告河东区政府依法负责其行政区域内的房屋征收与补偿工作，具有作出被诉房屋征收决定的法定职权。《国有土地上房屋征收与补偿条例》第四条、第五条规定，市、县级人民政府确定的房屋征收部门组织实施本行政区域的房屋征收与补偿工作。房屋征收部门可以委托房屋征收实施单位，承担房屋征收与补偿的具体工作。原天津市河东区房地产管理局作为房屋征收部门组织实施本次房屋征收工作，其委托天津市诚达房屋拆迁中心为实施单位负责具体工作，符合法律规定。原告主张本次征收实施主体不适格，缺乏法律依据，本院不予支持。

被告河东区政府提交的津东审投备案4号《关于工业大学周边棚户区改造（旧城区改建）项目备案的证明》《关于工业大学周边棚户区改造（旧城区改建）项目规划有关意见的函》、津国土房拆函字〔2017〕630号《市国土房管局关于棚户区改造和旧城区改建项目用地情况的函》《第十三个五年规划纲要》《河东区2018年国民经济和发展计划》等证据能够证明本案涉及的工业大学周边棚户区已纳入市区旧城区改建项目，符合国民经济发展计划、土地利用总体规划、城乡规划和专项规划，已纳入2018年河东区国民经济和社会发展计划，体现了公共利益的需要，符合《国有土地上房屋征收与补偿条例》第八条、第九条规定的要求。

被告河东区政府提供的《关于对征收范围内未登记建筑进行合法性认定的通知》《关于工业大学周边棚户区改造（旧城区改建）项目被征收范围内房屋调查结果公示》，以及《工业大学周边棚户区改造（旧城区改建）项目被征收范围内住宅房屋调查结果更正公示》能够证实房屋征收部门对房屋征收范围内的房屋进行了调查并对调查结果及核实后更正的结果进行了公示，亦对房屋征收范围内的未登记建筑进行了调查、认定和处理，符合《国有土地上房屋征收与补偿条例》第十五条、第二十四条第二款的规定。被告河东区政府依法组织征收范围内的被征收人、公有住房承租人在河东公证处的公证下投票选取了评估机构并进行了公示，房屋征收部门与选定的评估机构签订了房屋征收评估委托合同，进行了相关评估工作，评估机构将被征收范围内房屋初步评估结果在征收范围内进行了公示，其程序符合《国有土地上房屋征收与补偿条例》第二十条的规定。

被告河东区政府在拟定征收补偿方案后，履行了对征收补偿安置方案进行论证并公布和征求公众意见的程序，在征求意见期限满30日后，公布了征求意见情况及根据公众意见进行修改的情况。反馈的征求意见中认为征收补偿安置方案违反《国有土地上房屋征收与补偿条例》及《天津市国有土地上房屋征收与补偿规定》的被征收人未达到半数。且截至2019年1月18日，已经有1073户办理了自愿提前封房手续，约占被征收人的78%，不属于多数被征收人认为征收补偿方案不符合《国有土地上房屋征收与补偿条例》规定的情形。故被告河东区政府未组织听证，符合《国有土地上房屋征收与补偿条例》第十一条的规定。被告河东区政府在作出被诉《房屋征收决定》前，组织相关部门进行了社会稳定风险评估，评估风险等级为低风险。被告河东区政府提交的《银团贷款合同》、资信证明书及房屋购买协议等证据能够证明征收补偿费用足额到位、专户存储、专款专用。原告主张被告河东区政府作出征收决定前不符合资金要求，征收补偿落实难以保障，没有事实依据，本院不予支持。经河东区人民政府常务会议讨论后，被告河东区政府作出被诉《房屋征收决定》，后在征收范围内进行了公告，并在公告中载明了征收补偿方案及被征收人申请行政复议及提起行政诉讼的权利等事项。综上，被告河东区政府作出的河东政征〔2019〕1号《房屋征收决定》，事实清楚，证据充分，适用法律正确，履行行政程序合法。

根据《中华人民共和国行政复议法》第十三条第一款的规定，被告市政府作为被告河东区政府的上一级行政机关，具有作出本案被诉行政复议决定的主体资格和法定职权。被告市政府在收到原告的复议申请后，依据《中华人民共和国行政复议法》第二十三条第一款、第三十一条第一款的规定，履行了受理、询问、审查、作出复议决定并送达等程序，其行政程序合法。经审查，被告市政府依据《中华人民共和国行政复议法》第二十八条第一款第（一）项的规定，作出被诉《行政复议决定书》，维持了被告河东区政府作出的本案被诉《房屋征收决定》，认定事实清楚、适用法律正确。综上所述，被告河东区政府作出的河东政征〔2019〕1号《房屋征收决定》，事实清楚，证据充分，适用法律正确，履行行政程序合法，具有合法性。被告市政府作出的被诉《行政复议决定书》具有合法性。原告的诉讼请求缺乏相应的事实及法律依据，依法应予驳回。依照《中华人民共和国行政诉讼法》第六十九条之规定，判决驳回原告张某的诉讼请求。一审案件受理费50元，由原告张某负担。

张某不服原审判决，向本院提起上诉。请求：1. 撤销原审判决，并依法改判；2. 诉讼费由两被上诉人承担。

上诉人的主要上诉理由：1. 从征收目的上看，本次征收不符合公共利益目的。借"棚户区改造"之名，行"商业拆迁"之实，属于典型行政目的违法行为。上诉人房屋地块居民楼建成至今楼龄较新，房屋质量、配套设施均优良，并非危房集中、基础设施落后。此次"河东区工业大学周边棚户区改造"项目本身更多针对韶山道周边新中国成立以后建设的锅炉厂及钢厂宿舍等平房建筑，无端将上诉人的居民楼地块划入征收范围，不符合《国有土地上房屋征收与补偿条例》要求。上诉人所在的长征楼一带为政府修路征用地，却最终与周边平房棚改混为一谈，套用一个补偿标准，脱离事实不合实际。政府采用招标方式委托天津嘉华房地产经营发展集团有限公司（以下简称嘉华公司）开展此次棚户区改造项目，具有明显的商业营利性质而非社会公益性。关于承接主体嘉华公司，根据其企业变更记录的登记信息，该公司于2019年4月25日，即本次征收项目实施开始后，才将工程管理服务、招标代理事宜加入经营范围。其中标合作在前，变更经营在后，政府的采购程序合法性存疑。结合嘉华公司本身的规模和注册资金，其不具备与政府购买棚户区改造服务标的相匹配的资产规模或融资能力。从政府购买服务协议的采购资金支付方式看，征收方区政府从第4年开始支付资金，导致采购资金无法纳入近三年的中期财政规划，毫无约束性，该做法与《中华人民共和国预算法》及《国务院关于实行中期财政规划管理的意见》（国发〔2015〕3号）相冲突，也使得本次项目实施缺乏保障。

从项目审批手续看，本次征收建设项目不符合相应的规划和年度计划，未依法进行社会稳定性风险评估等程序，其前置审批手续不符合《国有土地上房屋征收与补偿条例》之规定。区政府的备案证明、往来函件、社会稳定性风险评估文件等证据，从证据形式看，其中多为工作往来函，既非具体行政许可行为，其具体内容也只是对嘉华公司申请事项、用地范围的复述，全文并未明确答复称涉案项目符合相应的用地规划，只是称“最终用地范围以土地整理范围和核定用地范围为准”，不能作为征收决定作出的依据。备案文件未体现出其经过初审、复审，同时，缺乏审批流程中所配套的单位资质证书、拟用地改造方案、可行性研究报告等证明文件，也不能体现出项目控制性详细规划已编制完成并获得批准。同时国土部门规划部门文件均缺乏复函的附件部分，均不足以论证涉案征收项目的规划合法性。

从补偿安置程序看，安置补偿方案的作出未切实征求公众意见，且补偿标准过低，致使上诉人的房屋以极不合理的过低价格被征收，而征收方所提供产权调换方式难以落实，有违民主公开、公平合理原则。此次征收过程，补偿安置方案的作出仅仅流于形式，并未实际征求公众意见，也未组织被征收人进行论证讨论。最终导致成稿的补偿安置方案内容不尽合理、评估价格标准过低，对具体的区域地段学区房等情况在补偿过程中亦未作有效区分。其征收房屋价值评估过程更未依法综合被征收房屋的区位、用途、建筑结构、新旧程度、建筑面积以及占地面积、土地使用权等影响被征收房屋价值的关键问题，导致补偿不尽合理，严重侵害了上诉人的合法权益。对于本次的产权调换安置政策，结合天津土地交易中心2019年7月16日公布的津东万（挂）2018－202号（补充公告），该文件明确已经“延期摘牌”八个多月的河东津滨大道C地块，正式公告停牌。该地块即为本次征收项目所涉及的需先行配建棚户区改造定向安置商品房所在地，而这一停牌事实，也明确了本次产权调换方式的不可落实。

从资金要件看，被上诉人作出征收决定前不符合足额到位、专户存储、专款专用等相关法定要求。针对第一笔款项证据银团贷款合同，既不足以证明该笔款项已经实际足额到位，也未体现该笔资金的封闭运行、专户存储，也就是对贷款资金使用过程中涉及的借款人、用款人、施工单位等主体，均应开立专项账户，实现贷款资金的全封闭管理。针对第二笔、第三笔款项，征收实施单位的资信证明书和存款证明，均不能体现其征收决定作出之前资金已经足额到位的法定要求，同时也缺乏相关的开户许可证、开户登记证，仅仅一般结算户和活期存款账户，不能证明其专户存储、专款专用。

一审法院证据认定采用双重标准，显失中立、公平、公正原则，其无故采纳被上诉人庭后提交的其他证据材料，有违行政诉讼举证责任倒置之证据规则。被上诉人提交的大多数证据并不能对案情事实予以任何佐证，且其中多份证据资料存在明显的重大瑕疵，在具体内容上与案件基本事实逻辑不符，尤其多份审批文件未有落款时间信息、证据存在后补嫌疑的前提下，更明确了涉案征收行为未经依法审批流程的基本事实，严重违反法律强制规定。原审法院未对被上诉人提供的证据进行任何审查，更未查清涉案征收事实本身，由此该组证据的合法性、关联性、真实性均有待商榷，并最终径行驳回上诉人的诉讼请求。该做法显然在证据认定方面采用了双重标准，有偏袒被上诉人之嫌，显失中立、公平。

被上诉人河东区政府答辩称，原审判决认定事实清楚，适用法律正确，程序合法，内容适当，请求驳回上诉人上诉请求，维持原判。

被上诉人市政府答辩称，原审判决符合法律规定，请求驳回上诉，维持原判。

各方当事人向原审法院提交的证据均已随案移送本院。

二审审理期间，上诉人补充提交了2019年7月18日的天津土地交易中心官网的津东万挂（2018）202号（补充公告）以及相应的媒体报道截图复印件，用以证明本次征收项目产权调换项目已停牌，本次产权调换方式不可落实。被上诉人河东区政府对该证据的真实性、合法性、关联性、证明目的均不予认可。本院经审查认为，该证据中所涉停牌地块与涉案征收补偿方案中用于产权调换的地块并无关联性，本院不予采信。

本院经审理查明的事实与原审判决认定的事实一致，本院予以确认。

本院认为，原审判决认定被上诉人河东区政府依法具有作出被诉房屋征收决定的行政主体资格和法定职权及被上诉人市政府作为被上诉人河东区政府的上一级行政机关，具有作出本案被诉行政复议决定的主体资格和法定职权正确。本案焦点是被诉房屋征收决定是否合法。

经审查，天津市工业大学周边棚户区改造（旧城区改建）项目已纳入天津市河东区国民经济和社会发展第十三个五年规划。被上诉人提交的证据经原审庭审质证能够证明，被上诉人作出被诉房屋征收决定符合《国有土地上房屋征收与补偿条例》第九条规定的征收条件，在作出被诉房屋征收决定后及时进行了公告，并在公告中载明了房屋征收补偿方案及被征收人依法申请行政复议及提起行政诉讼的权利等事项。故被上诉人作出的河东政征字〔2019〕1号《房屋征收决定》事实清楚、证据充分、适用法律正确、程序合法。

关于上诉人提出的楼龄较新，不符合棚户区房屋标准进而认为其房屋不应纳入棚户区改造范围的主张。根据《国有土地上房屋征收与补偿条例》第八条第（四）项、第（五）项的规定，为了保障国家安全、促进国民经济和社会发展等公共利益的需要，有下列情形之一，确需征收房屋的，由市、县级人民政府作出房屋征收决定：由政府组织实施的保障性安居工程建设的需要，以及由政府依据城乡规划法有关规定组织实施的对危房集中、基础设施落后等地段进行旧城区的改建。棚户区指向的是具有简易结构房屋较多等特征的区域，即一定区域如满足简易结构房屋较多等特征，即符合城市棚户区的标准，而并不要求该区域内任一具体房屋均符合棚户区的全部特征。棚户区改造可能属于保障性安居工程的一个部分，也并不排除在法律规定的旧城区改建范围内，两者有可能存在交叉。基于旧城区改建的总体需要，对棚户区进行改造和建设，并不违反法律规定。根据各方当事人提交的证据及原审查明的事实，河东区政府有权依法在符合比例等原则的前提下结合实际情况确定需改造的城市棚户区的范围，并确认涉诉房屋处于工业大学周边棚户区改造范围内。上诉人的主张依法不能成立。

关于上诉人主张的征收补偿与周边平房同等标准，补偿过低的问题。根据被上诉人河东区人民政府提交的《天津市河东区工业大学周边棚户区改造（旧城区改建）项目住宅房屋征收补偿价值估价报告》第六项价值类型“根据天津市人民政府令（第27号）的规定，被征收住宅房屋的价值，由房地产价格评估机构按照被征收房屋类似房地产的市场价格和其所处区位的新建普通商品住房市场价格分别评估，并按照较高的评估结果确定。本报告为按照被征收房屋所处区位的新建普通商品住房市场价格评估确认的价格”。上诉人所涉房屋与征收片内其他房屋的评估标准均为周边新建普通商品住房的市场价格，保障了被征收人的合法正当利益。至于征收片内其他平房的补偿标准是否超出其房屋本身价值，不在本案审理范围之内。

关于上诉人提出的涉案征收的前置行政行为不符合相应规划和年度计划的问题。经查，2018年1月18日，天津市河东区第十七届人民代表大会第四次会议决定批准《关于天津市河东区2017年国民经济和社会发展计划执行情况及2018年国民经济和社会发展计划草案的报告》，批准2018年国民经济和社会发展计划，将工业大学周边棚户区改造列入河东区国民经济和社会发展规划。2017年5月16日，天津市国土资源和房屋管理局作出津国土房拆函字〔2017〕630号《市国土房管局关于棚户区改造和旧城区改建项目用地情况的函》，工业大学周边棚户区改造项目符合土地利用总体规划。2018年6月1日，天津市规划局河东区规划分局作出《关于工业大学周边棚户区改造（旧城区改建）项目规划有关意见的函》，工业大学周边棚户区改造项目实施房屋征收符合城乡规划。2018年4月3日，天津市河东区行政审批局对河东区工业大学周边棚户区改造（旧城区改建）项目进行了备案。故被上诉人河东区政府作出的被诉《房屋征收决定》符合《国有土地上房屋征收与补偿条例》第九条所列举的相关规定要求。

关于上诉人提出的涉案征收补偿方案未组织听证的问题。被上诉人在作出被诉《房屋征收决定》之前对《工业大学周边棚户区改造（旧城区改建）项目房屋征收补偿方案（征求意见稿）》进行公示并征求公众意见，之后被上诉人河东区政府公布了征求意见情况和根据公众意见修改的情况，根据被上诉人河东区政府提交的《关于工业大学周边棚户区改造（旧城区改建）项目房屋征收补偿方案意见汇总情况的说明》，因征求意见中认为征收补偿安置方案违反《国有土地上房屋征收与补偿条例》及《天津市国有土地上房屋征收补偿规定》的被征收人未达到半数，河东区政府未组织听证符合《国有土地上房屋征收与补偿条例》及《天津市国有土地上房屋征收补偿规定》的规定，故上诉人该主张不予支持。

关于上诉人提出的征收补偿费用未足额到位以及产权调换安置难以落实的问题。被上诉人提交了中国工商银行股份有限公司为承担房屋征收补偿具体工作的天津市诚达房屋拆迁服务中心出具的在该行存款情况的证明、银团贷款合同。上述证据可以证明银行为工业大学周边棚户区改造（旧城区改建）项目提供了贷款，具体征补单位资金保障充足。被上诉人提交的房屋购买协议可以证明被上诉人筹措资金购置安置房屋用于选择产权调换的被征收人提供安置房屋。该行为符合《国有土地上房屋征收与补偿条例》第十二条的规定，上诉人的该项理由不能成立。上诉人关于本案被诉征收决定违法的其他上诉理由，缺乏事实根据和法律依据，本院不予支持。

被上诉人市政府依据《中华人民共和国行政复议法》第二十八条第一款第（一）项的规定，作出被诉《行政复议决定书》，维持了河东区政府作出的本案被诉《房屋征收决定》，程序合法、认定事实清楚、适用法律正确。

综上所述，原审法院判决驳回上诉人的诉讼请求，认定事实、适用法律和审判程序并无不妥。依照《中华人民共和国行政诉讼法》第八十九条第一款第（一）项的规定，判决如下：

驳回上诉，维持原判。

上诉案件受理费50元，由上诉人张某负担。

本判决为终审判决。

审　判　长　李雪春
审　判　员　蔡　力
审　判　员　刘　迪
二〇一九年十二月十日
法官助理　袁　敏
书　记　员　满开琳

（作者单位：天津市高级人民法院）

征稿启事

《行政执法与行政审判》是最高人民法院针对行政审判工作出版发行的唯一的综合指导性图书。丛书自出版以来，深受全国各地法院行政审判法官、行政执法人员和专家学者的普遍欢迎和好评。对各级法院行政审判工作具有权威的指导作用，对各级各部门行政机关依法行政和行政法、行政管理专业的专家学者具有较强的参考作用。

本丛书及时刊登行政法的最新司法解释、司法文件、司法政策及解读，具有典型和指导意义的审判案例及分析，行政执法和行政审判的调研信息及成果等内容，设有“大法官论坛”“理论探索”“案例分析”“实务争鸣”“调查研究”“司法文件”等栏目。现编委会竭诚向全国的行政执法和行政审判理论和实务工作者征稿。来稿要求：

一、稿件应属未公开发表的作品。请勿一稿两投。

二、优先发表在本书所涉领域有创见的、高水平的文章，来稿采用与否以理论和实务价值为标准。

三、稿件引文应当注明出处，注释体例参见本书“写作体例说明”。

四、稿件最好为附打印稿的 word 文件电子版。

五、稿件一经发表，文责自负，但编者保留对来稿进行技术性加工处理的权利。文章一经采用，由本编辑部统一付给稿酬。

六、来稿请按以下联系方式寄送：

地址：北京市东城区东交民巷 27 号

最高人民法院行政审判庭　章文英

邮编：100745

请在信封正面注明“《行政执法与行政审判》来稿”字样。

E－mail：zgfyxzt@ sohu. com

《行政执法与行政审判》编委会

写作体例说明

一、交付稿件要求

（一）总体要求

齐（不缺页、不缺件）、清（稿面清楚）、定（已定稿的稿件）。提供稿件电子版，并附打印清样，出版社视清样为最终定稿。

（二）具体要求

纸样用 A4 纸，单面打印。

电子版内容一定要与提供的清样内容相同。

二、编辑体例

正文编码顺序按：一、（一）1.（1）①第一，其一，等来编排。

三、技术规范

数字用法：

统计数字、时间、物理量等均用阿拉伯数字（如：100kg　45.8 万元　11 个月　4.9 万册　12.4 亿人）；法条号尊重原文，即原文是汉字的用汉字，原文是阿拉伯数字的用阿拉伯数字。

注释方法：

1. 一般原则

（1）注释采取页下注，注释号每页重新起算；

（2）引注作品的，注释应完整；

（3）作者为三人或三人以上的，首次引用时应显示全部作者，重复出现时可在第一作者之后加“等”字样。

2. 著作引文注释范例

一般格式：作者/书名/出版社/出版年代/页码

如：×××/×××编著/×××主编：《×××》，××出版社××年版，第××页。

3. 文章引文注释范例

一般格式：作者/文章题目/引自何种出版物/出版时间/页码

（1）著作中文章

××：《文章名》，载××主编：《书名》，××出版社××年版，第××页。

（2）期刊中的文章

××：《文章名》，载《期刊名》××年第×期。

（3）报纸上的文章

××：《文章名》，载《报纸名》××年××月××日，第×版。

图书在版编目（CIP）数据

行政执法与行政审判．总第83集，全国法院行政审判优秀成果评选一等奖专辑．下／中华人民共和国最高人民法院行政审判庭编．—北京：中国法制出版社，2021.11
ISBN 978－7－5216－2010－8

Ⅰ．①行… Ⅱ．①中… Ⅲ．①行政执法－中国－丛刊②行政诉讼－审判－中国－丛刊 Ⅳ．①D922.11－55②D925.318.2－55

中国版本图书馆CIP数据核字（2021）第130877号

责任编辑 周琼妮（zqn－zqn@126.com） 封面设计 杨鑫宇

行政执法与行政审判（总第83集）
XINGZHENG ZHIFA YU XINGZHENG SHENPAN（ZONG DI－83 JI）

编者/中华人民共和国最高人民法院行政审判庭
经销/新华书店
印刷/三河市紫恒印装有限公司
开本/710毫米×1000毫米 16开 印张/15.5 字数/218千
版次/2021年11月第1版 2021年11月第1次印刷

中国法制出版社出版
书号 ISBN 978－7－5216－2010－8 定价：68.00元

北京市西城区西便门西里甲16号西便门办公区
邮政编码：100053 传真：010－63141852
网址：http：//www.zgfzs.com **编辑部电话：010－63141807**
市场营销部电话：010－63141612 **印务部电话：010－63141606**

（如有印装质量问题，请与本社印务部联系。）